U0457531

冷战的静谧边界

〔美〕尤利娅·科姆斯卡 著

宋世锋 怀志霄 译

山东画报出版社

目　录

序

天然的冷战竞技场

温斯顿·斯宾塞·丘吉尔（Winston Spencer Churchill）十多岁的时候，有不少玩具剧场，那是用纸板大规模生产的真实舞台的复制品，其中一个尤其令人难忘，很让这位少年着迷。据说它是按照伊萨克·坡柯克（Isaac Pocock，1782～1835，英国戏剧家和画家）创作于1812年的音乐剧《磨坊主和他的人》（*The Miller and His Men*）制成的，灵感可能来自弗里德里希·席勒（Friedrich Schiller）创作于1781年的《强盗》（*The Robbers*），场景位于"波希米亚一片森林边上的河岸"，背景显得阴郁，与维多利亚时代多彩的纸玩偶世界形成强烈对比。利用中欧东部的风景虚构出恶劣环境，能让阴谋更具戏剧化的紧张感，这一招屡试不爽。不可否认，坡柯克描述的波希米亚与莎士比亚（Shakespeare）的《冬天的故事》（*The Winter's Tale*）

图1."铁幕"。美国中央情报局,中欧交通运输图。(华盛顿,特区:中情局,1987)

不一样，本身没有明确的界限。但是，如果旅行者冒险闯入这片明显极不友善的土地，很有可能遇到"暗夜、烂路、冰雹、大雨（和）暗杀"。当这位未来的英国首相在纸板舞台上的湿滑山谷里挪动精巧的纸人时，可能不会想到几十年之后，这片波希米亚森林恰恰将变成一条大陆分界线（德语称Böhmerwald，捷克语称Šumava），而这片中欧面积最大的完整的原始森林和蓄水地也将不复存在。20世纪50年代初期，随着铁幕（Iron Curtain）的降临，曾经让席勒、坡柯克和年少的丘吉尔着迷的波希米亚森林消失了。在边界和森林之间冒出来形形色色的融合了现实和想象的东西——它们就是本书的研究对象。

这片森林的遗迹存在于西德至捷克斯洛伐克，北方的巴伐利亚瓦尔德萨森（Waldsassen）到南方的帕绍（Passau）之间。曾经居住在那里的（苏台德）德意志人把自己视为该森林的守护者，他们在1945年以后遭到驱逐，大部分迁居至信奉天主教的联邦共和国南方，并很快将他们对森林的忠诚投射到东南部国界屏障的构建上——进而加剧了东西方的分裂。对于东西方的分裂，民间异乎寻常的创造性的反应从这些德意志人对边界地区建设的干预中可见一斑。

这种反应以各种口头的、书面的、形象的和建筑的形式表现出来，仅靠官方文件不可能涵盖——本书主要关注的就是它们。它们起初进入口述传统：故事、传奇和趣闻，对森林的子孙们来说，很能排解乡愁。然而，这些故事不会一直停留在口头讲述上，它们的元素渐渐地渗入出版的作品中，塑造出虚构和半虚构的叙述，抗拒新融合的边界和森林。关于现代宗教奇迹、铁幕旅行见闻和带着《在边境》等冷冰冰标题的诗歌成为冷战中突现的风景，伴随而来的

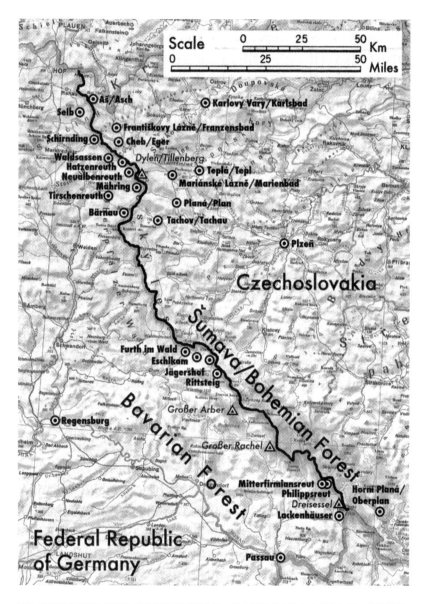

图2. 捷克斯洛伐克与西德边界及祈祷墙以西地区。捷克斯洛伐克社会主义共和国：普通地图。
（布拉迪斯拉法：地图出版社，1969）

图形——尤其是照片、版画和绘画——向世界各地的读者生动展现其背景。如果这还不够，新的民间力量其后又摆脱了印刷和纸张的限制，对背景本身施加影响。森林的意象在边界西部的民用建筑工程中随处可见，渗透在对所用建筑材料的讨论、自然环境中人工建筑的选址、一旦完工后将会展示的景象等方面。因此，铁幕不仅是军事要塞，也成为喧闹的创造性活动的发生地。

显然，这些被排挤的民用工程师们——在此案例中是被驱逐的苏台德德意志人和一些巴伐利亚当地人——关心的不仅是凝固在时间中的传统，他们没有简单复述往日的故事，而是根据地缘政治正在发生的变化改编当地的森林传说。我们的主角作为坚定的天主教徒，记录下东方集团反传统的例子，在铁幕的西部边缘地区把随后发生的受到污损的传说与民间的虔敬活动编织在一起。朝圣者和游客改变了地区交通模式，他们在西边支持新的天主教圣地及其世俗扩展，促进了边界轮廓的塑造。无数业余和职业的作家与艺术家们苦心孤诣，把他们对边界和森林交织在一起的感觉转变成图像和文学流派——有些追随前人，有些没有先例。各种天才的诗人在高山之巅唱起忧伤的赞歌，希望德意志人能回到捷克的土地上。在40年的敌对中，他们共同努力，制造出了所谓的"祈祷墙"，这种冷战的民间表述远未得到探索。祈祷墙起初是反对"不敬神的共产主义"的宗教壁垒，后来逐步演变成对各种艺术抱负更具包容性的参照和铁幕的一部分——这一部分直到今天仍然存在。

这种民间壁垒并非仅限于言辞，而是有着坚实的物理形状。自20世纪50年代初期到20世纪80年代中期，祈祷墙借由一系列新据点的建设得以巩固——他们建起礼拜堂和瞭望塔，以替代在东方被摧毁的这类设施——它们像基点，标出了据认为存在于这里的铁幕。从奥匈帝国的土地测量站到波希米亚森林的景点，这些曾被19世纪的著名作家、"森林文化的守护者"阿达尔贝特·施蒂弗特（Adalbert Stifter）在散文中歌颂过的历史地标，经由这些据点得以补充。因此，祈祷墙不仅反映出冷战的存在，也与这个地区影响深远的历史相关。在接下来的篇章中，将阐明这种历史延续性的起源、发展和影响。不同于传统观点，本书是首部从文化研究的角度出发，探讨柏林之外的铁幕的专著，论述祈祷墙是20世纪中叶边界和森林交汇的最重要的表现。

我认为，冷战时期的德国人执着于两个典型的意象——边界和森林，它们在上面提到的创造性活动的推动下，在前所未有的范围内发展出一种共生关系。这一时期，该地区在国际上具有异乎寻常的重要性，这些毫无规律可言的、相互矛盾的、野蛮生长的意象对德国近两个世纪的审美、意识形态和生态意识影响深远。它们引发的同化、抵制或仅仅是沉思，代表了20世纪中叶的分裂。至少在这一地区，"文化表现"是边境实际情况的反映。甚至当铁幕在森林天然的或人为的"真正的政治空间"延伸时，它们也如影随形。

波希米亚森林不仅是一个生态系统，还是朝圣路线、登山途径和戏剧、小说等文学情节错综复杂的隐喻，这使得文化和政治相互渗透的情况更为复杂。它既是自然景观，也是文化环境。这两种特性之间存在的紧张关系决定了对该地区表象的感知。18世纪的地理调查将其描述为"相当程度上的天然竞技场"（natural amphitheater [of] formidable proportions）。其愈发彰显的重要性既是事实，也是人为的赋予。20世纪中叶，波希米亚森林只沿着捷克斯洛伐克和西德

220英里的边界向东延伸60英里，这片山区的轮廓异常模糊，但其影响却早已深入时间和空间的想象当中。

在空间上，这片森林的影响向西方和西北方远及巴伐利亚森林和上普法尔茨森林（Bavarian and Upper Palatine Forests），甚至费希特尔山脉（Fichtelgebirge）也有波及，尤其是数个世纪以来，这些地区的边界互相渗透，对此，随后将有详细的论述。在时间上，这个地区的遗产——广义上说就是民俗——影响到所有的人。神秘的森林动物与19世纪的民族主义边地小说（Grenzlandromane）中的角色擦肩而过；歌德等德国文学界的前辈曾在波希米亚的景点徜徉；用施蒂弗特的风格描绘思乡的少女；还有当今时代边地人物的原型：走私者、打零工者和边防警卫等。冷战时代的遗产看管者试图赋予这个族群以意义，在他们看来，冷战不仅是东西方之间的冲突，在很长一段历史中，它将塑造和摧毁现代边境文化和意识形态的高峰。在这段历史中，我们的主角着手书写属于自己的篇章。共同构筑祈祷墙有助于消除他们因住所、食物和经济援助而爆发的冲突——毕竟他们身处的巴伐利亚，是西德的经济欠发达地区。

这既是必然，也是人为选择的结果。20世纪50年代初，辽阔的波希米亚森林被分为东西两部分，成为欧洲冷战的背景。但是，这片森林远未被时代的灾难所毁灭，反而是相对平静的舞台。捷克斯洛伐克和西德之间的这片地区虽然气氛严峻，但也很安详，没有表现出与那个时代有关的紧张的人生戏剧感。因此，森林的表象被用于强化这个地区物理特征的影响，并把注意力引向西德边界的保护性功能，甚至真实的地貌及其叙述被捆绑在一起，既规定了它的边界，也定义了本书对它的描叙。如果"竞技场"如其语义所示，是两方都能观看的场所，那么西德边缘的波希米亚森林确实符合这一定义。从边地制高点向东方和西方眺望时，分割对立的第一印象可能源自人造物，不管它们是装饰性的，还是其他。在这些作品中，冷战的形势不只是"行动的背景"，还是行动的组成部分——它把业余和职业的作家、诗人与艺术家们吸引了回来。

本研究的主要思想认为，这些人造物甚至在铁幕正式定型之前，就已开始构筑一个符号幕（icon curtain）——它将最终演变成祈祷墙。当然，这不仅是一个双关语。"符号"一词在这里有两层含义，第一个是字面上的，指的是关于这段边界的最早期故事中涉及的基本宗教物品；第二层含义是象征性的，通常描述各种表现。特别重要的是，植根当地的事物与其他地方对其的想象截然不同。同一表述在当地和其他地区语义上的矛盾在本书的全部四章中毫无二致。在西方远离此处的地方，反共产主义宣传形象地把铁幕描绘成"地球上受共产主义控制的地狱带"。尽管这种暴虐景象植根于成千上万人心中，并想象出它所导致的各种悲剧，但在当地，这个"地狱"并不像宣传海报那样一眼就能见到。捷克斯洛伐克－西德边界的魅力正来源于虚构的共产主义地狱与现实的矛盾关系，以及访客平衡这种矛盾的心理需要。在这方面，这片森林的遗产被证明是不可或缺的。

这并非说捷克斯洛伐克－西德边界的冷战史平淡无奇。在一次事件中，一列载满捷克难民的火车全速冲过防御工事，一些乘客有意配合，另一些则是无意间卷入的。还有一次，一位颇具创造力的波希米亚工程师开着自制的装甲车，带着全家人偷渡到巴伐利亚，其后这辆车有了"自由坦克"的绰号。和铁幕的其他地方一样，双方都经常有间谍被逮捕，东方集团的叛逃者很常见。关于听到边界东面枪声的报告第二天会登上西方的报纸，然而平民参观者（大约有200万思乡的苏台德德意志人被驱逐后居住在联邦共和国，几十年来他们持续到这段边界访问，成为当地的一个特征）很少目睹这类戏剧性事件的任何迹象。

驶向西方世界的"自由列车"和"自由坦克"是移动的证据，却几乎没有留下任何痕迹，青草覆盖了断裂的火车轨道，雨水冲走了履带印痕。与在柏林墙附近所做的努力相比，西德当局在用纪念品或信息点展示这条边界的效果方面所做的尝试极其有限。因此，平民有一个空白需要填补，而他们用以填补的想象多过现实。这是一条寂静的边界，深藏在树林茂盛的山中，它的现实主义超越了现实本身。长久以来，政治学家们使用"现实主义"一词来表示实用的、以权力为中心的政治风格，而用"悲剧"一词揭露这种手段的傲慢。然而在当今背景下，这些词语有着极为不同的含义，对此我将在结尾的最后讨论中详细论述。"现实主义"并非指现实政治（Realpolitik），而是指一种虚构出来的经世手段。"悲剧"则是影射这种手段夸张的表演，经常有人宣称战争一触即发，结果往往令人"大失所望"。简而言之，沿着祈祷墙出现的各种表达"仅因其指示对象而得以合理化"，如现实主义作品所描述的那样，较之指示对象本身影响更为深远。对本书的主角来说，为罗兰·巴特（Roland Barthes，1915～1980，提出服装是现代社会的语言，论证了现代服装与现代社会的关系）所称的"现实效应"（the Reality Effect）出力，本身就极具诱惑。它能使他们有一种涉入感，使之从西德的贫困难民跃升为该国的冷战先锋，这在其他方面是体会不到的。

铁幕及其长历史

本书不仅解释这类动机如何广泛地使当地居民对这条静谧边界做出创造性反应，而且还在某些案例中重新考察和修正了某些关于冷战的重要历史假设。最重要的是，传统观点认为铁幕是前所未有的或缺乏"既有谱系"的断层，而本书对此提出质疑。无可否认，在战略层面，它是"一条独特的边界"。然而，虽然有些例外，但该分界线的大部分区域并非处于荒郊野外，而是与先前存在的边界紧密结合。用凯特琳·默多克（Caitlin Murdock）的话说，在捷克斯洛伐克和西德之间有一条"持续存在的边界"，它使我们能够对铁幕进行重新思考，把它当作一个深厚的文化储备库，而非战略藩篱或心理屏障。"将这段边界置于中欧冲突的长历史背景中考虑"或许确实会使我们绕一段路，但追寻这种分裂与文化传统——文学、艺术，或者宗教崇拜——的关系绝非多余。

我以历史悠久的家族作为研究长历史的切入点，那些研究铁幕的人一般不会由此着手，我既不想拆毁最重要的"冷战"符号，也不想揭露这条边界的历史特质。毫无疑问，铁幕带有时代的印记——正是那个时代在这段边界留下了不止一个烙印。因此，虽然在地图上，这条分界线多少能保持完整，丘吉尔说"从波罗的海的斯德丁（Stettin）到亚得里亚海边的的里雅斯特（Trieste）"时已经有了预示，不过它的历史和意义是极其不连贯的，各部分都有自己的特点，使之成为完全的"多样性边界"。套用摄影师多丽·马西（Doreen Massey）的简洁公式，即"没有多样性，就没有空间"。

在外界观察者看来，除了结构不同，这条屏障就是连绵的铁丝网和无人区，然而当地的真实情况从来没有那么简单。伊迪丝·谢费尔（Edith Sheffer）曾令人信服地以这条边界的日常生活为背景指出：这里的每个部分在经济、地理和社会环境方面差异都非常大。这条分界线的各段不仅防御方式、巡逻方式和人口不同，而且正如本书将要阐明的那样，受到不同的文化-历史力量控制，可以追溯到20世纪的冲突及其后续。在4350英里长的铁幕中，每一部分都有自己的过去，并深深影响其所呈现的冷战。就这一点而言，之前从未存在过的，或只有地区性意义的两德边界，与铁幕之中与早已确立的一个或多个国家边界重叠的部分，并无区别。这更多地体现在边界的西部，因为那里容易进入，边界东部则是禁区。没有哪两个部分对其居民或风景施以相同的影响——真实或想象的。没有哪两个部分有着相同的情感或形象依托。

此外，各种形象符号数不胜数，成为波希米亚和巴伐利亚之间的这条边界的特征，它们的历史至少可以追溯到19世纪，不仅为探索被分割开来的历史悠久的宗族提供了丰富的材料，而且也为英语学者提供了摆脱两德边界束缚的机会。尽管近年来关于铁幕的英语研究对早期近乎一边倒地强调柏林"是冷战冲突的象征"正确地进行了批评，不过他们持续关注两德之间的边界，制造出了另一个类似的特殊场所。就像柏林墙曾经成为整个分割线的代表一样，"德国的铁幕"也和这个分裂国家的内部边界画上了等号。然而，对于这个分裂国家的西半部分来说，分割线并非止于霍夫（Hof，德国中东部城市，临近捷克斯洛伐克边界，位于白莱特东北偏北）或科伯（Coburg，德国中部城市，位于纽伦堡以北）近郊，而是继续向南延伸，直到我们就要涉及的地区。

我们很快就会看到，南部的延伸区域并不能简单地等同划一，其地形、广为流传的森林神话、当地人和访客最关切的东西都有区别。广泛存在的特殊性不仅使东西部的反差——直到现在依旧是学术研究的焦点——更为明显，也使这条边界在德国、奥地利或芬兰等西侧国家扩展时有所不同。只有记录并厘清这些断续部分的区别，才有助于我们理解铁幕是一套"地区性子系统"，曾经导致"冷战战场的高度分化和不均衡"。本书通过聚焦铁幕西侧——祈祷墙的发源地，有助于这样的努力。

直到现在为止，研究冷战分界线的学者们最关注的，还是解释铁幕的特定部分何以成为这道漫长屏障的代表。本书持相反的观点，坚持认为铁幕的每一部分都是独特的，对这条分界线可能存在统一的文化甚至政治史的说法提出质疑。本书是首部对冷战边界这一鲜为人知的部分进行研究的英语作品，我在其中提出铁幕并不存在。谢费尔的著作质疑"铁"（iron）这个形容词具有"误导性"，因为其前提是这个屏障是突然出现的，而且是坚不可摧的。而我在本书中为了确切表达出其含义，引入了一个新词——icon。总有一些怀疑会让我们提出这样的问题，即到底是什么使人们自一开始就毫无异议地接受了"铁幕"这个表述，仅用集体心理无法完全解释。直到我们以存在若干铁幕为前提思考的时候，才有助于破除业已存在的大量有关冷战的陈词滥调。

因此，当波希米亚森林在这里成为主角时，并非说铁幕的某些组成部分较之其他部分更能阐释中欧人是如何应付冷战的。实际上，它表明这些不同组成部分各自拥有的故事在形式和内容上都有极大差异，值得严肃思考。为了凸显这些区别，本书使用比较甚至对照的方法研究冷战边界。使用这样的方法，不需要一直在各个大陆寻找相似的分界线，尽管20世纪的案例无疑具有启发性。看看隔壁通常就够了。与得到深入研究的两德边界相比，很显然，一度界限模糊的波希米亚森林在铁幕降临后，被切割成了目前这种分裂的形式。这一地区特殊的吸引力来自多产的苏台德德意志看守者在冷战前及冷战中创造出的作品，它们遍布在那里。不仅苏台德德意志人"与这片地域有着密切联系，从而逐渐改变了这条边界的形成过程"，而且在一个多世纪的时间里，他们在这些森林中是独特而广泛的从业者，起先是在森林的东部，后来到冷战期间，转移到西部。他们的根就在那里，他们在那里留下无数印迹，因此，他们明确将这条冷战边界视为空间和文化相交织的问题，也是历史和意识形态力量融汇的问题，而非地缘、军事或心理之必然结果。

　　或许，令人尴尬的是这个研究所用的语言没有更为直接地反映出以上启示。在本书中，我提及冷战分界线时，都是特指，而非泛指。我也没有摒弃具有整体意义的单数形式，如"分界线""屏障"或"裂痕"等。我之所以决定不对术语进行任何大幅度革新，是因为我觉得这里使用的这些词语在意义上存在的差别比形式更重要。希望读者能够更为容易地了解这一假定，不必被迫去适应尴尬的新词或插入文章的复数词尾。因此，本书中提到的以上单数名词在地理上都是特指的，除非另有注释或有明显的语境。它们附属于捷克斯洛伐克-西德边界——这条边界对整个分界线来说有独特性，而非代表性。要是这个词汇存在麻烦，未来的学者们或许会解决它所存在的矛盾。然而就目前而言，最为急迫的问题还是方法论的，而非术语性的。现在我要讲述几个问题。

突破"精神壁垒"

无论在东方还是西方，对于"冷战边界"的既有研究采用的方法都是历史学、社会学或人类学的，它们对本书研究方向的形成起到了决定性作用。它们叙述了这条边界的战略防御工事、东部相邻地区的人口变化、事故和伤亡、该分界线在国家建设过程中发挥的作用、日常交流、当地对这条边界的隔离功能所做的贡献，以及与该分界线相关的物质文化的情况。这些研究有着无尽的价值，它们阐释了边界的动态发展、渐进巩固、地方根源和西方而非仅仅是东方对它的肯定。得益于这些研究，我们了解到这条分界线并非完全是单方面强制推行的，它更容易被渗透，更加深刻地根植于人们可塑的观念里，超出了人们此前的预计。这些研究利用国家档案、口述史或纪念活动，描绘出东西两方丰富多彩的而又复杂的"冷战经历"。本书以这些重要观点为基础，结合视觉、文学和宗教研究，填补理解的裂痕。它首次通过表述而非事件，通过体裁和形式而非经验，对真实的铁幕进行协调的检视。它是对情境化虚构的详细阐释，而非对事实的探究。

尽管边界一直被视为重要的"创造性文化生产的场所"，尽管铁幕被广泛认为是"世界上最臭名昭著的边界"，迄今为止，人文学科的学者们极少提及这条冷战分界线存在于柏林之外的部分。如萨吉·谢弗（Sagi Shafer）指出的那样，有人认为柏林以外的铁幕实际上是穷乡僻壤，特征是缺乏资料，更不用说文化产品了，指明了研究中材料的取舍和使用的方法。然而，我不认为我们需要重新思考这个问题。学者们已经这样做过了，他们提出铁幕"并不是遥远的边缘地区……而是麻烦丛生的要地"，是"长期和平"中不断濒临战争的震中。相反，本书描述了早在冲突的初期，集中资源把边缘地带塑造为核心区域如何成为这条边界的访客和居民的主要目标。在这些努力中，创造性行为被证明是有作用的。

借由此，我们得以超越彼得·施耐德（Peter Schneider）提出的极具影响的"精神壁垒"（the mental Wall）或"思想壁垒"（the Wall in our heads）。冷战时代的平民——既然我们能够这样归类——主导的不仅仅是这条分界线的无形的精神建构。问题恰恰在于分界线不仅存在于人们的头脑里。经由模仿得以解脱——广义上说是"超文学人类学（metaliterary anthropological）概念，它明确指出了人类的能力，即观察和再现世界的特性，无论这一活动是发生于实际生活中的还是虚构的"——想象不会仅止于无穷无尽地萦绕于心，它们会进而"象征性地创造世界"，此时，现实和虚幻的分界线特别模糊。

用巴特尔的话说，他们采用的表现形式"不能仅仅被视为……思想的工具"。他们并非只是表达意见和情感，而是有意或无意地构建文化实践的规范，从民间虔敬到现实主义文艺，从基督教插画到浪漫主义绘画，不一而足。正如乔纳森·赫斯（Jonathan Hess）指出的，这类创造在表面上接近公认的艺术形式，并从中汲取力量，使其平淡无奇的内容和风格有了依据。赫斯提出，与其因艺术上的可疑借口对其质疑，我们更应该考虑这种文化活动对其消费者和环境的影响。

在当前的背景下是什么构成了这种活动？人工制品沿着分界线出现在森林和边界的重叠之处（我使用玛莎·兰福德［Martha Langford］的vernacular一词——它源自日常观察和艺术创作的经验——来形容它们），不仅帮助平民把原本的边缘地带开创成核心区域，而且帮助其作者和公众发展新的词汇，使"冷战"成为描述僵持局面的人所共知的词汇。原本与战争、边界联系在一起的，现在得以与新的"冷"冲突多变的本地特征联系起来。如果我们希望对这种努力进行最恰当的描述，无须提及已完成的人工制品拥有的特定品质，而是要着眼于意义产生和规范确立的开放式过程。因此，与祈祷墙的建设相关联的不是具体的人工制品，而是"审美活动"本身。正如激发它的背景一样，这一活动延续了数十年。时间的流逝使一个主要变化显而易见：悲剧现实主义得以积累和强化。在讨论这一进程之前，我们首先要绘制出该地区的坐标——首先是政治的，然后是人文-生态的。

边　界

位于波希米亚和巴伐利亚之间，或者说存在于1945年到1990年的捷克斯洛伐克和西德之间的这条边界是欧洲大陆最古老的边界之一。自1764年以来，经过悉心谈判而划定，历史的连续性是其明确特征。在这一点上，德国在1938年到1945年间吞并捷克斯洛伐克那一部分——苏台德地区——只是特例。但是，即使只是个插曲，这也很可能是这条边界正式解体的序曲，这种情况已经屡见不鲜。自

19世纪后期以来，边界两边德语居民的民族意识越来越强，他们经常不把这条边界视为分界线。他们作为商人、朝圣者或旅行者，穿越这条边界。他们作为政治活动家、民俗学家或地方历史学家，希望它消失。在他们看来，只是20世纪中期对立的环境使得该地区分裂，并使这条分界线与森林脱离。

1945年至1948年间，被迫离开捷克斯洛伐克苏台德地区的德意志人中，80%～90%都是边境地区的居民，这更加速了这一进程。1945年5月初，共和国总统令（即贝尼斯法令，*the Beneš Decrees*）剥夺了该国少数民族的公民权，理由是他们与纳粹政权合作。200万～300万苏台德德意志人中的绝大多数在1938年10月都欢迎希特勒的军队和管理者的到来，他们显然是该法案最明显的目标。这一法令的后果是数百位于波希米亚周围的德意志人聚居的城镇和村庄被迫荒废——有些是暂时性的，后来内地的捷克人、斯洛伐克人或罗姆人定居者获准搬入，另一些永远再无人居住。只有大约20万苏台德德意志人获得许可留了下来，他们主要是捷克人或斯洛伐克人的配偶、确定拥有"左倾"证明者或战后重建不可或缺的专家。留下来的人中的一部分后来去了西德，偶尔借道民主德国；还有人在1945年夏季逃走，或者有组织地转移去西方，1945年8月初的《波茨坦宣言》对人口运输做出规定后，自1946年1月开始，这条途径主要把该地区的德意志人送往西德。1945年5月，捷克斯洛伐克政府废除了该地区先前的名称"苏台德"，改用历史和文化上更具中立性的"边境区"。自此开始抹去苏台德德意志人一度占据的优势地位。祈祷墙的出现就是为了避免迫在眉睫的抹杀。

以上地名的变更被证明是恰如其分的，共产党于1948年3月接管捷克斯洛伐克之后不久，就对这段边界进行了两个阶段的强化。为了重建国家边防安全部队，第一阶段（1948~1950）批准在人口早已重新洗牌的边境区再迁入额外的定居者，使该地区扭曲的人口构成陷入恶性循环。第二阶段（1950~1952）强化了军队，因此确保了建造技术屏障所需的劳动力，该屏障是根据1951年7月的《国家边界保护法》（ *the Law on the Protection of the State Borders* ）批准建造的。到当年底，预计两德边界工事将于1952年5月开始修建，于是一排排铁丝网和高压电网沿着犁耙过的安全带铺设开来，东部内侧边缘还装了一道信号藩篱。靠近分界线的村庄被夷为平地，以便制造出"无人区"。这一过程的衍生物——持续动荡留下的残垣断壁，和被拆毁教堂中遭到破坏的神像——将是第一、二两章的主题。

西德方面，那些自认为是从苏台德地区被驱逐出来的人经常集会，记录这些令人不安的变化。参与的人数相当惊人。1946年，定居巴伐利亚的被驱逐者的总人口中，苏台德德意志人占一半以上（169.6万被驱逐者中有94.2万是苏台德德意志人），到1950年，增加到了1,025,205人。早在1949年，他们之中的26.7%就是新成立的被驱逐者组织的活跃分子，在中央或地方都是如此。他们知道自己是唯一可以接近前故乡边界的被驱逐群体，但不确定这是福是祸。面对这一困境，他们并不只是担心"精神家园发生改变"，还积极观察它的转变，并把他们的印象传递给因体弱多病、路途遥远或穷困潦倒而不能直接目睹的同胞。自1949年同盟国在全部西方占领区解除对被驱逐者组织和媒体的禁令后，他们的记述充斥在西德最早的被驱逐者地方期刊中，即所谓的"故乡刊物"。这类刊物最初发行于1949年，到1989年随着冷战的结束逐渐式微。

在整个西德，"故乡刊物"多达七十多种，它们向其读者"报道信息，并影响他们的意见"，很多读者也是捐助人。读者/捐助者的角色相通，意味着规模较小的刊物，特别是员工中没有或者只有很少职业记者的刊物，能够同时提供和接收信息。由于读者会写信对刊登的文章进行鼓励、批评或改正，作者经常与读者进行连续性对话。在苏台德德意志人中，这些刊物变得尤其重要，它们成为经常出入捷克斯洛伐克－西德边界或居住在其附近的被驱逐者小社团讨论问题的中心场所。几乎每一个边界另一边迁居过来的有自我意识的县都创办了自己的周刊或月刊。为了保留"故乡刊物"的亲切称号，他们每年发行一个小镇报告，刊登家族专辑，以维持亲密感。每份报告都是大杂烩，栏目和主题不相协调。冷战外交报道经常与祖母的李子酱煎饼食谱混在一起，每期刊登的内容都面向各种各样的读者。

正如安德鲁·德姆沙克（Andrew Demshuk）所指出的，它们的内容从来没有与被驱逐者的中央级刊物——如《苏台德德意志报》（*Sudetendeutsche Zeitung*，SdZ，年发行量3.6万份）或《苏台德德意志同乡会通讯》（*Mitteilungsblatt der Sudetendeutschen Landsmannschaft*，年发行量2600份）——令人生厌的政治基调完全保持一致。当然，有些内容重合也是不可避免的。发行量有限的故乡刊物没有能力就全国性或国际性问题形成自己的观点，因此从中央级媒体上转载了这类文章。然而，它们转载的并非全是硬新闻。虽然充斥着反捷克和反共产主义宣传的标题，不过还是有很多版面刊登捐助者的原创，内容并非铁板一块。毕竟，"故乡刊物"比《苏台德德意志报》早两到三年出现，因此有机会发展自己的风格。

然而这些作品绝非与政治绝缘，相反，政治统领着一切。为了迎合中产阶级的趣味，它们的内容并非全是新闻，政治必须避免与刊物表现出的"亲密的社区感"相冲突。它们的订户通常在数百到数千之间，对这些人来说，这类期刊登载的文章和图画如同自19世纪开始盛行的画报：简单的韵文（经常以方言写成）、风俗画和游记。在这类文章中，作者的亲身观察、私人谈话和个人期望交织在一起。但是，冷战很快就渗透进这些表面上形式简单的内容中。这些周刊、月刊和年鉴以这种方式不仅对铁幕进行了详细的记录，还叙述了民众对其景象的各式反应和干预——这些作品在本书内容介绍的开头已经有过描述。直到今天，它们在冷战研究中仍然是最被轻视的资源。

我们对西德被驱逐者文化的了解和猜想依然不多，在本书中对此有所涉及，以便增进对他们的理解。这些新来者的干预在造就联邦共和国的冷战和冷战时代的联邦共和国时极具复杂性——不管我们对此赞同还是反对，它们瓦解了数十年来确定下来的限制，值得进行学术研究。换句话说，对于被驱逐者来说，除了政治修正主义、融合的隐患与成功，以及对财产的难以割舍，还意味着更多——不幸的是，以上关键词尽管只有寥寥数个，的确大致概括出了当前的研究状况。为了追随劳拉·威登托尔（Lora Wildenthal）的道路，扩展有限的词汇，我在本书中从苏台德德意志人的虚构故事切入，在研究中既超越"被驱逐者游说"的老生常谈，也不再只盯着"故乡"——至少从19世纪就已绘制的德国版图。这并非说以上关键词在我的分析中无关紧要，只是说它们不是全部。

过于关注声名狼藉的被驱逐者联盟组织"被驱逐者同盟"（Bund

der Vertriebenen，BdV）或其他规模较小但主张相似的地区性协会，经常模糊其普通成员的日常生活和娱乐。对于那些不参加集体组织，但依然自认为是苏台德德意志人，并订阅一种或数种"故乡刊物"的人，情况也类似。为了让世人看到这些普通被驱逐者常常令人惊讶的事业，本研究专注于苏台德德意志人在制造冷战的国际象征——祈祷墙——方面的努力，这个象征极为紧密又令人困惑地与他们对这条边界的憎恶联系在一起，因为其与丘吉尔的铁幕相重合。

苏台德德意志人比其他德意志被驱逐者更有政治动机去撼动或穿越这条边界，即使他们起初确实曾对它加以强化，对此我们将在第二章进行叙述。有观察说，所有的被驱逐者组织在1945年之后"都认为……铁幕迅速而不可挽回地关闭边界……使他们失去了'故乡'"，与此相反，这条分界线对某些群体来说显得不可逆转，对其他群体却未必如此。这一情况与西德迟迟没有承认奥德河–尼斯河线有关（Oder-Neisse line，德国与波兰的边界线，1945年于波茨坦会议上划定，但直到1970年，西德与苏联、波兰分别签署《莫斯科条约》及《华沙条约》，才承认奥德河–尼斯河线是西德与波兰的实际边界）。这条分界线把以前的德国东部领土划给了波兰和苏联。因此，直到1970年，从这些地区新迁过来的被驱逐者希望很快返回1937年以前的德国领土还有着法律依据——不管他们是否真有这样的幻想。西德政府鼓励这种希望，从资助被驱逐者的图书馆和博物馆，到在战后出版的菜谱中记录他们的食谱，提供了相当多的支持。《联邦难民和被驱逐者法》（*Bundesvertriebenengesetz*）于1953年5月19日通过后，苏台德德意志人获得全部公民权，然而他们发现自己和东普鲁士或西里西亚的被驱逐者处境并不相同，在寻求补偿方面既找不到法律依据，也没有获得联邦政府的支持：德国曾于1938年吞并苏台德地区，当时划定的边界于波茨坦会议（1945年7月17日～8月2日）上被宣布无效。这些被驱逐者只能依靠自己来维持希望。下文描述的森林及"诗人"就源于这种自我依靠，并为后面的章节奠定了基础。

森　林

差不多在西伯利亚变成冷战时代铁幕之后荒凉景象的标志之前整整一个世纪，即1846年，著述丰富的历史学家伯恩哈德·格吕贝尔（Bernhard Grueber）和阿德尔伯特·穆勒（Adalbert Müller）就已在他们的介绍性旅行指南中把波希米亚森林命名为"德国的西伯利亚"。当然，那个时候，该地区严苛的环境完全是指自然上的，而非人为的。它是处于人口稠密、开发充分的欧洲大陆角落里的一个异数。虽然德国林业自18世纪以来就稳定发展，却从来没有触及它的边缘。自1846年以后出版的每一本旅行手册都一再用"原始"来描述它，确实也完全贴切。然而最初的名声并非仅仅因其荒凉：森林的居民也不可忽视。在格吕贝尔和穆勒看来，大致看一下"由岩石、森林和沼泽构成的赤裸裸的荒野……居住着狂暴的野兽和半原始人"，就能解释为什么德国"诗人把他们的盗匪故事里最恐怖的场景安排在"那里。他们的指南虽然把读者吓得瑟瑟发抖，然而在宣传逐渐驯化中欧最后一片"蛮荒之地"（terra incognita）方面还是有用的。

这只是稍晚一些时候宣传计划的序曲，19世纪末，人们开始把波希米亚森林描述成具有异域风情而不冷漠，森林中的动物高傲而不残忍，居民诚实可靠而不野蛮的圣地。在旅游大发展的时代，这片森林很快把消费能力强的城市人吸引了过来，神话和现实必须互相让步和妥协。不可否认，这种相对温顺的波希米亚森林版本不再与席勒或坡柯克所描绘的相一致。然而，它也没有完全剥离那些令人兴奋的元素。原始、矛盾、自然——既是圣地又是犯罪现场——笼罩着一切。如果所有的森林都具有"两面性：不仅是纯洁、有用和温柔的，而且也是危险的——它们处于社会之处，是其对立面"，波希米亚森林也不会例外。

摩尼教二元论的"田园和威胁"——第三章将有叙述——最能描述冷战时期的这个地区。在这条边界的西部，20世纪中叶的访客无法确定：新的战略防御工事确实强化了这片森林业已引发的敬畏吗？或者这片森林相对较晚展现的舒缓身心的宁静有助于抚平军事设施带来的恐惧吗？德国一个多世纪以来的狂野幻想渗入了对20世纪持续时间最长的这场冲突的描绘中。如丹尼斯·考斯哥罗夫（Denis Cosgrove）和维罗妮卡·德拉·多拉（Veronica della Dora）曾经观察到的，这类幻想在不同的地方有着不同的意义。孕育它们的地方不仅是一种"物理存在形式"，还发挥着"社会进程的表现和必要媒介"的作用，并且"代表一群经由物质、社会、政治和象征性占有空间而聚集在一起的人们——这种聚集总是与某些空间相关"。波希米亚森林像一个接口，通过文化、宗教和德国西尔瓦尼亚政治地图（political map of German Sylvania）确定冷战的范围。

但是在19世纪，旅行指南盛行于捷克或德国，使得几代读者都有望成为"这片依然未被人类触及的，有着迷人黑暗和神秘寂静的原始森林"的先行者。德语旅行指南针对的主要是哈布斯堡王朝的读者，波希米亚是这个王国的一部分，邻近巴伐利亚。这些书籍出版的时候，因大量的开矿和工业化，德国的森林正逐渐消逝，它们把波希米亚森林吹捧成欧洲大陆中部边疆区的最后一片绿地。"如果你曾在大洋彼岸的美国读过有关原始森林的书籍，并对它们极感好奇，"约瑟夫·温齐格（Josef Wenzig）和约翰·（简）·克雷伊契（Johann［Jan］Krejčí）在第一本关于该地区的科普著作（1860年）中说，"那么在这里就能亲眼见到它们。"那时候，新大陆一直是一把标尺，衬托出中欧荒原的渺小。但是，温齐格和克雷伊契大胆地把新大陆抛到一边，他们向慎重的读者保证说，那片森林"和几个世纪以前不再一样了，甚至和半个世纪前都不一样"。其变化无疑引起了积极回应，作者们希望以此唤醒旅游爱好者们。据说森林中已经没有强盗，道路网有了很大发展，熊不再出没在路上；作者们报道说，最后一只熊在1856年被射杀了。当地人成熟起来，非常"诚实、正派和善良"，不会伤害别人。总之，他们欢迎城市人从各个烟雾缭绕的工业化地区逃离出来，在这片森林中小憩。这些作者甚至借用纳粹的"有机技术"理论，坚称甚至当地的工业——木材加工和玻璃吹制——"也不是人工的，而是天然的"。

对于拥有德国–捷克双重身份的温齐格和克雷伊契来说，波希米亚森林的野性是恰到好处的，那里辛勤劳作的当地人"既是德意志人也是斯拉夫人"。然而到19世纪末，民族偏见更深的其他学者坚持认为，该地区只能是其中一个群体的家园，只能与其中一个群体共命运，不能共享。每一方都宣称拥有这片名义上"永恒且属于唯一民族"的森林，与威廉·海因里希·里尔（Wilhelm Heinrich

Riehl）的教导相呼应。里尔是一位记者和历史学家，他认为民族性与居住的土地不可分割——在德语区，指的就是这片森林。

然而，分歧在扩大，而且不仅发生在不同的民族之间。19世纪初，德语系民众开始在北部的巴伐利亚的菲尔特（Furth）和东南方的奥地利的米尔地区（Mühlviertel）之间把山区细分为各个不同的地区单元。在此之前，"波希米亚森林"曾是集合名词，形容这条边界两侧的大部分森林地区，范围一直抵达现在的上普法尔茨森林。但是，这种情况很快发生了改变。当然，波希米亚西部的德意志土著依然把这片森林的整体视为家园。没有哪里比这一整片森林更能象征他们属于德意志文化民族了，巴伐利亚森林也是它的一部分，而且只能算是它的一小部分。然而巴伐利亚人对传闻中"斯拉夫民族"对他们领土的侵占很是关注，早早就开始描绘这片山脉的各个部分。自19世纪起，他们的书籍越来越频繁地提及巴伐利亚森林，而其所指的就是西北部地区。20世纪20年代初，一些作者宣称，这些西部区域是巴伐利亚东部边界的组成部分，它们面临着危险，需要全体具有民族意识的德意志人的支持。他们相信，波希米亚森林显然属于这条边界东部的波希米亚。为了保护各自的环境，他们创建了两个不同的协会——德意志波希米亚森林联盟（Deutscher Böhmerwaldbund，1884）和巴伐利亚森林协会（Verein Bayerwald，1902），反映出这一地区开始出现分裂。

尽管名称越来越复杂，这两片森林之间的界限却在很长一段时间里没有固定下来。新的名称过了数十年才被完全认可。前面提到的旅行手册中存在的地名差异透露出这种转变的漫长过程。例如，格吕贝尔和穆勒觉得必须用插入语说明他们仍旧含糊的新主题——

即巴伐利亚森林——与波希米亚森林完全相同。而温齐格和克雷伊契继续认为这两个地方都属于同一区域。1913年出版的一本旅行指南把这两片森林描述成一个"面积几乎达700平方英里的森林地带"。尽管官方多次试图确定这个地区的地名,但直到20世纪中叶,这片森林及其蜿蜒的边界存在的混乱情况才得以澄清。战后该地区最重要的西德史学家奥古斯都·赛格哈特(August Sieghardt)写道,只是在铁幕降临之后,它们才终于"比以往更加骤然无情地"分割开来。

如前所述,波希米亚森林是一个跨越边界的连续整体,对它进行的划分,使其意义超出了政治、地理或生态范畴。实际上,早在几个世纪之前,哈布斯堡王朝和巴伐利亚之间就已出于政治考量对其做出了划分,对此前文也提到过。这条边界在冷战期间重新演化成铁幕,其重要性毋庸置疑,其中的新意在于性质而非数量。波希米亚森林在地理上象征性的瓦解已经持续很长时间了。该地区生态上的转变远称不上激进——至少直到20世纪70年代,当这片森林枯死时(不管确实如此还是出于想象),才成为街谈巷议的话题。冷战初期,松树和云杉依然耸立在这条丘吉尔于1946年3月5日在富尔敦划定的分割线的对面,只在设立高安全区时砍掉了一些。这片森林甚至重新开始蔓延至紧邻边界东部,那里自20世纪40年代末就空置或很少有人居住了。因此在遭到驱逐的德意志土著居民看来,这片地区的死亡首先是文化上的。

被驱逐的德意志人自发地对波希米亚森林进行了升华,宣称它不仅是地理上的,而且也是"文化上统一的实体",边界两侧的居民曾经都是说德语的人。从这种观点出发,该地区有点像艾希斯费尔德（Eichsfeld）。它是一个大型天主教飞地，被两德边界分割开来。苏台德德意志人为他们的"文化"注入了一种还没有从艾希斯费尔德的历史中萃取出的企图，尽管新的研究显示很可能有类似发现。苏台德德意志文人——无论是已有声望的还是胸怀抱负的——发表反对强化边界的作品，他们不仅诉诸日常生活文化，如风俗、语言、宗教、贸易、耕作和交通（这些在艾希斯费尔德的历史中也很显著），还用颇不寻常的词汇描述该地区的整体性，宣称这里的"密不可分的诗歌传统和形式"在几个世纪，甚少几十年内为大众虔敬、民俗和文学幻想提供了无尽的资源。

为了让这种诗歌传统站得住脚，并确认其在新时代的延续性，多年来，他们确定了三代所谓"波希米亚游吟诗人"。这些传统的承继者不管是否仍健在，显然已经把他们的文学天赋贡献给了这一地区。阿达尔贝特·施蒂弗特（1805～1868）出生于波希米亚西南部的奥伯普兰（Oberplan），是文学上的代表，被称为民族主义圈子里的"象征性人物"，他的名字被提出来，成为第一代游吟诗人。其后两代的名单都不长。苏台德德意志民族主义和纳粹狂热分子汉斯·瓦茨利克（Hans Watzlik，1879～1948）是第二代代表。较为年轻的地区性作家卡尔·温特（Karl Winter，1908～1977）、利奥·汉斯·马利（Leo Hans Mally，1901～1987）和赛普·斯卡利茨基（Sepp Skalitzky，1901～1992）则被视为羽翼渐丰的第三代成员。他们的作品串联起了捷克斯洛伐克第一共和国时期（1918～1938）到冷战时代的西德的历史。只有认同这些"游吟诗人"所代表的风格，才能解释本书论述的文学源泉令人惊异的连续性。虽然他们文风不明、主题匮乏，也没有连贯的发展脉络，无疑会使历史意识比较强的读者感到惊讶，却非常符合其明确的目的：利用文化对冲地缘政治的新奇变化。尽管边界不断变化，森林的隐喻却从巨匠传承给刚出道的新人。苏台德德意志人发现，从中可以得到一些慰藉。

森林游吟诗人

虽然从传说中获取灵感撰写的作品并不少见，但"波希米亚森林游吟诗人"和一般的游吟诗人一样，也需要以搜集素材开启职业生涯。这项任务让他们有了格林兄弟式的权威，而且足以满足边境地区读者的需求。第一共和国时期1918～1938年间，苏台德德意志民俗学家和文人不甘沦为少数民族喉舌，开始涉足波西米亚森林丰厚的资源。瓦茨利克当时作为冉冉上升的地区文学明星，率领第二代"游吟诗人"，使这片地区受到前所未有的关注——就连施蒂弗特也没有这样描述过这里，如第三章所述，他的作品描写的主要是前哈布斯堡王朝的土地。他们自诩施蒂弗特文学财富的传人，将其事业向更深入的方向推进：他们逐字逐句校对和编辑民俗资料，并交给德国而非捷克斯洛伐克或奥地利的出版商。

的确，德国拥有更广阔的市场和潜在读者，公众着迷于中欧的"蛮荒之地"。瓦茨利克撰写的第一版关于该地区的传奇和他以森林为主题的作品在捷克布杰约维采（Budějovice）和奥伯普兰（并非巧合，它是施蒂弗特的出生地）出版，其后的作品由慕尼黑著名的出版社奥登伯格（Oldenbourg）出版。类似的口述传统甚至更早就已入选"德国传奇宝库"，这个名称源自1924年出版的一套丛书。该丛书编辑古斯塔夫·容克鲍尔（Gustav Jungbauer）在奥伯普兰的办公桌前评论说，欧洲其他地区在当时出版的传奇只是为了娱乐，而那样的传奇"对波西米亚森林不合适"。容克鲍尔对于该地区开明的世俗主义深感自豪，发掘了一直延续的宗教迷信的优点，他宣称这个特点依旧为"绝大多数"波西米亚森林居民所信奉。与背景不相符的是，以上民间智慧的精华产生于"基督教信仰和异教的奇异混合"，远远称不上是理性。容克鲍尔满心欢喜地将传奇的既有定义修订为解释神秘现象的尝试——是逻辑和推理的结果。他强调，"主要是幻想和回忆"的结果只是传奇形成之初的表征。

致力于消除波西米亚森林幻想和现实边界的不只是容克鲍尔。瓦茨利克本人就声称，这个地区的居民"与各种形态的可怕又喜怒无常的（神秘）生物"为伍，和"熊与乌鸦一样"，都是这片森林的土著——在他的时代，这些人依旧如此。维系这种形象的责任落到"游吟诗人"头上，冷战时期，他们在原则上追随瓦茨利克的脚步。

事实上，与捷克人相比，瓦茨利克更愿意与大大小小的神秘怪物分享这片森林。他的《绿色的德国波西米亚森林》（*Green German Bohemian Forest*）标题很鲜明，已经再版四次，到1940年发行了3.1万册，从该书的序言中明显能够感到作者长出了一口气。经过漫长的时间，这片森林终于只属于德意志人和怪兽。在1938年秋季希特勒吞并苏台德之后，瓦茨利克为这片森林的完整回归激动到难以自抑：

毫无意义的人为的边界把上天赋予的绿色而完整的波西米亚森林分割开来，苏台德从外国人的统治中获得解放之后，这些边界已被清除。如今整个原始地带与连绵的山地森林合体，获得了救赎与和平，并受到德意志之鹰的保护。德意志人可以在森林中自由旅行，自由远足，德意志艺术家可以自由享受其美景——它是绿色荒野，是无边的冒险之地，是独特的自然花园。这个欧洲最为神秘和奇妙的低地山脉用它难以形容、无穷无尽的财富，丰富了帝国母亲的资源。

这位作家用生花的妙笔诱惑德国旅行者去这片森林观光，不过他自己也承认，这里的欧洲特征非常少，那时候甚至让人联想起"北极苔原"。它是格吕贝尔和穆勒所说的"德国的西伯利亚"的重现，据这位作家说，波希米亚森林充斥着矛盾。它由鸟鸣声不绝于耳的山谷、狂风呼啸的山峰、"悲剧的荒原"和其间的一切所包围。瓦茨利克把各种适合戏剧的背景拼到一起时，不禁疑惑："这还是我们的世界吗？"起初，他的作品思考的是人文地理面对荒野时受到的约束，"黑暗传奇的滋生地"和它们怪诞的主角。然而五年后，即1945年5月之后，贝尼斯法令正式颁布，瓦茨利克的问题使新的政治现实遇到了麻烦。确实，从那时起，边界东部的这片森林不再被视为土著德意志居民的世界，这片无人之地也不再是名称奇异的怪物和野兽的理想栖息地。瓦茨利克和他的追随者与其他苏台德德意志人一样，出生在20世纪之初，如今逃到西德，并且把他们的怪物也带过来了。

被驱逐者得到了巴伐利亚各个城镇的帮助，如雷根斯堡（Regensburg，最终在1952～1954年，整个州都参与进来），在此之前，这些城镇就向瓦茨利克这样的作家敞开了大门。瓦茨利克在捷克斯洛伐克遭受一年监禁之后，受邀到特里米尔肖森

（Tremmelshausen）安度晚年，它是雷根斯堡附近的一个大型农庄，"景色柔美，有着很多传说"。在那里，他为西德被驱逐者公共和文学领域的形成打下了基础，这个领域在他去世一年之后即1948年就形成了。当瓦茨利克在雷根斯堡外的一个拘留营等候去纳粹化时，他的助手和森林最后的游吟诗人之一赛普·斯卡利茨基（Sepp Skalitzky）从他的一直心态乐观的导师那里收到以下鼓励的话："坚持下去，保持乐观，一切都会过去，然后新的更为智慧的生活就会开始。"

然而，瓦茨利克并非只有希望。在他寄给斯卡利茨基的明信片和书信中，分享了一长串出版界的联系人名单：一位拜罗伊特（Bayreuth）的书商，纳粹时代是当地的出版社负责人；一位慕尼黑的编辑，新推出了一套名为《苏台德德意志说书人》（*Sudeten German Storytellers*）的小型系列丛书；一本苏台德德意志人诗集，不久前成立的"阿尔伯特·施蒂弗特学会"准备对它进行编辑。"我认为你有一个前途远大的事业，你甚至能从中挣一些钱。"瓦茨利克评论斯卡利茨基的作品时说。"如果我们过去的东西能够再次出版"，瓦茨利克憧憬道，那将是"德国文学硕果累累的一年"。虽然西德文学界几乎不需要"游吟诗人"，但后者希望再次令波希米亚森林起死回生。就斯卡利茨基而言，他已经开始尝试，出版了拘留营通讯。

瓦茨利克没能见到最终的结果。那已是他为了年轻一代"游吟诗人"的生存而倾注力量的最后几年，这些"游吟诗人"已经成为政治生涯波折不断的西德居民。作为一个作家，瓦茨利克在战后创作的作品不算太多：1948年，他把他最后的波希米亚森林怪物放入了西德文坛。那一年，他把"波希米亚森林的小精灵斯蒂兹尔"进行了大幅扩充，这个故事源于《绿色的德国波西米亚森林》，扩充后的作品由罗伊特林根（Reutlingen）的新出版商出版。这本书并没有取得预期的效果，也没有让他那就要成为寡妇的妻子丽娜（Lina）获得足够的收入。瓦茨利克最大的成就是串联起了如一盘散沙的"游吟诗人"。虽然对"游吟诗人"的四分五裂和第三代人投机取巧地自我重塑抱怨不已，瓦茨利克却是一个无与伦比的个体中介机构。他用书信和明信片把作家联系起来，传播他们的最新消息，介绍联系信息。瓦茨利克去世后一年，即1949年，同盟国解除结社禁令时，赛普·斯卡利茨基、利奥·汉斯·莫利、卡尔·温特和奥托·泽利克（Otto Zerlik）等苏台德德意志作家早已相互取得联系，而且通过大众读物与读者重建了关系。他们将波希米亚森林放入西德文学和文化版图的时机已经成熟。他们的作品为本书所介绍的很多冷战时代森林边境地区的方言描绘打下了基础。

章节概述

本书聚焦于捷克斯洛伐克－西德边界西侧地区，力图把读者的注意力吸引到巴伐利亚/波西米亚森林及临近的上普法尔茨北部森林地区。每一章都与蜿蜒的铁幕分界线祈祷墙有关。

因为祈祷墙有多种功能，不可能把资料限定在任何单一的研究领域。因此，在传统的文化研究中，本书为了揭示祈祷墙的多种面目，涉足数个领域。我在其中借用了艺术史（肖像学）、地理学（借用其人文生态学观点）和文学（文学叙事）研究，以及属于交叉学科的视觉研究、旅游研究和仪式研究，尽可能提供一个具有创造性的解释。每一章都对整个冷战时期与祈祷墙发展有关的一个具体的艺术形式进行详述，并把这种艺术形式置于具体的仪式或创造性活动的背景之下。

在第一章"条件：冷战的废墟"中，关注的创造性活动是"编辑"。第二次世界大战之后的十数年间，这种工作在东西两德都很有影响，十余种照片集问世，记录了战争造成的毁灭，以及随后德国的重建之路。很快，苏台德德意志人发起了一项竞争性计划，他们急切希望把冷战在铁幕沿线造成的破坏记录下来。为了实现这个目的，著名的苏台德德意志活动家兼出版人恩斯特·巴特尔（Ernest Bartl）在1959年使用德语、法语和英语，让外国读者进行了一场边界东部的照片之旅。他的主要目标是将废墟的视学比喻从战后时代分离出来，用于描绘正在发生的冲突。这绝非简单的任务：苏台德德意志人的瓦砾堆既缺乏都市的戏剧性，也没有明确地指向冷战。在第一章中，分析了巴特尔如何利用照片的指向性实现其目的，他十多年如一日，对该地区过去和当下的视觉信息进行收集、组织和风格化。最后，他的编辑活动使其发生了效力，并通过更为广泛的受众指明两个相互联系的条件，为祈祷墙创造了空间。其一是该地区破败不堪的条件，这是纯粹物理性的；其二，这种状态恰恰是祈祷墙的先决条件，它以边界东部替代品的面貌出现，是偶然性的。只有在这两个条件下，余下篇章的主题才能得以实际构建。

在第二章"基石：圣像破坏运动和祈祷墙的建立"中，我研究的活动是"朝圣"。这个仪式是一种动力，把残破的基督教神像运到冷战边界，符幕在那里有宗教崇拜的根源。1950年和1951年，巴伐利亚边防警察和当地教会记录了两起捷克斯洛伐克边境村庄发现的德国神像险遭破坏的事件。第一起是伪造记录，称发现完整的圣母与圣子像放置于西德边界米特弗米斯罗伊特（Mitterfirmiansreut）附近，那是上普法尔茨的一个村庄。另一起是据称一名捷克军人蓄意破坏耶稣像，由巴伐利亚边防警察抢救了回来。我调查的范围包括雕像的来源、最初状况、受损状况，还有它们穿越边界的传说，以此确定它们作为受教会认可的祈祷墙基石的情况。此外，我指出了雕像所处的现实背景及其照片的传播在将普通形象构建为非同一般的崇拜对象的过程中发挥的作用——作为基督教神像研究最新的补充。在20世纪50年代初期东欧集团破坏神像后，随着铁幕的降临，这些神像功能上的转变为符幕的形成打下了基础。

在第三章"基础建设：民间边境旅游和游记"中，叙述的对象是"旅游"。沿着铁幕，旅游催生了边境报道——一种游记，专门叙述与特定时期有关的紧急情况。以新兴的两德边界旅游研究为基础，我将捷克斯洛伐克－西德的分界线作为一个重要的目的地，而不仅仅是20世纪50年代德国人"旅游浪潮"时过境的门槛。我没有像其他人那样只是利用国家及其研究机构的资料，而是发掘20世纪50年代到80年代之间到这个边界旅游的普通人的故事。本章表明苏台德德意志人是边界最多产的报道者之一，他们明智地把感想投入到上述边境报道中。他们了解这个地区丰富的地貌，重点强调这片森林充满矛盾的特点——它的"田园或危险"的二元论——对于边境体验有多大的决定性影响。在战争与和平之间，这些东西令人费解地陷入停顿。边境报道介入进来，表现出以冷战为代表的前所未有的冲突形式和多变的森林前线带来的混乱，并同时做出澄清。这类作品由被驱逐者的媒体传播出去，传达出对于空间和时间的一种新的洞察。一方面，它们的作者教导读者识别出这条边界的走向；另一方面，他们鼓励读者对过去容易穿越的边界和现在被封锁起来而变得更为危险的边界都持尊重态度。他们没有鼓吹"边界意识"，那是类似两次世界大战之间产生的民族主义色彩的文章，他们的故事意在创造我所称的"边界觉悟"，这是在历史层层堆叠的冷战景象中发现他们的道路的蓝图。

在第四章"功用：祈祷墙的视觉乡愁"中，研究的是"乡愁"。在那里，乡愁以两种方式传递出边境的形象：构成祈祷墙的民用建筑，以及这类建筑激发出的诗歌。我认为，自从约翰内斯·霍弗（Johannes Hofer）首次在他的医学论文（1688）中创造出视觉纪念物（Visual momentum）这个词语后，它就与渴望密不可分。随着乡愁在战后的医学实践中复兴，苏台德德意志人不仅宣称与欧洲其他失去家园的人民有着相同的困境，还将其联系到最初的"波希米亚游吟诗人"——施蒂弗特，并将这个谱系用于冷战。施蒂弗特本人及其描绘的角色都曾在边境地区漫步，苏台德德意志人游荡在那时，明白乡愁作为一种明确的视觉现象，是以观察活动与其结果——即视觉与想象——不相干为基础的。对几篇以边境为主题的诗歌进行详细研读后，我勾勒出这种二分法在冷战背景中的特点，并且研究苏台德德意志人发展出来用以说明这种语义分离的术语。然后，对于意图表现故地景象的建筑，我追踪这种分歧造成的影响，分析的焦点是1961年完工的那座最为精巧的边境塔。早期的铁幕研究断定，冷战时代东西方是敌我之间的尖锐对立，为了与这种说法进行对比，我提出那种乡愁混淆了这类截然不同的分类，为思考冷战时代的遭遇提供了一种更为统一的模式。

　　我的讨论在结语时达到高潮，把各章中使用的资料综合起来进行总结，我重申使用本书涉及的资料，很难完全传达通常与冷战屏障的资料相联系的悲剧色彩。无论何时，记录下来的目击事件都比真正发生的悲剧少，因而创造性的重现就成为一种补偿。本书讨论的首要问题是铁幕，苏台德德意志人只是居于次要地位，他们在冷战中最为关键的一项任务是作为西方的冷战前线。如果没有这些被驱逐者们的贡献，我们对于后者的认识是不完整的。

关于地名的注释

　　地名首先用捷克语和德语表达，之后只使用德语，其来源相一致。

第一章

条件：冷战的废墟

揭示疮疤

　　虽然被浓密的云杉沉默地环绕，20世纪40年代末期开始形成的捷克斯洛伐克-西德边界的西侧基本上不能说是偏僻的荒原。在森林边缘游荡的不仅有巴伐利亚边防警察，还有美军，偶尔还有联邦边防警察。每年来勘察边境的苏台德德意志平民即使没有几千人，也有好几百人。借由自己的观察和仍在捷克斯洛伐克的家人、朋友的情报，来访的被驱逐者们能够充分了解边界东侧正在发生的变化。对面的新面貌在他们看来异乎寻常地扭曲。清理出来的安全区、波勒提切（Polletitz/Boletice）等地昂贵的军事训练区、伏尔塔瓦河（Vltava）边的人工湖和作为铁幕的战略屏障而设立的雷达站与哨塔，在他们看来都非同寻常。这些变化影响到的不仅是森林——为了便于通行和更好的视界而进行砍伐，生态环境也遭到了破坏，故土如今已满目疮痍。20世纪50、60年代，波希米亚西部的变化频频出现在"故乡刊物"中，为重现边界两侧无情的衰退提供了丰富的资料。数十位作者和编辑经由真实性毋庸置疑的照片，向尽可能多的受众传播这些故事，增加自己的说服力。然而令人惊异的是，在这项任务中，照片几乎没有发挥作用。

问题在于，关于毁灭的视觉呈现在当时并不能使人联系到冷战，接下来的讨论中将对此进行说明。在德国和其他国家，公众坚定地认为战争留下的影像就是瓦砾（第二次世界大战留下的物理残骸）和废墟（通常在其后受到的破坏）。战争留下了"长长的阴影"和"持久的后遗症"，残垣断壁是其中最为显著的景象。对于急切想展示铁幕带来的损害的苏台德德意志人来说，这种环境不仅不适宜，实际上还是一个重要障碍。消除这一障碍并不简单，因为人们相信，边界东侧的悲惨状况恰恰是祈祷墙存在的先决条件。符幕提醒人们，曾经跨越边界的存在已经无可挽回地失去了，它的存在是一种补偿，于是在将边界西侧划为文化上值得信赖的圣地时，每一个在此出现的复制品都有着自己的功用。简而言之，没有废墟，可能就没有祈祷墙。而人们认为，没有祈祷墙，西德的东南部边界就缺少人文风格——即一种与东部枯燥无味的军事障碍形成鲜明对比的有价值的对照。

对于苏台德德意志人来说，比残垣断壁更重要的是公共记录中的档案文件。苏台德德意志活动分子明白，越充分展示东方集团造成的破坏，就越能证明其自身的正义性，并赋予祈祷墙以合法性。废墟、瓦砾总是使人们想到刚刚结束的战争，他们决定淡化这一背景，而将关注的焦点转向新生的对峙。侦查、强调和展示冷战的废墟——这些活动是本章叙述的中心内容——在缔造符幕的过程中是不可或缺的。

当时没有人比恩斯特·巴特尔更系统地从事这项工作了，他是一位著名活动家，也是来自埃格/海布（Eger/Cheb）的出版人。尽管巴特尔的大多数同乡只是用一两个图示对当时的边界环境进行简短报道，他却大量使用了1945年前后的档案图片。他使用三种语言，将其选编成册，标题是《埃格兰的过去和现在》（*Egerland Once and Now*，1959）。巴特尔身兼该书的作者、编辑和出版人，希望让图片自己来讲述故事。但是，实际上，他将废墟与战后时代脱钩，转而与冷战联系起来的企图遭到了人们的抵制。在仔细思考这些障碍之前，让我们解开巴特尔的历史分析中密切相关的两个意味深长的词语——"战后"和"冷战"——所具有的意义。没有什么比废墟"更能让我们思考两个时代的重叠"，没有什么比记录毁灭的照片（体裁在这里至关重要）更能混淆两个时代的轮廓。为了理解符幕的起源，我们必须首先了解战后和冷战时代涉及的范围，这将有助于我们理解它们在巴特尔书中的纠葛的重要性。我们将从20世纪50年代末期着手回溯。

战后和冷战

"战后"原本是个形容词，后被广泛地用作名词，数十年间声名狼藉。"战争结束了……但是战后时期何时结束？"历史学家克劳斯·瑙曼（Klaus Naumann）如此发问。在德国，学者和公共知识分子把这一时期模糊的时限与正常化、重新统一和20世纪记忆的各个方面等具有争议的问题联系了起来。战后时代究竟从何时开始？到何时结束？它确实结束了吗？它已成历史，还是挥之不去，解释的分歧在哪里？最后，存在"后战后"（post-postwar）吗？这些问题长期存在，迟迟不能盖棺论定。我们不能将其简化为一场大战的最后阶段或尾声，战后时代仍是一个没有画上句号的章节。

直到20世纪90年代初，"战后"一词在公共讨论和学术著作中的统治地位一直无可撼动。直到"冷战"一词随着柏林墙倒塌和苏联解体取代了它的位置。人类最近的最大规模的冲突越来越多地与战后时代混为一谈。讨论冷战时一直存在的模糊倾向使这两个本已混淆的概念关系更为复杂。冷战的分期依然不明确：它始于何时？结束没有？如果结束了，那么是什么时候结束的？最后，存在冷战吗——或者说它只不过是"一个谎言或幻想，一种人为观念"吗？这两个概念的含义和它们彼此之间的相互影响亟待重新评估。

没有哪种方法能比"关键词研究"（study of keywords）更明确地表明这种需要，这是社会学词典编纂（socio-lexicography）的一种方式，旨在通过明确核心概念，确定各个时期的起止。迪特·菲尔比克（Dieter Felbick）是这个领域的专家，他甚至不确定"冷战"是否应该在其关于战后时代研究的著作中占有一席之地。一方面，他毫不犹豫地承认这类"边缘案例"（borderline case）与其研究领域的关联。另一方面，他不得不思考"如此紧密联系"的两个概念之间深层的关联。最终，菲尔比克将"冷战"一词尝试性地收入了他关于战后时代标志性词语的小册子，而他对两者间联系的深入思考，显然更为重要。菲尔比克的思考间接承认，这两个时代绝非简单地前后承接。换句话说，并不存在"从战争到战后，从战后到冷战"的时间线。仿照菲尔比克，我在本章中勾勒出祈祷墙的滥觞——边界东侧的破坏——并以此为契机，更精确地界定这两个概念。是什么使它们与众不同？或者相反的，它们有什么共通之处？

以狭隘的周期性为代价，弗兰克·比斯（Frank Biess）早已提出，"战后""不仅是年代和主题研究的单元，也是认识论工具"。本章采纳他的重要观点，将"战后"和"冷战"归于文化分析的范畴。密切关注时代的延滞是这种回溯的题中之意。例如，比斯及其同事没有把战后时代视为神秘的"零时"，而是将其与战争的延续性联系在一起，认为二者是不可分割的。他们认为，战后社会从战争中承继了微妙的暴力元素。这种残余暗示后者不仅是时间有限的肇始：它同时也是终结。"战后"和"冷战"是紧密结合在一起的，不仅因为造就它们的同为对轰炸的记忆和恐惧——"在繁荣的当下存在着灾难性的过去"。这里揭示的它们的其他纠葛对冷战时代的人们来说已经非常明显，绝非后知后觉。因此，关键问题不是这两个时代何时显现，而且是它们意味着什么——不是我们如何理解它们，而且是它们如何理解自己。

现有的大多数观点都认为，战后时代既不是"潜伏期"，也不仅仅是"新的冷战秩序"的同义词。在本章中，通过检视它们的异同，我将两者间的交集假定为是什么，而非不是什么。在此，瓦砾罕见地既是两者的交集，又是彼此的分野。为了说明这一点，我们将要考察巴特尔在冷战开始后的第一个十年沿着铁幕所做的影像之旅，是如何把战后时代的视觉遗产调动起来，为冷战的议程服务的。

中欧的镀金时代化为尘土

巴特尔雄心勃勃地将他的书以德语、英语和法语推向国际读者，与之不太匹配的是，他的出版社只是盖斯林根的一家地方出版社。盖斯林根是斯图加特和乌尔姆之间的一个小镇，居民主要是被驱逐者。为什么巴特尔在对十多年来有价值的图片挑选、分组并加以描述时，将假定的观察者的视角定位于铁幕沿线？要知道，大多数西方人从未涉足此处。更重要的是，为什么他将视角定位于隔离带东侧，展示那里的城乡画面，而非边境游客、祈祷墙的建设者以及朝圣者那样，从西侧观察分界线或铁幕以东？为什么将全书的地理范围局限于埃格兰/海布斯科（Egerland/Chebsko）一隅——捷克斯洛伐克西部行政单位，与西德的上普法尔茨和上弗兰科尼亚（Upper Franconia）及东德的萨克森（Saxony）接壤——从而使其内容进一步地方化？选择这个看似鲜为人知的地区是有其深意的，它只是听起来陌生。巴特尔暗示，世界听说过埃格兰，只是还没有意识到。

巴特尔用了两百页的篇幅来唤醒我们的记忆。这里是在国际上享有盛名的温泉疗养胜地，对于那些对中欧的镀金时代情有独钟的人来说，这足以触及他们的心灵。一位与巴特尔同时代的人评论说，就在这里，"苏台德的心（曾经）向全世界敞开"。巴特尔挑选了该地区最有名的三个观光胜地——卡尔斯巴德/卡洛维瓦利（Carlsbad/Karlovy Vary）、马里昂巴德/玛丽亚温泉市（Marienbad/Mariánské Lázně）和弗兰兹斯巴德/弗朗齐歇克矿泉村（Franzensbad/Františkovy Lázně）——来唤醒人们对欧洲大陆上曾经极富魅力的休闲文化的记忆，借用那位巴特尔的同代人兼同事的话说，即它独特的"温泉疗养式的生活方式"（spa-like lifestyle）。当然，巴特尔的兴趣不在于洗浴或者温泉，而在于享受过这些温泉的著名文学家及其作品。他设想其读者会了解并敬仰他们的创作。就这一点而言，相关作品的范围的确让人印象深刻。到1959年巴特尔的丛书出版之前，歌颂其闲适的节奏和魅力时，选用的都是歌德、陀思妥耶夫斯基和肖洛姆阿莱赫姆等人的作品。不到两年时间，阿仑·雷乃（Alain Resnais）又使其出现在了电影银幕上。巴特尔的名单上还有"皇帝、国王、其他王室成员、贵族、科学和音乐领域的英雄、部长、军方司令官、经济界人物……简单说来，就是'伟大的世界'"。

然而，巴特尔的意图不仅止于歌颂过往的美好，相反，随后数百页的内容清楚地表明，这个世界已经消失。在巴特尔看来，镀金时代就要化为尘土。如果相信他的叙述，那么就会认为随着铁幕降临，各界名流被迫离开舒适的酒店房间，从前光芒四射的迷人舞厅和喷泉只余下斑斑铜绿。此外，埃格兰的部分地区已经从地球表面被完全抹掉。"在欧洲的心脏地区，"巴特尔在前言中怒气冲冲地说，"在冷战最前沿和铁幕的无人区，荒野正在蔓延。"巴特尔不满足于这种干巴巴的言论，着手描绘边界东部退化成一片蛮荒的景况，他又反过来，将其与边界西侧被驱逐者们日益扩展的活动联系起来。

巴特尔在随后的部分并列放置"从前"和"之后"的图片，以此作为表明其观点的另一种方式，并吸引国际社会关注苏台德德意志人的事业——这个事业当时已经初现端倪。巴特尔的照片充分地表现出了他的整个计划所强调的冲突：把返回东侧的期望与留在西侧的现实放置在一起。这两种观点在德意志被驱逐者中都很盛行，不过现实情况是不管他们多么思念故乡，基本上没有人在20世纪50年代末期真的想回去。巴特尔表面上敦促国际社会对捷克斯洛伐克在前苏台德地区的统治造成的恶果进行谴责，并允许其同胞重返家园的同时，默默接受了埃格兰已遭破坏的现实。最终，祈祷墙将作为埃格兰的替代物出现，接下来的章节将对其进行考察。

为了进一步支持其观点，巴特尔强调了该地区在两次世界大战之间、战后和冷战背景下的变化。20世纪50年代末，第二次世界大战还鲜活地存在于人们的记忆中，60年代初，对于核战争的恐惧和冷战的紧张气氛正达到顶点，巴特尔的书运用照片展示了二者的交点。然而如我们所看到的，作者经由图像表现出的对冷战的忧虑，跟核武器毫无关系。相反，他使用了大量拍摄于战后时代的照片，我们从未弄明白巴特尔此举到底意在以冷战的镜头纪念战后的瓦砾，还是恰恰相反，将其消灭。叙事的跨度凸显出对景物和日常习俗被抹杀的忧虑，这是战后和冷战时代的一个基本特征。巴特尔利用这种忧虑作为号召大家行动的号角。他的书以照片作为主要媒介，用战后废墟附带的多变的语义传达出中心信息——不要让埃格兰消失，哪怕只能在西方对其复制。因此，埃格兰不是战后时代谢幕的墓志铭，而是重申其影响继续存在，在可见的未来不会结束。

当然，这套丛书保持着西德被驱逐者政治的特色：它在当时规模最大的苏台德德意志人大会召开的那一年问世，绝非巧合。政治修正主义者的腔调通过该书找到了表达的渠道：巴特尔将这部丛书用于纪念他的兄弟沃尔特，他是一位高级行政人员，战后被捷克斯洛伐克判处死刑。虽然我们对沃尔特的过去一无所知，不过他可能与纳粹统治下的"波希米亚和摩拉维亚帝国保护地"（Protectorate of Bohemia and Moravia）脱不了干系。作者确实把其手足之死详细描述为"捷克的血腥欲望和仇恨渴求的牺牲品"。与大多数被驱逐者的态度类似，巴特尔一方面表达出反捷克情绪，另一方面又在书中宣称"对驱逐他们的人不存在恨意或贪婪"。他曾经在月刊《埃格兰》（*Der Egerländer*）担任编辑长达16年，书中的很多照片即来自该杂志，他还长期被任命为"埃格兰人同盟"主席，对于这样的人不能有多少期待。然而，与本书所讨论的其他很多材料一样，这套丛书超越了被驱逐者政治。它促使我们思考一个更宏大的问题，即以图片为媒介表现20世纪不同时段时所采取的形式和意义。特别是它表明，人们早已意识到了"战后"和"冷战"的区别的，这绝不是21世纪学者的空想。实际上，在一些记录和表达这些时代充满矛盾的重叠的最初尝试中，其潜在含义被忽视了。

巴特尔展示了祈祷墙出现的先决条件，从而赋予其合法性，进而表明"战后"和"冷战"的关系绝非我们回望上个世纪时想象的那样。这确实使当时的读者感到困扰——而且正如我们马上将要看到的，他们有足够的理由这样感觉。因为第二次世界大战及战后岁月的照片对1945年以后的记忆文化有着极为特殊的意义，在最早出版于20世纪50年代的记录欧洲大陆前后转变的照片中，其潜在含义最为明显。至少在西德，这类画册此后成为战后时代记忆和尝试捕捉冷战中最醒目的视觉表达的矛盾焦点。因此，它们能让我们跳出时代前后接续或平行发展的固有认识，从而更为精确地理解纠缠不清的历史。它们甚至使我们不必在"战后"和"冷战"这两种表述之间选择，而深入思考二者的交集。

后文对废墟的重新解读进行的分析，揭示了为什么甚至早在当时，关于战后废墟的图像也缺乏明确的界定或解读。进而解释了是什么使得这种情况成为巴特尔异乎寻常的负担。"如果所有的对象都欠缺符号学上的界定，对废墟的解读就会变得特别开放。"乔治·斯坦梅茨（George Steinmetz）写道。大体而言，这个观察在当前环境下肯定是成立的——对废墟进行重新解读的前提正是"语义的不稳定"。然而，考虑到巴特尔的书问世的时间，以及它所展示的地点，"废墟"在这里并不是一个太过开放的符号。巴特尔在编者按中提出，在他那个时代的中欧，毁灭有着更为深远的意义，并非只是以"空虚"为特征。其丛书的基本假设是废墟不仅是灾难的表现：与我们在第三章中将要听到的被驱逐者的声音不同，巴特尔没有追溯到遥远的三十年战争或其他任何久远的战祸。总之，20世纪50年代后期的残骸被第二次世界大战的视觉遗产覆盖了。巴特尔似乎相信，二战留下的废墟完全占据了当时欧洲人的头脑，将瓦砾与东西方正在激化的紧张关系相联系几乎是不可能的。即便如此，他还是努力尝试建立这种联系。

乡间的瓦砾

众所周知，20世纪40年代末到50年代初，围绕着"瓦砾"，东西两德都有大批文化产品，它既是艺术的出发点，也是新兴的文化史术语，被广泛地应用于文学或电影。目睹成堆的瓦砾，会激发强烈的联想——空间的、时间的、语义的——对此我将在随后的章节中予以概括。此外，毁灭变成一切战后事物不可分割的属性。老理查德·彼得（Richard Peter Sr）拍摄的德累斯顿、奥古斯都·桑德尔（August Sander）拍摄的科隆、亨利·里斯（Henry Ries）拍摄的柏林或雷吉那·莱龙（Regina Relang）拍摄的慕尼黑等地方的废墟照片，为破坏的规模和烈度提供了充足的证据，在当时看来是史无前例的。自此以后，"都市"被普遍用于描述那些残骸。无数著作一再强调，战后的城市里充斥着"瓦砾"。正如W·G·赛巴尔德（W. G. Sebald）在其颇具影响的《关于毁灭的自然历史》（*On the Natural History of Destruction*）一书开头所说，乡间的安全港（最传统意义上的家园）免遭轰炸的破坏。另一些人认为，"城市和乡村存在显著差别"，因此"战争破坏的是城市"。的确，在德意志著名作家们所写的400页的文集中，只有不到30页涉及"乡村的战后时代"。

乡村远离轰炸的中心，因而在关于战后残骸的讨论中处于边缘地带，那些讨论关注的是汉堡、德累斯顿和柏林，或者哈尔伯施塔特（Halberstadt）、普福尔茨海姆（Pforzheim）这类次级的工业中心。"废墟"在赛巴尔德的经验中是"大都市"的代名词：没有什么能比"成堆的瓦砾、防火墙和空洞的窗户"更能与"城市"这个词语紧密联系在一起了。在他看来，曾经代表这个国家的乡村、田园，如今不再能反映、再现战后的德国。为了弥补这种失衡状况，巴特尔承担起描绘乡间瓦砾的任务。他断定，这些被忽视的残石，正是冷战的废墟。

此外，巴特尔面临的挑战还源自这样一个事实：1945年以后，城市废墟成为战后德国鲜活的讽喻。之所以会这样，恰恰是因为地毯式轰炸在城市留下的疮痍不会与战后初期的冲突造成的后果相混淆。照片作为记录这些事物的媒介有着特殊的优势，它们用"无声的语言"与受众交流，效果堪与雄辩相媲美。从某种程度上说，正如弗朗茨·A·霍伊尔（Franz A. Hoyer）在介绍赫尔曼·克拉森（Hermann Claasen）纪念战后科隆的作品（*Song in the Furnace*，1949）时提到的，因为"人们在麻木之前就已缄默"，照片得以作为媒介发挥作用。其他有影响的对废墟的记录，如彼得的《德累斯顿：相机的控诉》（*Dresden: A Camera Accuses*，1949），都通过照片的指向性使战后废墟塑造成为双重表达的主题。彼得的影集的书名及其版式——整码照片辅以少量诗化的标题——完全利用照片的这种力量表达作者的思想。在这种力量的支持下，原本一言难尽的战后废墟变得无须赘言。彼得只需要精炼的标题，大段的说明文字对他来说是多余的。然而，这对巴特尔来说是一种奢望。他书中的照片缺乏指向性。它依然有指示作用，但它指向了错误的方向——第二次世界大战的余波。

　　大量照片和电影为第二次世界大战留下了巨细靡遗的影响资料。20世纪50年代，甚至直到60年代，大大小小的出版社出版了难以计数的摄影集，使得第二次世界大战的影像比其废墟流传更久，烙进了德意志人的心中——如汉娜·阿伦特（Hannah Arendt）指出的，虽然德国人仍在互相寄送描绘战前景物的明信片。这些废墟"不仅是一个地点"：它们经常是一种不受欢迎的对德国战争责任的提醒，也是重建的一个起点，被归入描绘西德经济奇迹和东德社会主义建设的修辞之中。

　　对重建的记录本身就是为了重建——我们会看到，这在巴特尔的书中也不适用。在战争刚结束的那几年，用照片记录废墟有助于把德国城市骇人的断壁残垣重建为宜居的城市空间。在大多数这类影集中，视觉语言和极少的文本叙述通常构建出一个日渐强大的乐章，高潮即是城市全新的开始。废墟不仅是时新的"零时"（zero hour）的主要参照点，也是东德和西德崛起所需的沃土，政治上和美学上都是如此。

与所有这些多层次的图像研究显然相反的是，从定义上说，冷战并不希望与欧洲大陆的毁灭混为一谈，更不用说留下影像记录了。学者们一致认为，欧洲大陆上的这场冲突是一次"持续不断的末日危机"，是"一次在末世高潮间进行的永无休止的障碍滑雪"，已经超出了现实。这种环境决定了欧洲大陆正在上演的冲突相对平静的外表。作为可能面临的核毁灭的象征，蘑菇云的幽灵出现在各个地方——外层空间、水中或地下，但却远离欧洲大陆。毫无疑问，冷战绝不只是纸上谈兵，不过在其欧洲战场，除了1961年前后的柏林，其他地方几乎没有遭到严重破坏。除柏林墙之外，冷战的废墟一般不具备象征性地位。巴特尔的《埃格兰的过去和现在》极力想打破这一印象。它传播废墟的图像，以之描述正在欧洲大陆心脏地带发生的破坏行为，扩大摄影写实主义的边界，最终，召唤出一个新的冷战现实，为祈祷墙打下基础，使其具备合法性。无论如何，这不是一件轻松的工作。

《埃格兰的过去和现在》坚称，冷战的硝烟不仅源自远离欧洲心脏地带的偏远一隅。在巴特尔看来，紧邻铁幕的东方边境较之遥远大陆上的冲突前线也不遑多让。此外，《埃格兰的过去和现在》自认是一种通常与战后时代相联系的意象（图3）。它不仅通过照片反映了埃格兰的变化，也证明废墟影像记录的类型正在发生转变，正如巴特尔所做的那样，侵入了在那之前一直属于战后废墟美学的领域。

图3. "废墟上的废墟。"选自恩斯特·巴特尔《埃格兰的过去和现在》，第248页。

巴特尔意识到了这种转变。他没有拼凑一本从满目疮痍到百废俱兴的虚拟旅行指南，而是通过《埃格兰的过去和现在》赋予废墟充满矛盾的内涵以血肉，同时强调了重新确定其归属时存在的困难。他希望通过废墟赋予祈祷墙合法性，对"战后"和"冷战"进行更为清晰的界定就成为一种切身的需要。当然，说巴特尔的努力在欧洲大陆引发了搜寻关于"冷战"的视觉词汇的热潮，未免言过其实。然而，他的著作无疑指出，他和他的同胞渴望为之献身的新的历史篇章正岌岌可危。

代废墟说话

最终成书的《埃格兰的过去和现在》带有题献、前言、内容介绍和用三种语言写成的详尽的图片说明，它反映了"战后"和"冷战"的交集，这种吊诡令人印象深刻。与1945年之后其他苏台德德意志人对其20世纪磨难的叙述一样，巴特尔的作品中充斥着被驱逐者的老生常谈。从该书的前言（这里与图片说明一起引用的是巴特尔本人的不太通顺的英语）中我们可以知道，"被抢走的德国东部土地……一直人烟稀少，变成了荒原"，而德国其余地区"拥挤不堪"。蛮荒的主题一再出现，似乎是有意为之。巴特尔在序言中提到了数百年间，波希米亚的德意志人在伊甸园般的故乡辛勤耕作（模式化地描述为"上帝的花园"）；1918年捷克斯洛伐克宣布独立后，他们逐步被剥夺了公民权；还有第二次世界大战结束后他们遭受的不公正的驱逐。巴特尔大量引用了该地区工业、教育和人口方面的统计数据——在被驱逐者的记录中，对事实进行曲笔描述是很常见的手法——意在表明"（曾经）受到大自然祝福的土地"如今显然被诅咒了。

巴特尔估计此前埃格兰地区的德意志居民有808,300人，他们被描绘成坚守传统和信仰，却又不过度虔诚的世界公民。德意志人以天才的音乐家、专注的工业先驱和热情的教师等形象出现，而捷克人不过是"侍从、（度假区的）风情女郎、女佣、服务员（和）脚夫"。考虑到据称辛勤工作的德意志人被迫离乡背井这个前提，该书从一开始就在哀叹双重的失乐园，即作者被驱逐的乡亲失去了家园，其余地区的人们也失去了"文明世界"。巴特尔解释说，他的书是"首次尝试……（利用无可辩驳的照片）对驱逐发生15年后已经定调的和还在进行的事物进行一次现实和客观的描述"。

这种"无可辩驳"的证据是该书的核心。故乡昔日的繁荣及其后衰败的图像证据占据了300页的篇幅，图片多达数百张；文字叙述只有22页。书中有地图、19世纪的风情画、史料复印件、绘画和印有当地风景的明信片。图片主题很丰富，从民族志的评论到麻烦丛生的捷克人–德意志人关系，不一而足。排版设计方面有的照片垂直摆，有的水平设置，阅读时得不时地转动书本。尽管各章节显而易见地分别以该地区的历史、民间传说、史迹与纪念碑、著名访客、工艺与工业为主题，这本书还混杂了其他各种散碎的主题。某一主题在其章节出现后，在其他章节也可以看到。图片描绘的主题既丰富又杂乱无章，有凝视的奶牛，羊毛纺织工，蕾丝匠、玻璃工和小提琴制造者，教士和政治家的半身像，男女修道院、朝圣教堂的内外装饰，锡镴桌上器皿，瓷器茶具，20世纪早期的风笛手，传统婚礼，复活节服饰，民族舞蹈，另外还有数个有关约翰·沃尔夫冈·冯·歌德的纪念物。书中还有这一地区有名望的人物和访客的照片，如建筑师巴尔塔扎·诺伊曼（Balthasar Neumann）、军事战略家阿尔布雷赫特·冯·华伦斯坦（Albrecht von Wallenstein）、诗人和剧作家弗里德里希·席勒等，更显出其内容无所不包。然而，其核心部分是1945年前后由业余人士和少数专业摄影师拍摄的故乡，它们是巴特尔从被驱逐者期刊中摘录或从其他各种出版人的档案中借用的。

与其前言相呼应，巴特尔以悲剧性逐渐增强的方式安排他的大杂烩。在前200页中，对曾经的田园牧歌、"丰沛的疗伤圣水"和巴特尔显而易见的乡间故园进行了牧歌式的赞颂，在接下来的100页中，讲述的是"为其从前的……居民提供食物和充足的居所的乡土如今几乎成了荒地"。只在最后21页，这些照片构筑的阴郁气氛才稍有缓和，这部分内容描述的是该地区的被驱逐者在联邦共和国的生活。这一部分充满民族服饰和在维也纳、柏林、雷根斯堡举办的故乡庆典与聚会的照片。该书的结语断定，虽然埃格兰可能正在死亡，其被驱逐的前德意志居民却秉持着它的精神。

巴特尔没有继续德国内外的故乡守护者和旅游倡导者钟爱的地方编年史，他的作品在两个重要方面打破了这种叙事逻辑。首先，他颠覆了对"从前"和"以后"的价值评价。关于"过去"和"现在"的记录通常陶醉于绚烂的旧时代与公共价值、无瑕美景或安逸街区的结合中。同时，他们向读者保证，这种旧式的安逸并没有完全消失，它们改头换面，成为现代最有价值的创新。例如，约瑟夫·拉夫（Josef Ruff）的《卡尔斯巴德的过去和现在》（*Carlsbad as It Was and Is*, 1904）不仅明确无误地证明这个城镇一直存在，而且述及它的多个进步。拉夫是景区医生，他渴望展示出卡尔斯巴德的"现在"确实比过去好得多。经过一年的电气化运作，它有了更多礼拜场所、更多手术病房、更多尖端治疗设备、更多慈善机构，就连烘焙食品也比以前更多了。这座城市的"自来水厂、煤气厂、供暖厂、盐泉厂和矿泉水循环系统"都是"同行业中最现代化的"。然而，在巴特尔的《埃格兰的过去和现在》中，"从前"和"以后"是截然对立的两个概念。"以后"尤其意味着衰败：现代进步摧毁了自然，而非使其更加美好。

与之相关的是第二个方面：任何乐观的结局都被推后了，因为它们可能意味着进步，以及随之而来的，故乡文化向其他地区的迁移。通常，以时间顺序记录的战争造成的破坏总有一个"附录"，传达出复兴的希望，为焦土之地预想一个更有希望的"以后"。在这些作品中，瓦砾属于过去，而重建意味着现在——这种情况如此普遍，以至于赛巴尔德令人印象深刻地哀叹，这种面向未来的宣言造成了"对个人历史的第二次清算"。然而，与诸如理查德·彼得和赫尔曼·克拉森等人的战后记录相比，巴特尔作品的结尾并非对这一地区的救赎。《埃格兰的过去和现在》在结语中并没有填补房屋的漏洞或者让农民重返故乡的土地耕作，实际上就连想也没有想。这里没有"以后"。只有安东尼·维尔德（Anthony Vidler）解释西方对战后重建的急切时提到的，"建设矫饰的镇痛剂"。最后20页选录了后驱逐时代的传统庆典，意在说明身着传统服饰的埃格兰人已经准备好拿起接力棒。

幸而埃格兰有望迁至西方，巴特尔的著作没有一味对旧有景观的巨大变化加以忧伤的否定。与其他被驱逐者编辑的故乡记录（充满怀旧气息，通常将历史定格在1945年前后）不同，巴特尔拒绝让时间停止，坚决采用最新的图片。仅仅在一年前，一本与其相似的关于马里昂巴德的书只使用了"50幅图片来表现最美好的时代"。在巴特尔的埃格兰，时间的旅程没有终点。他认为，故乡不是樟脑球的味道，而是戏剧性的当下。记录了埃格兰的彻底衰败和有价值的回忆的高分辨率图片，预示了符幕，以及最终，祈祷墙的出现。

似乎是为了凸显事物分崩离析的程度，巴特尔竭力展示的主题一片狼藉。他亲口承认，该书高度碎片化。他用复杂的英语解释说，收集"证据并不容易"：

> 我们的四位同胞被从自己的家园驱逐，所有的财产都被剥夺，考虑到而今他们散居各地，尽管他们冒着危险以各种方式从家乡带来了相关资料，但本书的内容并不完美。但是，可以想见，本书足以将这一问题呈到一些政治家眼前。

前后矛盾凸显了这本书的"不完美"，这在以下三个方面表现得最为明显。首先，图片缺乏系统性。不同于此前的惯例，书中缺少表现前后对比的以近似视角拍摄的照片，仅有的一小部分缺乏典型意义。有时，展示过去和现在的不同景象的是村镇完全不同的部分。巴特尔指出，这种不平衡是时代造成的。他解释说，冷战限制了活动区域，影响了他的取材。由此得出结论，我们应该将这种不一致归因于政治的必然，而非美学选择或者创作意图。

其次，进一步分析可以发现，巴特尔的困境特别表现在图片上。正如第三章所述，他的往返旅行的同辈用文字描述"边境上……巨大的废墟"，并以相对较小的代价达到了目的。人们期待大量的图片可以使巴特尔更进一步，但事实并非如此。如果说通常情况下一图值千言，巴特尔选择的这些表现埃格兰废墟的照片却几乎需要配上同样多的说明才能传达其观点。他认识到，照片本身不足以表达该书想要传递的信息：一旦与冷战联系起来，它们就无能为力了。

巴特尔的图片说的是一种不同的语言——战后，因而迫使作者超越了图片的局限，采用了多种表达方式，并让他为了给埃格兰的废墟标上时间，满足于"超越历史的衰败和灾难的影像"。巴特尔想让他的读者/观众忘掉"各时代通用的标志性的残骸"，因为它会妨碍我们将废墟置于它们各自的背景中审视。为了帮助我们，他代那些图片说话，以期自己"极具补偿性的东拉西扯的行为"能够避免该书意义的缺失，并划出战后时代和冷战的边界。

最后，该书在创作上前后根本没有不一致。尽管一些拍摄德国战后废墟的摄影师也会在他们的影集中使用其他人拍摄的照片（例如彼得），但令人惊讶的是，巴特尔竟然一次也没有从相机的取景器中去看他的故乡。他从来不是依靠人尽皆知的冷静和超然不群的摄影技术卓然于其主旨的摄影师。他远离镜头，饱含感情地回望故乡。上述这些缺陷不仅超出了任一特定的摄影体系，而且在当时还超出了摄影媒介本身。让我们看一看这是如何实现的。

最为显著的是，该书选录的第一幅图片不是照片，而是一张木版画，表现的是失去的故乡，作者是遭到驱逐的艺术家奥斯瓦尔德·沃赫（Oswald Voh）。（图4）尽管标题提到了故乡，但是故乡在其中只居次要地位。在这幅图中，延绵的山峦、小小的农舍和板条栅栏被限制在背景中，而前景是一个浮在半空中的硕大的老年被驱逐者，好像漂在"失去的故乡"之上，他背对着观众，手被缚在身

图4.奥斯瓦尔德·沃赫，《失去的故乡》，选自恩斯特·巴特尔《埃格兰的过去和现在》，第31页。

后。沃赫没有使用常见的从故乡飞来的表现手法，而是用了超现实的飞在故乡上空的主题，显得故乡既近在咫尺，又无限遥远，像梦一样难以到达。表面上，沃赫的这幅版画表现的是这样一种政治观点：在关乎故土现在和未来的问题上，苏台德德意志人被缚住了双手。沃赫似乎暗示说，他们所能做的只能是旁观。

然而，画中的人根本不是一个被动的旁观者，而是德博式（Guy Debord，1931～1994，法国导演）场景唯一的受众，景象在其中完全替代了理解，不管是隐喻的还是实际的都是如此。他提供了一个可以体现情绪变化的观察位置，既表明了巴特尔本人的编辑立场，又为读者/观众确定了合适的视角。这幅图画被放在巴特尔图片叙事的开篇位置尤为重要，因为它表达的观点是照片做不到的。于是我们既借由画中人物的眼睛垂直俯瞰故乡，又从侧面凝视他和他的故乡。

故乡的鸟瞰视角有着特别的意义，因为书中的照片几乎都是以水平视角取景。此外，这幅版画的构图和它被放置于该书开篇的布置表明，巴特尔的意图不仅在于表现对与被驱逐者文化密切相关的故乡的忧郁依恋。从上方扫视故乡，暗示了该书的关键主题就是毁灭。它借用"飞人视角"，对同一地区的战时和战后废墟摄影有着重要意义，并涉及两种极为不同的取景风格。空中取景源自军用侦察飞机，传达出德国（和欧洲）战争残骸的典型景象，这是以水平视角难以展现的，斜侧取景则"为公众提供了一个展示都市废墟的画面"。巴特尔把两者结合起来，利用沃赫的版画引出关于这一地区的照片，再次把故乡置于废墟的话语之中。

"一片废墟何以成为故乡之所在？"埃里克·伦兹施勒（Eric Rentschler）的问题指出了废墟影片的主角在战后岁月中面临的困境。

巴特尔的困惑完全是相反的：如何才能把本应不受打扰的避风港般的故乡呈献为瓦砾堆？如果被炸弹夷为平地的战后大都市能够成为"具有现代性和自然性的家园，一个城乡文化综合体"，乡村的景象意味着什么呢？怎样才能令人信服地指出它的崩溃？好像要回答这些问题，巴特尔转而诉诸语言。他坚持认为，他关注的废墟并非二战的遗迹，他书中的照片没有全景展示大城市的瓦砾。他在图片说明中不厌其烦地告诫，所有"这些"残骸"都不完全是上次战争造成的结果"。巴特尔保持着克制，促使他的模仿者得出结论，"西波希米亚地区受到的战争破坏相对不太严重，更严重的毁灭来自其后的驱逐……和……死亡带的设立"。

事实上，"上一场战争"在书中是一个蕴意丰富的存在。一方面，这种表述证明了战后意象的不断传播。另一方面，巴特尔的观点恰恰是"上一场战争"不是最后一次。对悄然瓦解的乡村市镇的水平取景清楚地表明，他希望我们将这一切与新的冲突联系起来。他在书中暗示，如果冷战造成了废墟，那么它绝不是一个"没有硝烟的战场"。

因此，巴特尔的乡村废墟绝不仅仅是共产党控制的中欧东部地区衰败的结果，苏台德德意志人当时和现在的书籍都强调这一点。正如伊戈尔·格拉斯海姆（Eagle Glassheim）注意到的，这些作品把波希米亚地区的环境恶化、人口减少和工业落后，与1945年之后对当地德意志居民的驱逐联系起来。按照他们的说法，通过根除"有组织的"德意志定居点，捷克斯洛伐克实施了"非组织化的重新定居计划"，导致了其后"故乡的衰败"。巴特尔的影集不仅仅是这类汇编的原型。尽管其编辑工作源自被驱逐者的议程，却也让他无意间成为一位探索者。随着埃格兰的百年辉煌史于1959年前后让位于略显黯淡的当代，巴特尔的议题和照片成为更具代表性的问题。首先，什么是废墟中的故乡，巴特尔如何主要通过图像展示其各种形态的破败，并简明地传达给外国读者？其次，怎样将读者的注意力从废墟是第二次世界大战的后果这一固有印象中解放出来，使其转而关注新时代造成的不太直观的破坏？出于这两点主要的考虑，巴特尔广泛利用语言进行干预，以弥补其图片的缄默。

照片指向性的欠缺

首先，废墟似乎是明确的战争遗迹，照片则被称为富有说服力的媒介，但为什么它们都离不开文字说明？为了回答这个问题，让我们回顾一下巴特尔究竟如何导引他的读者/观众进入毁灭这一主题。这个过程是渐进的。需要注意的是，除了沃赫的版画，前200页中极少有展示废墟的照片，也没有巴特尔所强调的故乡衰败的先兆，而这些在该书后半部分非常普遍。考虑到要尽可能多地采纳这类视觉元素，巴特尔放弃了标准的并排格式，图片摆放得似乎杂乱无章；每一页都摆放着拍摄自一个或多个地点的二到五张图片。其结果是该书后半部分展示故乡荒废状态的图片过多，难以取得预期的效果。读者需要在毫无准备的状态下检视埃格兰的过去和现在的差异；这种微妙的差别对于非苏台德德意志人来说也并不总是很明显。巴特尔添加了大量图片说明，用以展示这种从短暂的平静到毁灭的骤然转变。

实际上，巴特尔对埃格兰的民间艺术和地理的巡礼自有一种空间逻辑。它们把他显然纷繁的观众带到了熟悉的场所，从而有助于作者在该书第二部分展示他所关心的中心议题。为了阐明故乡的衰败，如本书一般，巴特尔从一张地图开始。它重现了"埃格兰，'疗伤泉之地'"，点明了每个景点的医疗效力。然而，读者不需要为到哪里治疗风湿、痛风或神经疼痛而苦恼。巴特尔为他们做出了选择——卡尔斯巴德，那是一个据说接待过从彼得大帝到俾斯麦、从歌德到马克思、从巴赫到勃拉姆斯等名人的风情小镇。最初的景象都来自这一地区。他们一边像莱尼·雷芬斯塔尔（Leni Riefenstahl）在《德意志的胜利》（*Triumph of the Will*，1935）中表现的那样得意扬扬，一边暗示这个小镇即将衰败。在此之前，我们获邀瞻仰老卡尔斯巴德的景点，行走到其干净漂亮的街道上，并在剧院、教堂和宏伟的温泉柱廊里游乐。特别是"世界闻名的普普大饭店（Hotel Pupp）"，是世界上颓废之美的代表（正如韦斯·安德森在2014年拍摄的电影《布达佩斯大饭店》所表明的，也是一个流行文化标志），成为巴特尔手中极具象征意味的利器，他以之阐述、思考、展示故乡的衰退。

　　巴特尔已经用卡尔斯巴德辉煌时期的照片对读者进行了轰炸，之后转而系统地暴露它"当前"的衰落。从卡尔斯巴德最著名的矿泉水喷泉斯普鲁德尔（*Sprudel*）的照片开始，密集摆放了三张空无一人的街道和"因（建筑裂缝而）变成废墟的房屋"的照片。（图5）为了突出从全盛期到衰败期的转变，巴特尔转换着图片说明的时态："空空的街道表明，卡尔斯巴德'曾经是'世界著名的疗养胜地。"自此开始，废墟照片主导着叙述。拍摄改编自伊安·弗莱明的冷战小说《皇家赌场》（*Casino Royale*）时，普普大饭店成为取景地，巧

图5.如今的卡尔斯巴德。选自恩斯特·巴特尔《埃格兰的过去和现在》，第221页。

合的是，筹划展示冷战冲突的关键一幕时，巴特尔也以这个饭店作为舞台。

他首先聚焦城镇。巴特尔指出，逐渐衰败的征兆不只表现在建筑上，这一点在卡尔斯巴德的街道上尤为明显。衰败是拟人化的，但不是因为像战后废墟影片里那样，残垣断壁映射着人性戏剧或它们自身拥有某种人格。在巴特尔看来，混杂的人口象征着故乡怪诞的一面，揭开了其衰败的序幕。紧接着，他使我们注意到居民和游客构成方面的变化。到处充斥着的种族和民族的老生常谈如今得到冷战时代反东欧情节的支持，巴特尔在叙述中追求一种面相审查，他称之为"治疗当下的游客"。系着俄式头巾的农妇指点着如今温泉的落魄；黑发和橄榄肤色的男人让人想起"东方异族"的反向殖民化威胁；"'大'捷克人"穿着西装和军大衣，抱着身着苏联军服的"'小'俄罗斯"男孩，影射苏联对这一地区无所不在的控制。这些新面孔给巴特尔带来的冲击使他放弃了为其撰写详细的说明文字，首次也是唯一一次让图片传达"语言无法描述的内容"。各色面孔本已令人不安，捷克语和俄语标识的道路和商店更是火上浇油。在巴特尔看来，衰败的一个不容置疑的信号就是路标还指着相同的方向，上面却不再有德语。正如一位当时的人说的，"德国的世界闻名的旅游小镇卡尔斯巴德的历史"在1945年终结了。巴特尔补充道，它那不光彩的冷战历史才刚刚开始。

到底什么是冷战废墟？它们并非如我们所想，像诸如《第二天》（The Day After，1983）之类的警世故事里的，成千上万的家庭跋涉其间的散落的玻璃碎片、混凝土碎块和残破的钢筋。它们的当下是独特的，既不回顾过去也不前瞻未来。它们既不强调早先的灾难后果，也不预测另一场即将到来的祸乱。自始至终，巴特尔与本杰明式的历史的天使（Benjaminian angel of history）完全相反，后者以每每出现在两堆废墟之间而闻名——触目可及的过往灾难的后果，和可以预见的不断发展遗留的残渣。巴特尔对这些都不感兴趣，他的问题是：如果（冲突的前十年）已经提供了足够的证据证明衰败的开始，为什么还要坐等最终的结局？战后的残垣断壁在刚刚过去的时代身后画下了一条线，标记了损失并期盼着复兴，与此相反，巴特尔的冷战废墟观抢先给出了冲突的解决方案。他们没有展望未来，而是利用确凿无疑的无核化幻想提醒读者，较之想象中的核威胁，持续的常规的毁灭和衰败更需警醒。

很明显，冷战废墟不是现在发现的过去的碎片。它们不是乔治·斯米尔（Georg Simmel）形容的"过去生活的现代形式"。正如巴特尔的著作指出的，它们在"过去"并没有位置。在这个埃格兰，过去的废墟并不存在。我们已经看到，1945年以前的风景被描绘为可与天堂媲美，这就使现在的废墟更显得突兀。就像该书的标题宣称的，它们构成了"现在"。将衰败的当下归于现在，将注意力从过去和将来移开，巴特尔确定毁灭正在发生，正在我们眼前缓缓展开。他精心挑选的图片指出，在欧洲大陆，冷战造成了我们所说的毁灭。表面上，它甚至没有引发一场空战的可能，更不用说原子弹或蘑菇云了，但这却使它更具毁灭性。

然而，巴特尔面临的主要挑战还是照片缺乏指向性。他选择的图片必须联系当下，但事实上，它们总是提醒人们想起不远的过去。照片中有着挥之不去的悲剧色彩，但它们唤起的却是对另一个时期悲剧的回忆——第二次世界大战及其战后岁月。它们是符号，但它们的象征性不符合巴特尔的目的。尽管正如我们期望的那样，这些照片确实是"可信的'现实'"，但它们却令人困惑地指向另一个时期的现实。在巴特尔的书中，现实是以时间排序的，因此其指向性并不明显，他没能摆脱这种困境。尽管巴特尔利用了战后废墟的广泛影响，但他最终必须突破这种影响。冷战废墟只有走出通常赋予其他地区废墟意义的"时代的羊皮纸"才能获得独立性。因此，当我们从波希米亚的温泉转移到埃格（Eger，该地区的行政首府）这类不太具有世界性的地方时，长达一页的评论切断了这个城镇当下的状态与第二次世界大战造成的破坏之间的联系，其中最引人注目是铁路和工业中心。巴特尔写道：

> 埃格以前是帝国的一个自由城镇和埃格兰的首府，如今成了一座正在死去的城镇。这并非上次战争的结果。实际统治者——捷克人——让这个城镇逐渐沦为废墟，就像对待埃格兰及所有苏台德土地上的其他城市和地方一样。他们不能让人们移居到这片掠夺来的土地上。吉卜赛人和其他自私的民族迁到那里，完成了毁灭的任务，正如捷克人希望的那样。

在专门显示埃格兰沦为废墟的章节，"我们看到的'不是上一场战争'（的结果）"之类评论被以各种形式反复强调。照片和文字上演了一场马格里特式的对抗。勒内·马格里特（René Magritte）在其著名的画作中，尤其是在《形象的叛逆（这不是一个烟斗）》（*The Treachery of Images*，*This is Not a Pipe*）中，"在显然看到的和文本最终否定的东西之间制造反差"。马格里特的文本和对应的图像"证据"不停地相互冲突。结果，文本一方面和画面发生了背离，另一方面与它们宣称表现的东西也发生了背离。尽管巴特尔宣称其所依赖的媒介是客观的，将图片当作文件而非工艺品来处理，并没有把说明置于图片之上，不过书中对照片传达的信息的不信任，与马格里特的作品所表现的并无二致。

读者起初把这些照片与第二次世界大战联系在一起，巴特尔则否认这种联系，冷战废墟的指向问题在这两种趋向的紧张关系中得以体现。他的图片说明表明"上一场战争"在西方仍有难以消除的印记，文本则把读者的注意力从照片带来的震撼中转移开来，因为其挥之不去的影响有损作者急于表达的冷战诉求。巴特尔重新赋予废墟新的意义，将其作为冷战的标志，为此，他在两个方面之间反复纠结。一方面，需要承认这些形象与第二次世界大战之间的联系。另一方面，又试图使这些照片脱离二战强大的影响。巴特尔对此一再重申，使得马格里特式的间奏成为书中不断回响的重要主题。它们还成为强有力的工具，制造出希望出现的现实效果——而不仅仅是现实效果。只有通过巴特尔的干预，读者才能领会到"有关内陆城镇埃格衰亡的可怕的记录——也许一再强调——这不是战争的结果"。

当然，巴特尔本人没有完全将废墟与战后时代割裂开来，毕竟这种关联通常反映着历史现实。交通枢纽和工厂曾在1944年和1945年遭受轰炸。进入埃格的桥梁周边遍布空袭的遗迹，原本的大桥被炸毁后，于1945年5月拼凑起一座木桥权且替代，那时候美军还驻扎在该地区。早在捷克斯洛伐克无神论者到来之前，教堂的尖塔就已成为"燃烧弹的牺牲品"。火车站也难逃噩运，一幅1959年拍摄的照片展示了其"犹如西伯利亚的景象"。

有时，正在发生的衰败与战争的恶果难以区分："坏掉的（窗）框"、"长满荒草的……街道"和"损毁的房屋"反复出现。一组组照片展示着玻璃破碎的橱窗、摇摇欲坠的屋顶、剥落的灰泥、倒塌的墙壁和破损的门廊。巴特尔将衰败描绘成荒漠化，不仅是长久以来德国人对东欧的印象和对自身森林砍伐的影射，"荒漠"还代指曾被炸毁的城市在战后的扩张。巴特尔试图为这类能够唤起回忆的照片配上简短的说明，恰巧指向了广为传播的冷战隐喻：捷克当局疏于重建，或者他们对宗教持敌视态度。用他的话说，"（市政广场大门上的）苏维埃之星没有遮住断裂的（窗）框"。在下一章开头出现的解体的十字架照片则"让全世界的基督徒震惊"。然而，巴特尔最终的目标是找出更有时代特征的衰败的例证，并呈现给其读者。他的野心是重新赋予照片以指证的力量，将其从对文字说明的依赖中解放出来。如我们所见，这种野心并没维持太久。

在巴特尔看来，冷战废墟的特性既表现在时间上，也表现在视觉上。如果说空袭残骸的照片捕捉到了瞬间的毁灭，那么表现铁幕之后衰败的照片则是将时间的流逝带回到了画面中。冷战废墟容纳了更多的时间来展示自己，借用斯米尔恰如其分的描述，它们处于"永恒的变化"中。巴特尔挑选了建筑影射衰败的缓慢进程。他认为，埃格地区的建筑不是普遍倒塌了，而是正在倒塌。靠厚木板或金属架支撑的房屋照片（图6）暗示着痛苦而缓慢的衰败。超过半打照片表现的是大量匆忙砍倒的树干和长木板从街道的一侧延伸到另一侧，在街道两侧由叉子状的装置撑起建筑物的墙面。巴特尔暗示，这些桥梁并非连通的标志，相反，它们暴露出冷战期间小镇建筑的支离破碎。它们杂乱的线条与小镇的构造格格不入。巴特尔尖酸地提到，"捷克人和吉普赛人锯掉顶梁"之后，墙体"必须撑起自身的重量"。

这些反映埃格兰逐步瓦解的照片不只是对欧洲自文艺复兴以来废墟影像规则的遵从，相反，它们背离了其核心：赋予历经岁月洗礼的优雅逝去的典型废墟以高贵的光环。《埃格兰的过去和现在》质疑这些美学遗产与当下冷战的关联。如果表现该地区崩溃的照片指向另一个逝去的时代，通常证明人类的进步没有留下创伤：吉普赛人的孩子们在废墟中游荡；肮脏的道路代替了砖石路；粗糙的木质建筑取代了石质建筑；空无一人的"西伯利亚式的"景象阴郁地映入眼帘；"巴尔干式的"氛围笼罩全境。巴特尔身处远离冷战屏障的安全处所，他的反美学废墟完成了第三章提及的铁幕旅行者在靠近边境的地方不会做的事情：宣布故乡已经无可修复。无所不在的脚手架（图6）并非意味着重建：在巴特尔看来，埃格兰是"几乎无法拯救的废墟"和"永远失去的"过去。极少"试图挽救"的捷克斯洛伐克人来得已经太迟，而且只是做做表面文章。作者在图片说明中暗示，与第二次世界大战的废墟不一样，埃格兰的冷战遗迹将在那里长期存在。在他的评论中，它们的永恒有点可耻。

当我们的视线离开埃格转向乡间的时候（最后一组"都市"照片呈现的恰好是一座火车站），巴特尔激烈的语气并没有和缓。相反，乡村作为故乡的核心地区，"被炸掉的农场"和"消失的房屋"成为该书图片和感情的焦点。然而，挑战在于如何再现失去的东西，并强调自然的侵蚀本已存在，而不是轰炸的结果。乡间废墟的存在时间更为短暂。正如我们将要看到的，仅仅十余年间，苏台德德意志人的村庄遗迹就会消失在周围环境中，完全无迹可寻。赛巴尔德

图6.摇摇欲坠的房屋，禁止入内。
选自恩斯特·巴特尔《埃格兰的
过去和现在》，第269页。

著名的同时"注视又移开目光"（looking and looking away）的表述，指出了德意志人对轰炸残骸的忽视，在巴特尔的乡村，关注废墟的意义并不在于此。实际上，巴特尔的照片在看到所有东西（如大范围的毁灭）和看不到任何东西（如轰炸后的一片焦土）之间交替，与希尔顿·阿尔斯（Hilton Als）对原子弹爆炸后日本的描绘如出一辙。

为了划定其范围，以便呈现更多内容，巴特尔用铁幕"落下"作为乡村转变的标志——他首次重现了分界线的照片。分界线的存在既解释了废墟何以消失得无影无踪，又弥补了废墟在视觉上的缺失。然而，我们在《埃格兰的过去和现在》中看到的铁幕并非是突然落下的。谈及这条分界线时，巴特尔首先向读者大体介绍了一下边界地区。作为简短的序幕，他对比放置了两张照片，其中一张是驱逐发生前的埃格关口，另一张是大约五年后在同一地区拍摄的捷克斯洛伐克-德国边境。（图7）

在相对较早的照片中，废墟依然清晰可见。它提醒读者，"被炸毁的房屋和农场……随处可见"，过去那里是苏台德德意志人的家，现在成了无人地带。一名西德边防警察和两位废墟观察者——可能是第三章中描绘的铁幕旅行者——研究着分界线东侧的废墟。尽管巴特尔意在表明"废墟让整个景象令人震惊，唤起所有人的感情"，不过这些遗迹更像斯米尔的"石堆"（一堆奇形怪状且毫无意义的碎石），而不是在大自然的消融下"有意义、可接触、能识别"的遗迹。巴特尔似乎相信能够借助铁幕恢复废墟的意义，指出大自然的田园牧歌的欺骗性。

这是下一幅照片的任务，图中横贯近景的是粗大的木棍，配合用三种语言写的粗体字章节标题"铁幕"，显得加倍险恶。（图8）粗

图7."埃格……前的障碍"，选自恩斯特·巴特尔《埃格兰的过去和现在》，第277页。

图8."设有电网、观察哨和平整过的无人区的分界线，将埃格兰人民与其世世代代居住的家园分隔开来。"选自恩斯特·巴特尔《埃格兰的过去和现在》，第278页。

木棍后斜撑着支架——隐隐反映着前述的荒野主题——表现出一种被荒诞地夸大了的分界线片段，遮蔽了后面的风景。它们过去是大自然的一部分，如今似乎已经屈服，表现出为了便于政治控制，荒野和森林可以轻易征用，令人深感不安。本着这种精神，照片营造出一种压迫性的氛围：屏障近在眼前，与读者的视线持平，直接位于另一侧的观察哨下，读者仿佛正处于监视之下。巴特尔又一次以自身的克制使这幅照片的效果最大化，并预告即将对分界线沿线废弃的苏台德德意志村庄进行描绘：

> 分界线设置有电网、观察哨和平整过的无人区，将埃格兰人民与其世世代代居住的家园分隔开来。最近这些年在那里发生的事情，城镇、村庄和农场怎样被毁掉、被夷平，图片表现了出来。要是有足够的篇幅，还有上百倍的图片本应在本书中刊登出来。必须一再提醒的是，这些破坏并不是战争造成的。

正如照片及其说明文字试图澄清的，乡间故乡的毁灭不仅是历史上含混其词的"捷克人的恶意破坏"的结果（苏台德德意志作家通常将其与数百年来的各种冲突相联系）。粗木棍使得20世纪50年代仍是临时性的铁幕具象化，通过图片说明冷战是理解该书描绘的毁灭的范围、地点、时间和表现的适当背景。尽管巴特尔宣称"这种毁灭不是战争造成的"——像通常情况下一样，指的是第二次世界大战——他的图片说明却意图将正在上演的冲突描述为引发伤亡的战争。从这一点出发，"废墟"和"瓦砾"出现得更为频繁，好像在强调该地区正在退化成一片"蛮荒之地"。

　　在巴特尔的视觉呈现中，没有什么地方比乡村更缺乏指向性，在那里，"逐渐衰亡的农场"或"彻底毁灭"的乡村就是当时的秩序。这种冷战乡村废墟景象的讽刺之处在于，不熟悉该地区的读者根本注意不到它们异乎寻常的转变。在乡间的田园背景下，大自然对人类生活环境的再度侵蚀缺乏戏剧性的标识，比如树木在大城市的废墟上开花结果。相反，废墟悄无声息地分解为草地、林间空地或山谷。在格拉斯里兹（Graslitz/Kraslice）附近的马克豪森村（Markhausen），曾被积雪覆盖的农舍成了阳光照耀的山谷，虽然空无一人，看起来甚至比以前更为宜人。在另一个小村哈默穆勒（Hammermühle），1945年时整洁的农舍在1948年被荒废，到1956年这里成了非常美丽的森林。作为对乡间生活的拙劣模仿，本应彻底毁灭的图普尔斯格伦（Tüppelsgrün）附近的一个小农场如今成了一群安静的山羊的牧场。在每一个例子中，如果没有巴特尔的说明文字，读者可能根本注意不到这种自然对人类进行侵蚀的"大悲剧"（cosmic tragedy）。

结语：图像的背叛

　　巴特尔被迫笨手笨脚地给他的照片加上文字说明，对同类图像在其他视觉艺术中的特殊地位提出质疑，而这种地位根植于它们与其指示物的物理联系。罗兰·巴特曾说："本质上，照片……具有某种同义反复性：一个烟斗在这里是永远是一个烟斗。就好像照片总是把它的指示对象藏在其中。"然而，在巴特尔的书中并非如此。以照片展示20世纪50年代末期中欧地区受到的破坏十分困难，这种困难证明，镜头传递的图像与其他媒介一样浮躁，而且可以对其加以解读。

由此导致的编辑干预不仅就其本身，而且在政治上也导致了分歧。为了理解为什么会这样，我们先看一下图片说明文字的潜力，它们很重要，但在摄影批评中罕有提及。一个句子——更不必说几个词语——能达表达出什么？正如沃尔特·本杰明（Walter Benjamin）展望摄影的未来时指出的，在视觉产品超量生产且由机器大量复制的时代，我们的联想思考能力可能会走入死胡同。在这种情况下，图像更加依赖文字，权威解读"注定成为照片最不可或缺的组成部分"。或者，如果我们相信苏珊·桑塔格（Susan Sontag），这一天已经到来："不管照片被理解成单纯的客观呈现，还是经验丰富的艺术家的作品，其意义——以及受众的反应——都取决于照片如何被理解或误解；而那，取决于文字。"诚然，本杰明预言文本即将比一度不可一世的摄影图像还要盛行，而桑塔格认为这已经成为现实，但他们也认为，对图像解读的可能性的探索已极大地扩展，图片说明也可以参与其中。《埃格兰的过去和现在》把词语和图片紧密结合在一起，支持了这种两重论：文字说明同时把故乡的悲伤状态具体化，巧妙地让读者接受作者的观点。它们的存在说明，不存在"不可被扭转"的摄影图像。最终，巴特尔加了说明的照片确实与马格里特的图文绘画奇异地相似。它们不仅警告故乡的缓慢衰亡，还有东西方两大集团政治的、地理的，或者意识形态领域的分裂导致的危险；最重要的是，它们提醒我们要防备图像的背叛。

综上所述，冷战的废墟可能只存在于巴特尔的书中。当然，这并不是说我们在该书第二部分看到的被夷为平地的村庄、倒塌的房屋和荒废的教堂不是真的——它们是真实存在的。然而，如果没有巴特尔，它们将存在于符号的真空里。它们可能是另一种真实，而非冷战的真实。也就是说，《埃格兰的过去和现在》的任务不仅是描述，而且还要制造冷战的废墟。这种与正在发生的冲突相联系的废墟是巴特尔本人的：他长篇大论地给它们贴上标签，他的作品的背景和照片的说明文字把埃格兰塑造成了冷战的前线。就像下一章描述的圣像一样，这些符号并非无中生有，但它们被赋予了新的意义。若非如此，符幕以及由其实体化而产生的祈祷墙都不可能出现。为了从这一前提条件出发，进而追溯祈祷墙的诞生，为了追踪这种对符号进行二次利用，赋予其全新意义的基本过程，让我们再次以巴特尔书中的一幅照片作为通向下一主题的起点。

第二章

基石：圣像破坏运动和祈祷墙的建立

边缘成为中心

在一条寂静的城镇街道上，一位身穿肥大的衣服、头戴贝雷帽的年轻男子调皮地朝着镜头笑。（图9）他的左脚向前伸，暗示正在快步走，而从他的表情判断，他相当愉快。当他大步进入取景框时，他的黑色套装抵消了照片中褪色的灰和白，占据了焦点，那是我们的眼睛最先注意到的地方。然而我们很快认识到，这个人既不在照片的物理中心，也不处于前景。在他前面，两个浅色调的棍状物从腰部将他黑色的色块切割了开来，打破了他进入镜头的动态，暗示这幅照片关注的是其他主题。短细的棍状物是手推车横置的把手，我们表面上的主角正用双手握着它。另一个长而弯曲的是真人大小的手臂，伸向他刚刚走来的方向。

对这幅照片的第一印象是一幅家庭场景——一位快乐的父亲用

图9."打在全世界基督徒脸上的耳光。"选自恩斯特·巴特尔《埃格兰的过去和现在》，第238页。

老式的婴儿车推着伸展着身体的孩子。然而哪怕再一看眼，都会发现车上装的东西和这个男人的微笑表现出的极不和谐的冲突。伸展的手臂是一个木质耶稣像身上的，可能是从镇上教堂的一个大十字架上取下来的。尽管身体朝向观众，但圣像满是痛苦的脸从镜头前别了开去，朝着其他方向，好像在谴责这个场景。这是一个怪诞的场景。在推车的前头，至少还有两个类似的圣像叠放在一起，尽管绘以精致的彩饰，却得不到一点尊重。他们的手指残缺不全，手臂凄惨地伸向空中，好像想拥抱什么手却伸歪了。他们头部歪斜，其中一个低头伸到车前挨着另一个，似乎有些逆来顺受。因此，这张照片的主题是两种互相冲突的表情的交汇：年轻男子的傻笑和最上面一个耶稣像悲伤的、双目半睁的表情，他们即将被丢弃或焚烧。

男子深色的衣服强调了照片不详的氛围。更加阴郁的是照片暗示的阴暗的战时和战后岁月，当时整个欧洲中部和东部地区，整车的僵直尸体被送往万人坑。然而，这张照片并非种族灭绝的记录。雕像的残骸交叠在一起，构成的粗野画面是20世纪50年代东欧共产主义边境地区被压抑的宗教生活的隐喻。西方镜头对它的观察及解读，是本章主要关注的内容。从这一点出发，这张照片的构图重现了受难的本质：传闻中的施虐者对耶稣惨遭蹂躏的身体露出胜利的笑容。这就像一个寓言，让人想起宗教的全面失败。人们担心这种失败会在东方生根，然后向西方播撒下种子——除非冷战边界将其阻止。本章研究信徒们——当地人和被驱逐者——是怎样延缓这种令人不快的转变的，以及教权阶层如何对这些努力进行组织管理。

显然，描绘东方集团对其宗教及教堂的攻击时，只有一个被丢弃的耶稣像是不够的。在巴特尔的《埃格兰的过去和现在》中选登的这张照片中，最大的威胁在于一堆废弃的木雕偶像残骸的拟人化。借助于图片，偶尔听到的绘声绘色的流言和传说在本章得以详叙，正在浮现的铁幕迅速成为国际认可的基督教殉难史的一部分。由于这类图片是强有力的证据，捷克斯洛伐克和西德之间的寂静边界变成了铁幕的一部分，最重要的战斗——争夺人们思想的战斗——将在这里打响。对当地信徒来说，承认这一史诗性的战斗，就等于承认他们象征性地从边缘来到了中心，这一点对当地土著和被驱逐者来说是一样的。在边界另一侧也有类似的事件，捷克斯洛伐克政府希望把废弃的边境地区打造成新的"加利福尼亚，而非偏远的克朗代克（Klondike）"。对西德而言，这场战斗提供了一个机会，把该地区快被遗忘的、经济困顿的农民、伐木工及玻璃工塑造成东方前线维护基督教团结的最重要的卫士。

在这个案例中，捷克斯洛伐克破坏圣像活动最鲜活的证据并不是照片，而是实物，尽管照片还是关键的宣传工具。20世纪50年代初期，在铁幕沿线发现了一些遭到破坏的圣像。这些为重新校准西方集团边缘地带民间虔敬活动的范围扫清了道路，使符幕和祈祷墙得以具体化。在这里，宗教活动——很多特定于森林中——促进了分界线的实体化。它们使铁幕的景观不仅限于一系列的军事障碍。

为了回顾这些发展，让我们再一次借助巴特尔的书，不过这一回不是把它当作中欧冷战时代衰亡的圣经，而是当作一个实验室，在这里，一张埃格街道的不经意的快照被精心打造成充斥着意识形态的证据，揭露了20世纪中叶东方集团破坏圣像的行动。照片中的男子是捷克人还是斯洛伐克人，残破的耶稣像是不是德意志人的，书中并未对此予以澄清。然而，考虑到当时的政治气候，把雕像两次受损的残肢解释为狭隘的民族主义，将这一场景解释为捷克-德国冲突扩大化中当地的一幕，是短视的。巴特尔明白这一点，因为他针对的外国读者对于残破的耶稣像的（苏台德）德国性（Germanness）难以感同身受，也不会真正关注麻烦不断的捷克-德国事务。为了让照片的影响最大化，巴特尔需要将其从两个民族旷日持久的对抗中分离出来，嵌入一个更为广阔的框架里。他的任务是把一个微不足道的地方性事件——一名捷克人微笑着丢弃德意志人的宗教标志——放到更大的冷战版图中。为了达到这个效果，他动用了西方反对共产主义者最反感的元素：对基督教的攻击。通过对图片的选择，他指出，没有什么地方比铁幕沿线更容易觉察到这种攻击了。

毫无疑问，巴特尔关注的是其（德意志）联邦共和国的同胞们共同关心的。从20世纪50年代初期到80年代中期，成千上万的苏台德德意志人把波希米亚西部边缘的遥远村庄重新构想为急剧恶化的对峙的中心。这种活动并不仅限于叙述。关于这些努力的故事之所以重要，最重要的原因就在于，在铁幕沿线与圣像破坏运动最初的遭遇对于重新定义边境地区的人文生态结构至关重要。早在1950年和1951年，人们就已预测军事屏障会在以天主教为主的地区巩固下来，数起破坏圣像的事件为这一特殊的边境地区空间和建筑上的改造奠定了基础：符幕诞生了。

长久以来，波希米亚森林里就散布着具有地方或区域意义的天主教圣地。但是，铁幕的降临扰乱了众多既有的宗教崇拜、朝圣路线和参与者的商业通道，例如从波希米亚到多瑙河的所谓的"黄金路线"（Golden Path）。随着驱逐事件的发生，旧有的苏台德德意志公墓被废弃，众多教堂和小礼拜堂被夷为平地，或湮没于波希米亚森林之中。诸如霍日采（Höritz/Hořice na Šumavě）这样的曾上演土著德意志人救赎历史的舞台，在遭到损毁之前就已废弃，被早期的电影人记录了下来。被重新刻画的宗教景观让坚定的天主教团体感到困惑，他们曾经培养出好几代虔诚的宗教作家和"游吟诗人"——赛普·斯卡利茨基、约翰·安德烈亚斯·布拉哈（Johann Andreas Blaha）或利奥·汉斯·马利。他们认为基督受难剧作家和现代启示录的创作者是为宗教事业献身的活动家。

即将在分界线西侧涌现的新的宗教场所不仅是对东侧的损失的弥补，这些愈发重要的小礼拜堂将成为祈祷墙的一部分，从而从宗教角度诠释边界的强化。当然，这并非第一次利用信仰勾画意识形态或地理上的分界线：16世纪，为了抵御新教的扩张，沿阿尔卑斯山脉修建的皮埃蒙特圣山（Piedmontese sacri monti）就是欧洲最有名的例子。然而，我们在这里研究的案例与之前的情况有一个重要区别：在其发展过程中，军事屏障不断变化的外观和多种功能与宗教诉求受到同等的关注。祈祷墙植根于天主教的虔诚教规与这场冲突的战略需要的结合。

上述那些小礼拜堂和瞭望塔（第四章将有详述）最终划定了超过100英里的分界线，它不仅是冷战边界的替代品，也是这条军事分界线向民间的扩展。默默无闻的巴伐利亚村镇——很少有人会听到来自这片森林更多的消息，耶格尔斯霍夫（Jägershof）、施泰因贝尔格（Steinberg）、贝尔瑙（Bärnau）、哈岑罗伊特（Hatzenreuth）、诺伊阿尔本罗伊特（Neualbenreuth）、米特弗米斯罗伊特、梅灵（Mähring）、埃施尔卡姆（Eschlkam）、雷特施泰格（Rittsteig）或拉肯豪森（Lackenhäuser）——当然没有全国性的头版新闻。然而，在被划入西方集团的范围后，这些地方发生了明显的变化。冷战的前十年，这些曾经极度孤立的社区并入了一个实体，使铁幕西侧实现了表面上的文化凝聚。如今它们不再是地图上零散的点，而是连为一体，使成千上万的西方人（当地人和被驱逐者）可以按照他们各自的方式理解冷战分界线。

西德被驱逐者的民族志先驱阿尔弗雷德·卡拉塞克－兰格（Alfred Karasek-Langer）和乔治·A.施罗贝克（Georg A. Schroubek）并未过于看重这些地方的冷战意义。这不是说学者们没有注意到它们非常靠近边境，而是他们没有将这条边界视为铁幕的一部分——而这，不是因为缺乏历史视野。他们对难民朝圣的研究，针对的是信仰与战后无家可归的经历之间的联系。新的虔敬形式的迷人之处并非分界线本身，而是它背后的东西。换句话说，他们通过"故乡"这一特殊的视角，观察被驱逐者引进的"新"天主教仪式和业已存在数百年的"旧"忏悔活动产生之间的摩擦和"奇怪的融合"。在他们看来，到边境地区朝圣是故乡的替代品，"是治疗渴望的解药"。

然而，将这些新的宗教仪式付诸实践的人和那些必须适应他们的人——教士、地方官员和边防警察——对这些东西有着不同的看法。对他们而言，"新"和"旧"说的不只是故乡。从20世纪50年代开始，这两个形容词意味着捷克斯洛伐克－西德边境变成铁幕前后人们生活的差别。在很多方面，"旧"与冷战前的传统和行为息息相关，而"新"则反映了一种意识，即冲突对之前那些模式的改变。破坏圣像——这里使用的是"毁损"（defacement）这个同义词——被认为是极其过分的，因而也是最严重的侵犯，它在苏台德和联邦共和国之间营造了一种几乎不可能的宗教联系。1981年，在一个苦心经营的边境新礼拜堂举行的年度节日上，一位被驱逐的教士约瑟夫·唐纳（Josef Donner）回顾了圣像破坏事件导致的恶劣影响，同时确证了东方的恶意破坏和西方出现的一连串礼拜堂、瞭望塔与纪念碑之间存在关联：

> 看一看古老的故乡，我们首先必须记下有多少村庄、教堂和纪念碑被摧毁。出于信仰、对故乡圣徒的爱和做出牺牲的准备，我们才在边境的这一边着手建设新的教堂和神殿。用这种方式……祈祷墙包围了波希米亚和摩拉维亚。

唐纳对这些新建筑群的描述极尽夸张之能事，这一点极具代表性。在任何地图上都可以看得清清楚楚，祈祷墙划定了捷克斯洛伐克西部的外围界限，而不是将其完全包围。但问题不在于它的长度，而在于它的目的。就像唐纳的一位同事三年后观察到的，东方应对破坏性的"堡垒林立的边境和铁丝网"负责，而在分界线的西侧"沿着从巴伐利亚到上普法尔茨的边境建造的圣所"，成为西方对此做出的相对缓和的回应。随着时间的流逝，祈祷墙将被赋予保护功能，在东方的猛攻下庇护基督教世界。当地最先受到这种保护。这些建筑让宗教于边境地区实体化，使信徒和教士有机会在没有国家直接参与的情况下，巩固这个分界线。考虑到他们宣称自己所代表的力量，我们可以着手解释一个温斯顿·丘吉尔于1946年复活的隐喻，如何变成对数以百万计的边境居民和访客来说极度复杂的虚幻和现实的混合物。

保护的含义首先是语言层面的。就像铁幕对不同的人具有不同的含义一样，德语中的"墙"有非常多的相互关联的意义，既有军事的，也有民间的。作为防御物（与英语中的墙意义相同），它向寻找西方势力最东端的冷战斗士发出信号。作为错置的德国版的耶路撒冷哭墙，它触及那些相信祈祷能够治愈最严重创伤的人的心底。作为面对东方"暴力政治和无神论"进攻时"替代被废墟包围的古老故乡的朝圣地"的幻影，它甚至暂时抚慰了最热情的地方修正主义者——被驱逐者渴望返回他们的故乡，再次宣布它属于德国。这三类人从西德当地人和新来的被驱逐者中站了出来，据称用他们的"创造性力量"帮助建立了祈祷墙。

接下来，我们将要讨论祈祷墙的创造性到底是什么。为了提出并解答这个问题，我们需要调查祈祷墙的起源——分别发生于1950年和1951年的两起圣像破坏事件。在介绍每个事件、西德对它们的描述，以及它们被赋予的宗教意义之前，我将首先勾画出宗教在冷战时期政治和文化地图上的位置。其时，宗教在很大程度上是基督教的同义词。然后，我将归纳出从东方传到西方的宗教圣像的两大类别——从捷克斯洛伐克走私过境的，以及据称在没有苏台德德意志信徒帮助下越过边境的。我将把注意力放在后者身上，然后叙述1950年和1951年的事件，它们都涉及来自注定毁弃的苏台德德意志教堂的圣像。这样，我们将能了解到是什么赋予了这两件圣像成为符幕基石的力量，又有什么是几乎无关痛痒的——也就是说，哪种符号与符幕契合，哪种不行。在这种方法中，"毁损"将被用来帮助分析，因为"几乎所有物理上破坏圣像的行为都是具有宗教意味的"。通过圣像破坏这个棱镜，我们将看到两件圣像各不相同的物理特征和越境故事如何激发了不同的审美体验，随着时间的推移，这些体验将发展成为截然不同的宗教信仰。施加于每个圣像上的暴力程度，它们所处的不同的西德教堂或礼拜堂的位置、展示的具体细节及其照片的复制及传播，成为符幕实体化的复杂过程中的里程碑。

"奇迹之年"的精神武器

"冷战叙事的众多宏大主题中最激动人心的一个"为把边缘地带打造成冷战中心提供了无与伦比的舞台，意识到这一点的不只是苏台德德意志活动家，所以首先，让我们概括一下，是什么将信仰问题推到了冷战反共产主义的最前线认。20世纪的那个阶段，存在或缺少"道德和精神意义"不仅在某种程度上史无前例地定义了新前线的参与者及其同辈，而且也定义了时代本身。"宗教"不是简单的无神论的反义词，它在核恐怖的背景下成为强有力的麻醉剂，很多人相信，只有"神的干预"，才能避免那种终极灾难。当然，宗教不能挽救一切，但其他可选的方案更为不堪。早在20世纪50年代初，西方人就认识到，"创建全新的学说，以之对抗共产主义的吸引力，被证明是不可行的"。在大西洋两岸，经过检验且行之有效的精神传统介入进来，成为一种远比新生事物优越的武器。第二次世界大战结束后，西德对核打击和食物、住所、同理心匮乏的恐惧难分伯仲，基督教趁机掌握了政治权力。基督教民主党的唐拉德·阿登纳（Konrad Adenauer）成为国家领袖，天主教尤其抛弃了以前那种"自卫性少数"的角色，走到聚光灯下推行"道德团结和……靠得住的反共产主义"。对他们来说，冷战毫无疑问是"历史上最大的一场宗教战争"。

在基督教的支持下发起的运动有一个明显的优势。基督徒们已经掌握了众多揭露"不敬神的共产主义"的视觉词汇，最初是在20世纪20年代和30年代形容苏联的，现在扩大应用到苏联控制的东欧。基督教的事业也和美国总统德怀特·D.艾森豪威尔的十字军战争精神十分吻合。20世纪50年代，美国负责在西方和非西方世界传播大量影像，揭露共产主义的无神论性质。其中包括1953年之后美国新闻署利用马歇尔计划制作的电影和文化资料。

殉教形象是这些宣传中的关键元素。当然，对这类形象的使用可以追溯到冷战开始前的数百年。激情的叙述长久以来依赖于"不变的情节"和"旁观者对视觉与文学场景的熟悉感"。到20世纪中叶，"大规模生产的宗教影像形成的共享的视觉词汇"继续将"基督信仰和献身行为转化为推动主客体间新型关系的艺术品"。相当确定的是，东方集团对基督教的攻击被武断地采信，尽管在20世纪50年代初期，还没有人知道这些宗教热情在新的冷战环境中将会采取何种形式。

本章开头的照片即是一个例证。国际化的语言——"打在全世界所有基督徒脸上的耳光"——可以让巴特尔省去惯常的大段说明。一望可知的恶劣主题使他可以将恶化的捷克-德国关系史中的模糊事件塑造成有着过境诉求的冷战动机。最后，他发现这张照片的地域色彩可以与在西方无所不在的反共产主义幽灵彼此融合。由此，这张照片明显重塑了捷克人和德意志人之间的文化和宗教边界，创造出一个更为清晰的界限，表明其处于冷战的心脏地带。

在本章描述的事件中，这种强化也非常典型。就在巴特尔的著作将要付梓的1959年，大批从靠近边界的苏台德德意志地区被驱逐的天主教徒认为，这条线要用耶稣及其守护者的血来重划。他们的感官是形象化的。1965年，被驱逐者艺术家阿道夫·冈特尔（Adolf Günther）在波希米亚、摩拉维亚和西里西亚德意志人的新教时事通讯上发表了一幅笔记素描，意图表明耶稣的血肉不仅洒在分界线以东，在分界线上也有。（图10）在这幅画中，冈特尔的耶稣倒在屏障的东侧（背景是荒废的房屋和水塔），血流在无人的边境上，背景是一个发光的白色十字架。背景的每一处细节——玻璃碎片、尖刺林立的木桩、铁丝网——随时都可能伤人。耶稣的胳膊不自然地斜伸出来，准备以羸弱的躯体再度受难——不管是东方的压迫还是西方的没落。尽管这幅画传达的信息似乎非常明确，却仍然激起了令人困惑的复杂情感。一方面，作者期望用它来鼓励读者与无神论的威胁斗争；另一方面，不清楚到底怎样才能实现这个目的：铁丝网使读者无法迎接或拥抱基督，他那空洞的眼神没有与读者交汇。图画上方穿制服的角色——蒙面的捷克斯洛伐克边境巡逻队或痛苦的德国战俘——移开视线，使人倍感无助和冷漠。在这两组形象之间对角线的延长线上，被赋予明显犹太特征的庞蒂乌斯·彼拉多（Pontius Pilate，钉死耶稣的古代罗马的犹太总督）洗着手以示最终摆脱了教廷。观众该做什么？

　　现实中，在这条边界沿线，这个问题没有那么难回答。边界东侧对宗教的蓄意践踏并非隐喻，这对普通信徒施加了一种出乎意料的"精神影响"。不管是亲眼看见的还是臆想的，暴力的意象都不仅仅止于"扩散成关于痛苦的……宏大戏剧"。他们被束缚于这场正在进行的冲突和"当时的需求、幻想、渴望和恐惧"中，在明确的历

图10.阿道夫·冈特尔，《无题》，1963年，选自《信仰和故乡》(*Glaube und Heimat*)，第13页，第7图(1965年7月)。

史和地理背景下承受痛苦。与冈特尔对基督形象充满现代狂热的描摹相比，铁幕之后对苏台德德意志宗教圣像进行的实质性损害，使被驱逐者和当地人得以恢复曾经动摇的信仰，这些人抢救、清理、修缮他们发现的（圣像），以支持边境地区的基督教精神。与冈特尔的耶稣一样，一些被抢救出来的宗教圣像被悬挂在铁幕上。然而，与憔悴的基督不同，它们不会永远挂在那里，而是会踏上去西德的道路。被驱逐者和当地人不仅仅复述圣像抵达的情况，而且频繁出面干预。巴伐利亚东部边境对被驱逐的圣像的接收像一个模板，展示了人们如何将捷克-德国边境状况的转变视为东西方两大集团之间的裂痕。而且因为截至1953年，联邦共和国的苏台德德意志天主教徒人口达到了令人惊讶的1,745,000——占全部选民的50%——愿意接受这种意象的人成千上万。

这些信徒既不把自己限制在他们位于西德的新定居区的教堂和礼拜堂中，也不像我们可能从巴特尔的书中推测的那样，一心只为家乡宗教建筑的破败而忧伤。悲观主义会削弱基督教的核心信息——铁幕的景象是这种信息理想的投影幕布。虽然"悲剧、分裂、死亡……是朝圣地和朝圣文化发展的关键因素"，但对成千上万的苏台德德意志人来说，它们是手段而非目的。就像托马斯·A. 特维德（Thomas A. Tweed）提醒我们的，宗教"不只指向痛苦，还提供让我们更快乐的方法"。如果只关注无数耶稣、玛丽亚和圣徒雕像焚毁后的余烬，在铁幕西侧沿线酝酿的这种情感会失去力量。尽管对难逃噩运的圣徒的类似描述车载斗量，例如巴特尔的照片，但有关恢复和希望的故事依然是冷战中的平民拥有的最强有力的"精神武器"（艾森豪威尔语）。

即使在苏台德德意志信徒急切揭露并谴责苏维埃式的圣像破坏活动时，在边境地区也经常可以看到，当地流传的故事中充满对烈火和刀斧奋起反抗的形象，而他们的信仰就在这样的故事中茁壮发展。与其他受到"战后压力、政治冲突、社会经济危机"折磨的欧洲大陆邻居一样，他们渴求神迹。的确，在冷战的前十年，可以看到西欧大部分地区和东欧相当一部分地区"遍布……奇迹"，民众沦为"奇迹依赖"（miracle dependency）的奴隶。这个词是由西班牙耶稣会士卡洛斯·马利亚·多明戈斯（Carlos María Staehlin）于1954年创造出来的。在宗教情感中摇摆，从狂热到绝望，并不只是出于对核毁灭的恐惧；它们反映了多种经济和意识形态方面的转变及地缘政治上的变化，在这些因素中，铁幕的降临影响巨大。分界线沿线出人意料的宗教复兴表明，信仰的复兴和"政治迫害、物质匮乏、社会变化"之间的联系正如历史学家大卫·布莱克本（David Blackbourn）指出的，不限于广为人知的圣母玛丽亚显灵。任何近乎奇迹和留下确凿证据的宗教事件都有特殊的标志。又有什么能比耶稣的木质躯体在铁丝网上被捷克边防警卫折磨更确实呢？这些残破圣像的新主人怀着巨大的痛苦，把宗教在东方的失败转化成其在西方的胜利，把雕像的伤痕和残肢转化成精神和政治上的收获。

这类事件记录了冷战屏障的兴起，帮助虚构其故事，并"营造了新的存在感"。随着堡垒越来越密集，构筑祈祷墙的神圣场所也是如此。实际上，分界线建立之初与其东侧废弃的雕像、绘画之间存在共生关系。如果宗教形象确实可以参与"现实的社会构建"，那么保持原本完好状态的苏台德德意志人的崇拜对象对逐渐形成的冷战屏障不会有太大的贡献。正是由于遭到损毁，它们才得以成为时代的证据，并被赋予巨大的审美价值。因此，苏台德地区的天主教形象推动了冷战分界线的民间叙事，后者又反过来赋予了它们新的发展轨迹。

为什么苏台德德意志人执着于新的传奇，并偶尔加以润色，以之塑造新的边境地区的宗教崇拜？就像最初的被驱逐者民族志学者观察到的，为传统的虔敬活动安排新的场所，确认共同的基督教根基，防止无家可归的个体倒向不受欢迎的政治左派或右派，有助于新来者融入西德社会。然而，身处融合过程中的人经常要在彼此冲突的二者之间做出选择：非正统的或教会认可的。苏台德德意志人没有接受一个排斥另一个，而是在二者之间摇摆。一方面，他们利用20世纪50年代的"存在主义的杂音"（existential dissonances）大获其利。当时，理性与迷信、富人与穷人、机构和个体局外人、天主教会官员和"无权无势的礼拜者"（苏台德德意志人参与其中，以寻求更大的影响）之间争执不下。另一方面，这些被驱逐者充分利用了他们相对当地背教者的优势。与20世纪40年代末期和50年代初期席卷西德、法国和意大利并饱受批评的玛丽亚显灵相比，边境事件留有实质性证据。这些证据足够令人印象深刻，不时赢得当时教会的支持，起初仅限于当地，后来扩展到教区——对于经常受到排斥的外来者来说，这并不容易。在竭尽全力同时应付这二者的过程中，他们铺平了建立符幕的道路。

铁幕沿线的奇迹：来自东方的圣像

被拆毁的苏台德德意志教堂中的破旧雕像于20世纪50年代初期被陆续发现，除去期刊和地方记录，它们与其信徒间的接触极其有限。为了呈现铁幕下坚定信仰的实质性证据，进而凸显冷战边界与全世界基督徒的联系，信徒们确信，类似这些破旧雕像一类的东西必须在联邦共和国的新祭坛和礼拜堂的墙上触手可及。饱受摧残的圣像来到西德教堂的旅程成为新传奇的素材，有力诠释了宗教活动对冷战现实的适应。

　　当然，并非所有安置于铁幕的民间崇拜对象都与数百年来的崇拜对象截然不同。它们中的相当一部分看起来没有什么变化，直接来自捷克斯洛伐克边境地区信徒共有的和个人的过往。从20世纪40年代末到80年代初，苏台德德意志人走私了一系列制作粗糙的圣像，主要是关于耶稣或玛丽亚的雕塑和绘画，其中有几个后来被称为"铁幕的圣母玛丽亚"或"边境圣母玛丽亚"。它们被塞进手提箱和汽车行李箱中带过来；极少数通过其拯救者的外交途径。它们尘世间的守护天使们满怀爱意地复原了所有的破损之处，修补了画作上的裂痕，以恢复它们最初的样子。十年之后，另一个冷战中心——古巴——的流亡者也将如法炮制。这类例证不胜枚举。一个来自波希米亚纽穆格尔/诺夫莫赫尔诺（Neumugl/Nové Mohelno）的粗俗的圣母玛丽亚越过边境后，在奥腾格伦（Ottengrün）附近的卡普尔（Kappl）找到了新家，她在那里能够留意分界线对面的活动。一个受过专业训练的被驱逐者雕刻家修复了一个从古腾普兰/切多瓦普拉纳（Kuttenplan/Chodová Planá）来的圣欧内斯廷（St. Ernestine）雕像，她的一条胳膊在运输途中不见了。直到20世纪80年代，一幅19世纪的描绘"拿着玫瑰的圣母玛丽亚"的画作才找到安全的运送渠道，最终她成功从捷克制下的波西米亚来到西德的菲利普斯罗伊特（Philippsreut）。然而，并非每件物品都被悉心照料，很多情况下恰恰相反。冷战信徒们着迷于圣像上来之不易的伤疤，几乎就像他们曾经因为它们的完美无瑕或金光闪闪而深感骄傲一样。

这些残损的圣像通往西德的道路并非坦途，它们的逃亡也不是一夜之间完成的。宗教场所的重新分配和宗教仪式相互依存，都与这些圣像的命运息息相关。它们是受到最隆重欢迎的苏台德逃亡者。然而，花费的时间被证明物有所值，因为这些联系使这些圣像有了特殊的意义。它们不再是普通的雕像，而成了传奇，因为据传，它们中有些不假苏台德德意志走私者善意的援手，自己越过了铁幕。它们的到来被称为奇迹，作为"为了上帝和国家进行的'正义之战'"的抽象的意识形态"工具"，同时开启了超越宗教的多个进程。其中一个是记录建设这个军事屏障的早期岁月，这些圣像的崇拜者们极少忽略这个话题。其二是共同建构边境的面貌，并塑造其民间意象。第三是将东方的波希米亚森林（对其而言，礼拜堂与树木同样重要）的历史与西方的巴伐利亚森林日益重要的政治、文化和经济意义联系起来。

围绕这些圣像的宗教仪式使铁幕成为持续不断的宗教热情在当下的工具，这与长期存在的使"宗教故事的传统功用与新的现实相适应"的传统是一致的。20世纪50和60年代苏台德德意志人的传奇故事，使一系列红白相间的关卡和临时路障发展为现代的荆棘王冠。在被驱逐者心目中，铁幕不是"血腥边界"的隐喻，不是魏玛共和国时代西里西亚边境朝圣之旅的民族主义伤口。在那里，用木头和石膏制作的耶稣与圣母玛丽亚的雕像受到亵渎——然而让那些施暴者感到丧气的是这些圣像不仅保存了下来，而且得以升华。苏台德德意志人对这些幸存的圣像的探访不仅类似朝圣，实际上就是朝圣。距离冷战结束很久之前，当东方人如达芙妮·伯达尔（Daphne Berdahl）描述的艾希斯费尔德地区第七边防站那样，用铁丝网替换分界线上被西方迎回的圣像时，这道栅栏就被刻在了扩充后的基督教图谱上。

通过这些圣像蒙难的边境故事，诸如捷克和巴伐利亚边防警察、教士、西德本地人和苏台德德意志被驱逐者等看似不相关的人们走到了一起。他们不仅把各自不同的世界——地方的和区域的、国家的和国际的——带到一起，构成了一个对布莱克本关于威廉执政时期（Wilhelmine era）虔敬行为研究至关重要的结点，也使基于人口统计学标准划定的冷战边缘的地方主义的范围和含义陷入困境。它们暗含的问题——哪些人、哪些地区是本地的——不仅适用于德国及其战后归属的确定，而且适用于中欧普遍变化中的地理环境。边境是当地的缩影，国家的边缘，还是国际层面的新的冲突的中心？可以是所有这些吗？什么人和什么东西能被吸收进他们重新划定的版图？谁来决断，反响如何？这些问题将为下面的讨论定下基调。

战后的圣母玛丽亚显灵被认定不能充分反映其世俗根源，与之相比，遭东方驱逐的苏台德德意志圣像的故事得到了广泛的共鸣，这些故事的读者既有当地人，也有新来的被驱逐者，既有教士，也有信徒。铁幕作为背景，为这些圣像的遭遇提供了明确的时间印记，使它们的力量上升到一个新层次。20世纪60年代中期，他们试图赋予这些故事相同的意义并加以编纂，反映了广为人知的中世纪宗教叙事的模式：他们替换掉原本充满矛盾的或相对微妙的角色，如捷克斯洛伐克军人、巴伐利亚边防官员和苏台德德意志新来者，代之以脸谱化的善恶原型。为了强调新旧铁幕意象的辛酸，这些奇迹的管理者——一般是教区神父或牧师——把注意力转向边境，在那里，令人沮丧的冷战现实和幻想与基督教救赎的承诺交织在一起。屏障解体二十多年后，这些形象依然在巴伐利亚农村教堂的墙上，见证冷战留下的伤痕（真实的抑或是想象的）与有着上百年历史的描绘基督受难传统的融合。

"被驱逐的"圣母

当然，遭到虐待的雕像并不多，正因为如此，它们才被赋予了特殊的力量。作为捷克斯洛伐克－巴伐利亚边境热切的关注者，苏台德德意志人的注意力集中在20世纪50年代初期的两个重要事件上——这几年正是铁幕逐渐成形的时间，这并非巧合。它们是最早让被驱逐者报纸的读者产生共鸣的事件之一，卡拉塞克－兰格等民族志学者渴望将被驱逐者的事业普及到学术圈。当边境逐渐遍布栅栏之际，它们也是最早将成千上万的苏台德德意志被驱逐者带到边境的事件之一。

其中一件发生在上普法尔茨行政区的米特弗米斯罗伊特，另一件发生在弗兰科尼亚的瓦尔德萨森附近，与破败的度假天堂马里昂巴德隔着边界遥遥相望。尽管这两起事件发生的时间仅相隔数月，相距仅有约120英里，它们的历史却截然不同。它们的区别源自牵涉其中的圣像，围绕这些圣像，将会发展出不同的宗教崇拜。这些圣像的力量（或力量的不足）并非源自它们的效力（疗愈）或回应其信徒祈祷的能力（显灵），而是其在边境地区的"经历"。它们从东方到西方转移的背景决定了它们职业的、宗教的和审美的未来。

尽管这些圣像显然没有任何特殊力量，却在一开始就被人们认定为"超自然的或者至少是非同一般的"。但是，这到底是为什么呢？由于缺少通常意义上的证据，如显灵或疗愈，这让教会高层如坐针毡，多年来，他们竭力描绘这些雕像与神迹的关系。这些雕像一方面使东西方的分裂具象化，另一方面，又安抚人们挨过分裂的威胁，他们多此一举地将这些等同于神迹。只有艺术品幸免于难是不够的，只有它们幸免于难的背景——越详尽越好——才是决定不同宗教崇拜成败的关键。这些背景把这两起事件变成了冷战边境地区基督教造神的实验场，探究了新时代创造偶像的极限。

正如我们将要看到的，那些超自然内容的叙述最终被用于否定米特弗米斯罗伊特的圣像，并赋予瓦尔德萨森的另一个以合法性。实际上，米特弗米斯罗伊特在1950～1955年曾出现短暂的繁荣，之后很快被人遗忘。在那之后，所有圣像几乎消失无踪，只在"非常偏僻且难以到达的滑雪村"的一个很小的礼拜堂的墙上，留下了一个讨人喜欢的粗糙的民间手工制品。与之相比，瓦尔德萨森的雕像在整个冷战时期都有相当多的追随者。它于1962年获得罗马教宗的祝福，以后一直坚持到它在西德的新家发展成"小梵蒂冈大教堂"，并在1997年10月登上德语版的梵蒂冈《罗马观察报》（*L'Osservatore Romano*）。数十年间，当地教士发行并在教堂中散发袖珍版祈祷小册子，这些黑白印刷的小册子印制粗糙，令人印象深刻的特写表现的是木质框架中没有手臂的躯干，戏剧性的灰色背景下流血的肉色躯体。这些使一个明显缺乏特征的彩色雕像升华为基督教艺术品，足以与其他世界级的珍宝媲美，而它只属于这个大教堂和附近的女修道院。

两个地方截然不同的发展轨迹表明，在将依旧平和质朴的边境放进新兴的冷战悲剧现实主义叙事方面，西德本地人和被驱逐的新来者都感到了压力——这一时期的审美并非源自透彻理解双方分歧的需要。他们也证明了这种跃进存在困难。让我们进一步考察二者，思考在它们的叙事中，铁幕是如何决定了它们的成败。作为现代圣像破坏运动的重要地点，分界线影响了两个圣像（作为宗教偶像）的耐久度，从而促进或阻碍它们进入美学领域。让我们从头开始。

米特弗米斯罗伊特是紧邻边界西侧的一个小村庄，在那里，"巴伐利亚森林显现出它最茂盛和最原始的一面，实际上，它依然处在波希米亚森林的山脊上"。它作为第一个铁幕奇迹出现的地方及符幕的摇篮被记录在案。这里不仅是战前和战后边境生活最直接的联系中的一环，也是正在降下的冷战分界线两侧东西方文化和宗教风貌的结合点。然而，使这样一个弹丸之地标注在文化和政治版图上的具体事件的经过，非常难以复原。1950年5月底在其近郊发生的事情，相关记录要么被彻底推后，要么被积极施以人为影响。这对很多有关奇迹的记录来说很有代表性。即便如此，大多数报告都同意，那年5月22日，来自温特里切布奇特/杜尼斯维特勒霍里（Unterlichtbuchet/Dolní Světlé Hory）的被驱逐者弗朗兹·罗森诺尔（Franz Rosenauer）发现一个饰以镀金光芒的圣母和圣婴木雕躺在分界线上，他马上就认出它来自其故乡的小礼拜堂。（图11）

罗森诺尔没有目睹圣母的到来，因此没有人知道这个雕像到底是怎样"穿过"边境来到西方的。因此，后来有人推测，"可能是信教的捷克军人""把她带过边境，放在那里的草丛中，因为所有的德意志人都被赶走以后，圣母玛丽亚（在捷克斯洛伐克）已经没有安身之处"。这完全是可能的，罗森诺尔的家人向施罗贝克的口头

图11."被驱逐的圣母玛丽亚",米特弗米斯罗伊特礼拜堂,本书作者拍摄。

报告指出，捷克军人的意图的友好的，目的是保护而非亵渎雕像。正如米特弗米斯罗伊特的天主教教区神父弗朗兹·格里林奇（Franz Grillinger）谨慎地指出的，"携带（雕像）并非易事"；尽管他对"可靠的年青共产党员"行此善举的能力有所保留。总之，在这条分界线军事化的前夕，当时的媒体描绘的捷克人是相对善良的："在那些日子里，捷克人摧毁了前线地区所有的路边祭坛和教堂，也把（米特弗米斯罗伊特）礼拜堂的圣母像挪走了。然而，他们把雕像放到边境旁的一座德意志人的房子附近，而且故意让人发现。"

施罗贝克注意到，对于圣母像运送细节的关注，与其相对简陋的维护管理并不相符。传奇激增，混入一种不协调的杂音，最终注定了这个圣像的命运。有人说，玛利亚是自己越过边境的。还有人报告说，被人发现时，雕像正弯着身子站在边界上。还有报告称，它是自己"移居过来"的，当地儿童追随着神圣的声音，在灌木丛中发现了它。它熠熠生辉，引人注目，或是一名捷克人深感不安，将它送过了边境。这些形形色色的秘闻缺乏一致性，而且没有目击证人，无法提高圣母通过奇迹越过边境这一传奇的可信度。

在教士插手之前，没有任何迹象可以预言这个玛丽亚将来会被淘汰。最初，罗森诺尔一家和其他同居的被驱逐者都打算把这个雕像放在家里，而且他们显然也这样做了一段时间。然而，她到来的故事很快就在本地人和被驱逐者中传遍了。对这个不速之客势不可挡的"关注和激动"迅速演变成小规模的、大多是个人行为的朝圣活动。而传言不管多不靠谱，继续扮演着跨越边界交流的最强有力的媒介这一角色，直到1952年，分界线连成一体。它们轻松征服了本地人，使之成为这个尚未正式被官方认可的崇拜的首批信徒。这并不意外，因为在20世纪50年代，米特弗米斯罗伊特的居民中有356位天主教徒（非天主教徒只有2人），其中25%是被驱逐者。为了管理络绎不绝的拜访者，格里林奇建议把圣像放在村里的小礼拜堂中。事实上，来访者很快在礼拜堂里见到了她，旁边还有一张小纸条，解释说"这位庄严的圣母玛丽亚自人们记事时就被供奉在温特里切布奇特的礼拜堂中，1950圣年（Holy year）5月22日，有人发现她躺在边境上，因此和她虔诚的信徒们一样，她也是被驱逐的"。在这个事件中，圣像与被驱逐者有着同样的命运是一个重要因素，这个玛丽亚经常被人说是自己来到这座属于她的教堂门前的。

尽管这个圣母雕像的过去和现在存在着明显的联系，格里林奇还是度过了好几个不眠的夜晚，才下定决心收留她。据他所说，他首先要竭力避免事态超出控制。1949年10月，距捷克斯洛伐克边境80英里的上弗朗科尼亚的黑罗尔茨巴赫（Heroldsbach）就曾发生过类似事件。在那里，一再发生的显灵事件制造出一种圣母崇拜，超越了教区界限，多年来徘徊于集体性歇斯底里的边缘。因为圣母玛丽亚崇拜席卷战后欧洲，其他地区的这类事例，特别是那些不合教义的，一直在格里林奇这样的教士的脑海中徘徊不去。他向卡拉塞克-兰格描述了米特弗米斯罗伊特的圣母拜访者的狂热，这既启发了他，又让他感到害怕。狂热和传说的源头都不在本地，这让他特别担心。因为"总是源源不断地从外面涌入"，这让它们难以控制。看起来，谣言似乎不费吹灰之力就征服了信徒。卡拉塞克-兰格适时地注意到，圣母玛利亚的到来毫无疑问是"非同寻常的发现"，然而却被"传奇的形式"喧宾夺主。毫不奇怪，把边境地区视为道德败坏之所的想法——考虑到日益紧张的冷战局势，所有的一切更是一团糟——支配了宗教活动和圣地，这让格里林奇感到恐惧。对于新生的宗教崇拜来说，从第一天开始，分界线不稳定的环境和泛滥整个欧洲的圣母玛丽亚崇拜就更有可能成为阻碍，而非优势。如果天主教派认为自己受到了攻击，那么这里一定是它感到最脆弱的地方。

为了规范狂热的表达，赋予其历史背景和因果关系，从那时起，格里林奇投身以偏远地区的圣母崇拜为特色的语言研究。面对朝圣者形形色色不可预知的反应，他着手教士们过去经常做的事情：约束信徒。这就要支持崇拜，同时对崇拜活动保持紧密控制。早在1950年7月中旬，格里林奇就批准对"被驱逐出境的"（ausgewiesene）、"重新安置的"（ausgesiedelte）、"移居过来的"（ausgewanderte）或"被抛弃的"（ausgestoßene）圣母玛丽亚进行朝圣。诸如此类的描述性标签有好几种，但它们绝不矛盾或让人感到困扰。实际上，它们给了格里林奇及其继任者一个协调的体系，一个在动荡岁月组织崇拜活动的蓝图。即便这些词语基于一个特殊的悖论，它们还是和难以控制的狂热冲动构成了相对有序的平衡。尽管传闻当时温特里切布奇特人和本地人都相信，捷克人没有毁坏或丢弃这个雕像的意图，但描述事件时，格里林奇和他教会的同伴都使用了更激烈的表述。他们连续四次使用aus，起到了两种截然不同的作用。一方面，表明边境是处于冲突双方最前线的骚乱、暴力之地——似乎实际发生的事件和虚幻的想象都证明了这一点。另一方面，一再重复的aus也用于遏制这种激烈和难以控制的狂热。这些词语的文法相同，而且每个单词避免以双元音开头，平复了信徒们的狂热。

格里林奇用这四个词描述冷战边境，意在唤醒被驱逐者和本地人对战后流离失所经历的回忆。信徒们对新的崇拜的热情至少有一部分是出于圣母翻山越岭来到这个村庄的说辞。在他们看来，雕像的不幸正是战后德意志人的写照，他们很多无家可归、迷失方向，或者只是害怕大批涌入的新来者，视之为入侵者。最终每个群体都"将自己的经历赋予这个形象"。聚焦于圣像的困窘，意在使被驱逐者和本地人都最为敬重的圣徒圣玛丽更受欢迎。连用的四个词语为圣母到达巴伐利亚乡村的平淡故事增添了一些不平凡色彩。正如越来越多的证据所显示的，长期看来，即使这样也不足以让这个崇拜保持活力。它的传奇很模糊，削弱了悲剧性力量，要不然本可以将历史悠久的基督教偶像插入当前的冷战之中。

起初，朝圣者们以实际行动支持格里林奇。由于缺乏广泛流通的被驱逐者的宗教刊物（到1951年，只有《信仰和故乡》[Glaube und Heimat] 和《基督》[Christ]），个人通信和口耳相传成为消息传播的主要渠道。1950年7月16日是当年第一个重要的圣母节日（卡梅尔圣母，Our Lady of Mount Carmel），1200～1500名朝圣者出人意料地来到这里，小礼拜堂根本容纳不下。这也大大超过了村里平时接待的访客人数。此外，在1950年10月，每到星期天都会再有150～200名朝圣者，这种情况一直持续到1951年底格里林奇离开为止，致使这个礼拜堂急需改建。

不过即使进行了翻修，礼拜堂的空间还是太小，无法接纳全部朝圣者，尽管大多数访客只在一年中的某一个宗教节日来朝圣。黑罗尔茨巴赫的朝圣者有时会达到5万人，这里虽然无法与之相比，却极大改变了边境地区访客的交通模式。格里林奇大胆暗示，这里的朝圣者数量甚至超过了阿尔多廷（Altötting）——那里是巴伐利亚最古老和最受人热爱的朝圣地点。结果，在最初的几个夏天，由于越来越受欢迎，格里林奇定期向帕绍主教申请举行田野弥撒。首批朝圣者于1950年7月返回时，向格里林奇保证，在可以预见的将来他们还有兴趣再来。1951年和1952年，格里林奇在给教区的信中预计，7月中旬会有"大规模的人群"。朝圣者数量非常稳定，以至其中一封信宣布了一个新传统，在第三年称这个朝圣是一种"习俗"。

然而，主教和地方教士的通信记录了这种新形成的习俗是多么脆弱，即使它们触及了波希米亚森林和巴伐利亚东部森林长期以来存在的联系。随着格里林奇于1951年底离任，帕绍教区的高官就不再说起边境附近发生的事情。这一崇拜的地理背景更让人生疑，西德教会对圣母和"被驱逐者习俗"有了新的说法：从1947年到1954年，他们调查了超过11个新出现的圣母玛丽亚显灵地点，这个数量是之前的三倍。由于以活跃一时的治疗者布鲁诺·格罗宁（Bruno Gröning，1906～1959，德国神秘主义者，鼓吹信仰治疗术，第二次世界大战结束后在德国很活跃）为代表的一批人，在他们深信不疑的同胞中宣扬纯粹的迷信、异端邪说和神力治疗，德意志民族的新来者在全国声名狼藉，被视为半是异教徒的江湖郎中，至于"被驱逐者习俗"，对这种情况无能为力。在这种环境下，教会高层是用怀疑的眼光看待"被驱逐的圣母玛丽亚"的。

新的朝圣活动可能促进本地区的基础设施建设，并带来额外的收入，巴伐利亚边防警察及地方乡镇领导人热衷于此，但教会对诸如此类的影响并没有多大兴趣。早在1952年7月14日，大主教代理弗朗兹·里默尔（Franz Riemer）回答格里林奇的临时继任者弗朗兹·普罗布斯托（Franz Pröbstle）的疑问时就曾不以为然地提到：

"应该时刻警惕，确保宗教活动无条件的平静和庄严的过程。"这里影射的不够稳重，指的是1951年7月的庆典。那看起来更像乡村集市，充斥着"音乐、射击场、秋千和舞蹈"。也许并非巧合，那一年被认为是米特弗米斯罗伊特的新圣母庆典最成功的一年。普罗布斯托首先把朝圣视为一项负担，他很快和他的上司一样，对大批群众涌到西方集团的边缘地带感到担忧。1952年7月，他向帕绍教区当局承诺，当年的宗教活动会"让外界同样感到庄重"。在他看来，要做到这一点，就必须把传统铜管音乐和其他狂欢驱逐出庆典，因为它们"去年令人不快地喧宾夺主了"。最终，米特弗米斯罗伊特临近边界的特征无法确保被驱逐的圣母的合法性，反而成为出乎意料的负担。这个圣母雕像很快在教义的忧虑中褪去了光环——宗教层面的和政治层面的。

从普罗布斯托的记录可知，1952年夏天，之前居住在波希米亚森林的民众在德赖塞瑟尔（Dreisessel，巴伐利亚南部的一个界标，将在第三章进行论述）有一次大型集会，与朝圣活动发生了冲突，只有此时，它对教会来说才是有利的。集会使艺人们进入冷战边缘地带森林的更深处，驱散了前一年那种让人心烦的狂欢的气氛。当地和帕绍的教会对不合礼节的或者过度的纵乐可以少一分担心了。然而，与人们的预期相反，这并没能使他们更加专注于培养该地的威仪，以"直面（该地区的）文化真空"——管理者把这个词语挂在嘴边，担心传统的宗教活动和热情会在西德最不景气的一个地区衰落。恰恰相反，这场冲突使普罗布斯托及其在帕绍的同事如愿摆脱了如潮的访客，得到了取缔这个崇拜的方便借口。

事实证明，当村民们正在寻找长期任职的神父填补格里林奇留下的位置时，不管是有意还是巧合，普罗布斯托没有为1953年7月的朝圣活动进行宣传和准备。此后，即使再度发出号召，在被驱逐者的报纸及当地最大的报纸《帕绍新报》（*Passauer Neue Presse*）上发布广告，1954年7月到来的访客也没超过100人。与1950年相比，朝圣者的数量骤降了十倍。更糟糕的是，当年是梵蒂冈为了纪念圣灵感孕说1500周年而设的"玛丽亚年"（Marian year）。格里林奇神父的长期继任者昆泽尔神父（Father Küzel）在其任职的第二年，说话不再拐弯抹角，坐下来思考这种倒退的原因。他在写给教区当局的信中谈到了自己的想法，话虽不多，却再一次宣告了这个崇拜的死刑。他问道，那里有太多世俗的或宗教的竞争吗？教区建立的朝圣场所够吗？就像卡拉塞克–兰格曾经预见的，既有的（信仰）选择征服信徒了吗？

　　昆泽尔在信中对每一个问题都含蓄或直接地给出了积极答案。为了不让收信人再费脑筋思考，这位教士谨慎而坚定地说出了中断这个朝圣活动的根本原因。早在1955年5月，他就宣称该活动"不合时宜"。他以必要的个人名义宣称，他对"维持（朝圣活动）不感兴趣的原因如下：他认为，一个来路不明的圣母玛丽亚无法使一个新朝圣场所具备合法性，尤其是从发现到现在，（这个雕像）还没有出现特殊征兆"。而且，朝圣活动既没有带来"明显的牧灵成果，也没有巩固宗教生活"，主管教区要努力教导地方社区，使其明白继续下去"既不必要，也不可取"。两天后，里默尔在帕绍回信，对昆泽尔的说法加以支持。里默尔写道，这个朝圣活动只是"与历史环境或基督教信徒都缺乏长久的共鸣"。因此，其管理者"不仅不要鼓励它，而且要让人们遗忘掉它"，重新把信徒引到该地区早已建立的圣母崇拜场所。

如果与"历史事件"不同步，对于来自冷战边界的崇拜对象来说，什么才是更好的时机呢？它要拥有什么特质，才能一直对"基督教徒"保持吸引力？什么是里默尔所说的实现这种成功"所需要的"？不可否认，昆泽尔是对的：巴伐利亚并不缺少朝圣场所，被驱逐者要同时面对太多世俗和宗教方面的选择。然而，尽管有种种理由，这个决定并不是自下而上的。平息圣母崇拜的热情是教会的选择，普通信徒进行了反抗，虽然没有被记录在案。诚然，在如此靠近边境的地方聚集如此之多的信徒，必定是件麻烦事。然而在其他地方，这类麻烦通常都是交由巴伐利亚边防警察处理的，这样教士们就可以专注于宗教领域。在短短几天时间里接待大批信徒，实在不是件好差事。虽然传统行业，特别是瓷器和玻璃制造业，自20世纪50年代和60年代起收入锐减，众多边境社区张开双臂欢迎这些访客，希望能挣点外快。更具知名度的朝圣地当然更具合法性，然而大多数参加米特弗米斯罗伊特朝圣的人都是新来的被驱逐者，除下巴伐利亚的阿尔多廷和上普尔法茨之外，他们对其他地方没有忠诚度。尽管往来通信显示，较之抗衡共产主义或法西斯主义的幽灵，他们更热衷于对激进的狂欢加以控制，但对被驱逐者的集会会助长政治激进主义的担忧，还是让昆泽尔及其同僚三思。因此，教会决定放弃米特弗米斯罗伊特时，还有一个重要因素，尽管不太明显。同样的原因或许也能解释为什么朝圣者对教会的裁决毫无异议。

埃米尔·杜克海姆（Emile Durkheim）在他的研究中提到："艺术不仅仅是宗教用来掩饰某些太过简陋粗糙的特征的外在装饰；相反的，宗教本身即具备美感。"问题在于米特弗米斯罗伊特的小雕像是否能通过崇拜活动把信徒团结在它周围。在教士们看来，这个圣母玛丽亚恰恰缺乏通过适当的方式能够升华为信仰的美感。它的光环没能使周围的精神领域以它为核心凝聚在一起，这不仅是因为有令人讨厌的铜管乐队噪音伴随其崇拜活动。昆泽尔说米特弗米斯罗伊特的新圣母玛丽亚是个"陌生的雕像"，这种盛传的说法含义模糊。他同时暗示，它在1950年前的基督教虔敬活动中完全无关紧要；作为一件艺术品，它过去和现在都默默无闻；另外令人感到失望的是它悄无声息地来到米特弗米斯罗伊特，既没有产生奇迹，也没有伴随轰动一时的越境故事。

对它的称谓暗示了破坏圣像的行为，然而这些只是推测。这个雕像传说中的缺陷有很多，其中存在的矛盾使人们对它的接纳进入了死胡同。同时存在两种质疑，一种认为它给本已不稳定的边境地区引入了过度的狂热，另一种则认为它带来的激情还不够。虽然饱经沧桑，却毫发无损——用格里林奇的话说，这个雕像"平安挨到了重新安置"——在教士们看来，它的幸免于难注定了它不能成为广施恩惠的偶像。它没能像人们需要的那样传递冷战的悲剧现实主义。实际上，这个雕像看起来很欢乐，即使在边境的另一侧重新安置，也没能改变这一点。它连油漆都保存完好，更不用说肢体了。它的欢悦使它显得格格不入，难以编排成神话。与其他地方的圣母玛丽亚不同，它没有流血或哭泣。在教士们看来，它根本就没有做任何事。除了作为发现它的地点，谁也不知道冷战壁垒在圣母玛利亚的救赎中还能扮演什么角色。当时是圣母玛丽亚在欧洲大陆最成功的时代，但米特弗米斯罗伊特却搭不上这趟车。

这个雕像来到巴伐利亚的过程一片空白，留下太多的想象空间，在深入讲述故事时核心事件的共同点又太少。这个圣母的陈列方式也是如此：最终只有一个小纸条标注它的特殊地位。当大卫·弗里德伯格（David Freedberg）在其颇具影响的宗教艺术研究中提问，外观是否重要？回答只是部分肯定。弗里德伯格写道，尽管"外表和效力"的关系极度善变，但信徒们偶尔"可能会被雕像的外表所感动，进而相信它的效力"。在米特弗米斯罗伊特，玛丽亚的外表很平凡，甚至可以说毫无创意，结合1945年前的默默无闻和1945年后的恶名不足，显然不够理想。在它如里默尔所愿被人遗忘很多年后，帕绍的中央报纸发表过一篇文章，解开了这个雕像虚假的审美情趣。该文章是由匿名作者所写，他注意到这个圣母"就是一个有点呆笨的波希米亚圣母玛丽亚，在那个地区很常见"。虽然可能由"著名的木雕场"出品，也只是众多普里布拉姆（Příbram）圣母雕像中的一个，历史不过百年左右。一方面，它是一种非常本土化的类型，能产生跨界影响是不寻常的。另一方面，它的主要缺陷在于外表极为普通平凡，虽然有着镀金光环，也起不了什么作用。这个被安置在米特弗米斯罗伊特礼拜堂的雕像既不是因冷战而残破的完美遗体，简单地说也不美丽。可是，即使这些缺陷也是建设性的：随着这个雕像被发现，审美上的考虑开始在冷战边境地区发挥作用。

"残破的"基督

几个月后，米特弗米斯罗伊特圣母的主要缺陷——无力勾画出条理清晰的传奇——在巴伐利亚森林北部边陲得以补救。1951年2月8日，瓦尔德萨森的巴伐利亚边防警察首脑、高级专员迪特尔（Dietl）不仅按惯例向慕尼黑的上级报告了一起事件，而且也将其告知了教区神父及里根斯堡（Regensburg）的主管教区当局。这种处置似乎非同寻常，但这位警官称这次的事件很是特别，所以他的行动情有可原。据迪特尔说，两天前，一名边防警察在韦斯（Wies）——一个刚被推平的捷克村庄，距巴伐利亚的享得斯巴赫（Hundsbach）四分之三英里，距瓦尔德萨森3英里——注意到以下事件："可能是边防警察干部"的三名捷克人把一个基督雕像安放在一个刚建立的路障上。"那种征用方式，"迪特尔宣称，"清楚表明了（他们）意图渎圣。"毫无疑问，这种情况是有意的：一根套索从耶稣的脖子拉到路障的铁丝网上，以此使雕像保持竖直。为了防止"这种和可能更恶劣的……对待"，这位警官等到合适的时机，把那个雕像取下来，交给了瓦尔德萨森的巴伐利亚边防警察上级。"人们能料想，"迪特尔补充说，"这个……雕像出自韦斯的朝圣教堂……曾经是受到精心保护的历史纪念物"，这座教堂在1950年秋季被摧毁。向瓦尔德萨森的修道院教堂介绍这个雕像时，也是这样叙述的。该教堂因其华丽的内部装饰和毗邻重要的女修道院而闻名，是法兰克尼亚的巴洛克建筑的一个标志。他们将这个据信"还没有人认领"的雕像交给教区神父照看，并要求他通知已经大致了解这个发现的当地人，以便"消除对于相关事实可能存在的误解"。

正如迪特尔担心的，流言开始传播。与其他类似事件一样，新的崇拜的产生是集体行为，并不总是易于掌控。火速传开的谣言是瓦尔德萨森事件与几乎一年前的米特弗米斯罗伊特事件极少的相同点之一。圣母的称号让那个雕像与无家可归、遭到驱逐和迷失方向的人们建立了联系。然而，韦斯的基督雕像更具受难意义。这个雕像自一开始就表现出痛苦，已经无关地区类型和个人倾向。十字架能够获得所有天主教徒的承认——更确切地说，是所有基督教徒。这就是说，苏台德德意志人毫无疑问特别易于从中看到自己，不仅因为它曾被其同胞崇拜。驱逐刚开始时，苏台德德意志人出版的两本最早的畅销书——埃米尔·戈鲍尔（Emil Gebauer）的《苏台德德意志人的受难地》（*Sudetendeutsches Golgatha*，1946）和伊曼纽尔·拉臣伯格神父（Emmanuel Reichenberge）的《苏台德德意志人的受难》（*Sudetendeutsche Passion*，1948），用基督教语言记录了被驱逐者的悲哀。他们声称，他们就是"基督身躯"的"肢体"，被选出来"为了德意志和整个德意志民族"忍受"不可言说之痛"。

当然，在信奉天主教的地区，被驱逐的经历无需与广为人知的圣像联系在一起。雕像不断遭受磨难，最终获得拯救，还穿越了国境，这为它在教区受到真诚欢迎铺平了道路。这个雕像获救的故事牵动的不仅仅是该县居民或迅速获知消息的主管教区当局。1951年夏，成千上万的朝圣者来到瓦尔德萨森——由于预计会有惊人的1万到1.4万访客，教区神父竟然心脏病发作——很快就远远超出了这个城镇的接纳能力。年复一年，教区记录得意扬扬地罗列着来自"纽伦堡、雷根斯堡、柏林、莱茵兰－普法尔茨、慕尼黑、（甚至还有）下奥地利"的信徒，他们都是来崇拜这个新偶像的。

偶像到来的消息对含混的传说和《新约》都造成了冲击。迪特尔的巴伐利亚边防警察同事是英雄角色的理想人选，既能坚持天主教信仰，又能提升边防警察的威信。相应的，恶毒的捷克军人就更适合被描述为严格把守冷战边界的人，而非在米特弗米斯罗伊特拯救神像的那种令人起疑的共产主义天使警卫。经过这样的处理，巴伐利亚边防警察的事件报告把年轻的西德描绘成了信仰的避风港，其军民不仅是边境保护者，更是信仰的保护者。

　　迪特尔的介绍也为这个明显具有价值的雕像提供了通行证。短短几句话，列举出了米特弗米斯罗伊特圣母欠缺的特质，其中有两点很突出。第一是这个雕像来自现已被摧毁的著名朝圣地，值得在西方重建。第二是它以前所处的宗教典仪环境极具审美价值，曾是历史地标。自它被拯救的那一刻起，这个基督雕像就陷入了"无休无止地叙述"的旋涡之中。因为它的背景让所有人，只要愿意，都可以为它的故事添砖加瓦，而教区居民、朝圣者和教士们都乐意效劳。

　　与数百年来有记录的其他损毁案例一样，这也是一个"令人困惑的社会事件"。各方都对雕像热烈欢迎——教区神父约瑟夫·韦斯奈特（Josef Wiesnet）首次布道时就将它形容为"神奇的偶像"——却无法将其经历转化成条理清晰的故事。在某种程度上，这是因为迪特尔的记录包含的信息不足，已有的信息也不完整。高级警官保罗·哈姆佩尔（Paul Hampel）观察到捷克人的所作所为，并且运送了这个雕像，他提交给巴伐利亚边防警察马克特雷德维茨（Marktredwitz）地区总部的原始报告更为简短。他所说的该雕像的"受难"只是指捷克人把它系在边境屏障上。与《福音书》描述的受难类似，这个雕像的故事需要扩展。它得有额外的故事，或真或假。

　　故事的扩展拉开了序幕。1951年10月，一位埃格的前居民回忆起韦斯朝圣教堂自1949年后的逐渐破败。它被人遗弃，教士的住宅也被夷为平地。后来，流行音乐从废弃的教堂传出来，边界西侧也能听到。而且，对上帝的不敬并非只限于对圣殿的亵渎。1950年，即来到瓦尔德萨森的前一年，这个雕像被发现吊在面朝巴伐利亚享兹巴赫（Hundsbach）的教堂钟楼上，足有十来天。他还指出，自从

1748年以来，韦斯就是朝圣地的基石，他觉得捷克人的不端行为不会没有报应。有传闻说，老教堂失火的那天，一名捷克纵火者得了败血症，很快死在附近的医院。

这段逸闻清楚表明，迪特尔援引的"扭曲"这个词可以涵盖从"失真"到"畸变"等意义，还会通过多种重要方式塑造其后的崇拜活动。巴伐利亚边防警察和地方教士面前有数不清的这种"扭曲"，有些需要避免，有的则可以加以利用。它们是什么？如何对它们进行评估？第一个问题关注的是这个传奇本身；第二个则与雕像的外观有关。对于这个传奇，目击者的证言并不一致。在米特弗米斯罗伊特，找不到一个目击者，而在瓦尔德萨森，目击者太多了，因为苏台德德意志人已经在边境观察韦斯的衰亡。他们的报告引发了危险的分歧，韦斯奈特的继任者马丁·罗迈尔（Martin Rohrmeier）曾试图统一口径，使故事更加可信，结果却谈不上成功。他的呼求直到十多年后才在教区通讯中得以披露。尤其重要的是这些细节上的差异，哪些叙述应当保留，哪些应该忽略。与西方那些欢迎雕像到来的人相比，对其施暴者至关重要。只有确认了他们的身份，所有的指责才有目标。很快，在众多被驱逐者（更不用提哈姆佩尔自己了）口中，这些罪行被描述为捷克军事当局容忍甚至鼓励的行为。另一些人，例如匿名向瓦尔德萨森教会寄出明信片的家伙，则嘲笑层出不穷的偶像和闹剧。明信片上的文字强调："一名德国海关官员发现了这个套着绳索、被绑在关卡路障上的雕像。"他/她指出，简单提一下雕像的来源——"又小又旧的巴洛克教堂，来自韦斯，被捷克人摧毁的定居点"，比描述它穿过边境时的琐碎细节更有价值。总之，他/她继续指出，破坏那个雕像的很可能是某个失意的苏台德德意志农民，而非捷克军人。他/她问道，哪儿来这么多"神秘"呢？有人进一步强调，继续用迷信涂饰这一事件，将后退到"中世纪"。

　　然而，"中世纪"（主要表现为过度关注事件逼真的或感情色彩强烈的细节，及由此得出的经验）压倒了这些孤独的声音。例如，对于发现雕像的确切地点，各种叙述并不相同。如果在其他任何时间，这个问题都无关紧要。但是，在冷战边界的未来显得越发晦暗不明时，它成为一个至关重要的问题。捷克当局会继续强化这个屏障吗？他们会仅仅维持现状吗？简单地说，这个雕像出现在边界上证明不了什么，报告和布道很快开始寻找更值得纪念和更为明确的场所，以突出这个事件。传闻中的场所有关卡路障、边境哨所，甚至反坦克设施。这些小插曲并非微不足道，不管是否准确，它们都反映出了朝圣者对1951年前后的防御工事的看法。还证明了他们试图利用分界线赋予事件生命力，并在最初的流言平息后强化事件的偶然性。在1951年2月雕像发现地点这一问题上的发挥，成为关于雕像的最重要的"扭曲"的起点——现实的畸变。由于相信耶稣从一开始就沦为了"世界政治，更确切地说是东西方阵营分裂的牺牲品"，铁幕被融入了冷战的圣像破坏运动的整体叙事之中。持续多年的讨论确保了这个惨遭蹂躏的雕像不仅代表了苏台德德意志人的故乡，而且首先也是最重要的，代表了冷战中的基督教信仰——一种面对进攻毫不退缩的信仰。

　　雕像亲自登场了。在将其送交适当的宗教机构的匆忙之中，哈姆佩尔和迪特尔都没有提及挂在边境的木雕丢失了双臂。（图12）而这一"毁损"（很快就会这样说）比迪特尔在最初的信件中提到的模糊的"渎圣企图"赋予了雕像更大的成为偶像的潜力。其后庞杂的

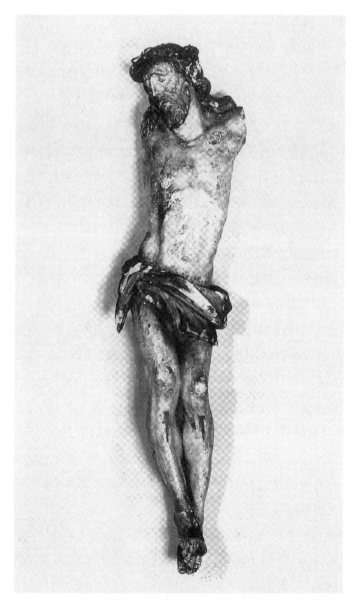

图12.库尔特·舍鲍姆，《残破的救世主》，1951年。

记录——包括哈姆佩尔在1964年所做的完整证言——开始对这个重要疏漏进行补救，强调雕像躲过了焚烧，"没有留下烧伤的痕迹"。边防警察在1951年3月10日的报告中提及这个"受到玷污的雕像"，描述了将它交给教会的经过——出人意料地没有官僚作风。接受雕像的神父被当时的情景所"感动"，他们则被"深深地震撼"。现在的问题在于：这个雕像是在什么时候、如何失去双臂的？

当年4月，一份被驱逐者月刊实事求是地评论说，"基督雕像来自韦斯，被捷克人破坏，被带到瓦尔德萨森的关卡路障，并挂在那里"，除了这些，我们并不确切知道其他细节。例如，20世纪60年代初的证词暗示，是捷克侵略者"砸掉十字架，枪击并损毁了耶稣像"。最后，感到迷惑的不只是当地经常参加礼拜的信徒和被驱逐者访客。20世纪60年代中期，乔治·施罗贝克在瓦尔德萨森考察虔敬和归属问题时，对新的朝圣地点进行了调查，他花了数月时间等待关于"被玷污"和"被毁损的救世主"的明确答案，但是罗迈尔神父无法回答。这位神父也急切需要这样的答案，如果找不到，从各种证言的只言片语中整合出来也可以。总之，他发现围绕这个基督变幻无常的叙述越来越让人感到不安。在1964年6月下旬的教区通讯中，他表达了决心，至少"要搞清楚谁玷污了十字架，它被挂到哪里，谁最先发现了它，谁把它运过边境，等等"。哈姆佩尔是极少数回应者之一，相关记录可以在教区档案中找到，他的故事为这个叙述的编纂定下了基调——在这个过程中，加入了暴力的意象，作恶者的形象日益脸谱化，特别是越发符合基督教中业已存在的原型。

与其他试图澄清1951年2月初事件的人一样，哈姆佩尔的证词始于韦斯的毁灭，终结于1951年2月。哈姆佩尔解释说，在教堂被拆毁的前夕，捷克人用粗大的圆木在距西德关卡大约8～10米的地方设置了路障。他从边境西侧藏身的地方观察到一辆军用卡车在那里放下五名军人，其中两人拿着枪。这些人还带有铁棍、斧头和锯，明显是要拆除附近房屋的地板。那天很冷，这些军人休息时靠着一堆在两国屏障之间点燃的篝火取暖。火势渐熄后，一名捷克人消失在村子里。数分钟后，哈姆佩尔有些惊讶，认为自己听到了祈祷声，于是拿起望远镜。他看到那个军人一脸嘲弄地抱着一个十字架朝火堆走来，把它靠在木障上，"用脚踢，直到它碎成小块"。当他"用手撕扯救世主，拽掉他的胳膊"，并把十字架和雕像扔进火堆时，其他军人"冷冷地"看着。

如我们所知，事情还没有结束，哈姆佩尔的故事接近尾声时突生波澜。虽然他的证言的前半部分有大量起到限定和解释作用的从句，但结尾强调该雕像受到"绞刑"，精简到了句法的最小单位。他连续使用快节奏的短句，形成简单而又冲击力强的散文："大约5分钟之后，那名军人又把雕像从火堆中取出来，从附近拿来一些绳子（电话线）缠到它的脖子上，绳子的另一头系在一根1米长的房梁上，把（雕像）挂在路障的两根圆木之间的火堆上。"一方面，让人喘不过气来的句子掩饰了哈姆佩尔叙述的是发生在十多年前的事情这个事实。另一方面，任何修饰都看不到——除了"1米长"这个干巴巴的事实描述，文中不再有其他形容词——表明他既缺乏感情，也没有沉浸在目击到的这起事件的宗教影响力中。一系列动词——"取""缠""系"和"挂"——让人想起的是技术手册，而非对具有虔敬意义的事件所做的目击证词。配套的名词——"火堆""绳子""房梁"和"圆木"——一点也没有驱散这种印象。然而，如果说这份证言的措辞充满了冷酷的客观性，并非因为哈姆佩尔的叙述很冷静，而是因为他赋予了这些观察对象突出的意义。

首先，这里提到的不是任何其他电线，这一定对他很重要，重要到需要加括号注释。为什么？散落于边境的电话线表明，在这片重新划分的地区，通讯已经开始遭到破坏。的确，就像达里奥·加姆波尼（Dario Gamboni）注意到的，"（圣像）真的降临了，似乎注定要象征那个下令竖起屏障的政权的堕落"。作为促使这一降临发生的实质性证据，电话线代表了之前时代的终结，而铁棍、斧头和锯给了它最后一击。与烧毁的房屋、割断的电话线和荒废的谷仓一样，绳子也代表了战时和战后的报复行为，那时候绞刑一般是对叛国者或嫌疑人的惩罚，首先是捷克人，后来是德意志人。然而，它的存在影射的不仅是持续崩溃的过去，还有某种新的东西。一截截电话线既是战后秩序恶化的写照，也是塑造新的冷战秩序的工具。它们同时意味着毁灭和建设。只有在它们的帮助下，耶稣作为过去时代的象征，才能在这个屏障建设的过程中直接楔入——或者用哈姆佩尔的话说，"刺入"。这份证词的断奏强调，冷战的标志性建筑是基于对基督教符号的亵渎——符幕和铁幕是一枚硬币的两面。

就这个雕像的命运而言，电话线具有更大的意义。用它们作为当今破坏圣像的工具，影响超过其他普通物品。借用詹姆斯·马罗（James Marrow）的话说，它们"强化"和更新了受难，把它扔进了有数百年历史的博物馆，里面存放着使故事"更加详细、刺激和感人的处置方式"。马罗的著作详述了福音书中简单的受难事件是如何不断扩展的，如其所述，在20世纪，这种对传统的背离实质上本身就是一种传统。因此，将正在发生的巨变加到本已繁复的关于受难的宗教词汇之中，并没有什么不同寻常之处。虽然铁棍、斧头和锯本应是基督受难具（arma Christi，自中世纪以来在虔敬活动中主要使用的受难工具）中更加可以预期的选择，但电话线无疑是一个创新。电话线本是传播声音和神圣消息的渠道，却也让人想起基督最终对血肉之躯的超越。将电话线与其作为通讯导体的首要功能割裂，会让人把注意力转到其物质意义上来。电话线变成一个观察对象，少了它，这个特别的救赎故事就不会有结果，因为耶稣就不会以这种方式被挂在边境的临时工事上。

此外，在缺少绳索的情况下，关于受难的记忆也会及时得到关注。电话线未经解释的出现干扰了基督教故事背后惯常的记忆机制，因为天主教虔敬文学中从来没有提及电话线的使用。电话线做成的绞索套在某人脖子上的，即使是木头的，削弱了对情节"普遍的熟悉感"，那本该是让信徒安心的源泉。对于罗迈尔这样的人来说，这是哈姆佩尔那表面上不太重要的插入语最有价值的影响。提到小段电话线，句法上就将其与文中其他内容分开了，会让信徒们产生停顿。它迫使信徒认为，这是一件谋杀案中至关重要的不协调的证据。它激发起想象，在已有千百年历史的惯例和当前急迫的政治局面之间创造出新的联系。与永恒的"受难具"相比，电话线唤起的是当代，使信徒们震惊于这种时间的跳跃。电话线既象征着现代性的自我毁灭的突进，又代表无情的逻辑，即想要进步就不得不除去阻碍前进的一切宗教残余。

更重要的是，电话线预示着20世纪偶像破坏活动的关键时刻——被推倒的雕像从空中落下时，脖子上缠着绳索，宛如绞刑。

的确，哈姆佩尔也同样刻意强调绳索的意义。"好像吊在绞刑架上，"我们的目击证人悲叹道，"基督雕像现在被悬挂在火堆之上。"在这里，临时搭起的绞刑架就是基督受难延续到现代的不同寻常的实例，同样也是不同寻常残酷的一个。结果在相信冷战的人心中，吊挂的雕像不仅仅意味着耶稣及其受难的具象化；他们认为，曾在韦斯受到苏台德德意志人崇拜的耶稣雕像，经受了可与受难故事相比的磨难。当下的苦难与十字架上耶稣永恒的受难掺杂在了一起。这导致"力量（因此）完全存在于（它的）形象特质之中"——也就是说，在雕像丢失的臂膀中。在它们的作用下，雕像不再只是一个代表——它成了独立存在。

多年以来，即使对生活在距瓦尔德萨森数百英里之外的人们来说，这个雕像的命运也已成为一种象征，这并非巧合。距林茨（Linz）不远的奥地利小镇克罗斯托弗（Kronstorf）的一位神父就是其中之一，他于1957年复活节期间在报纸上发表文章，称"铁丝网严酷无情，就像上帝的荆棘王冠"。尽管在残破的基督受审时，铁丝网并未发挥什么作用，但雕像在铁幕受到的"伤害"足以说明一切，并使其残躯成为冷战中宗教地位的试金石，既是东方的，也是西方的。

边境地区的基督教思潮

1971年，一位苏台德德意志访客认为，这是"超越基督教世界极限的邪恶事件"。毫不奇怪，这件残破雕像的发现和拯救被打造成了冷战侦查的理由。巴伐利亚边防警察很快认识到，这一事件给了他们搜集情报的机会。据瓦尔德萨森的前海关首脑说，当地在

1951～1953年间讨论这个事件时，特别是边境官员和教士之间，通常会"对捷克边防军人的心理、道德、宗教和意识形态思维框架"做出结论。长期来看，"德国边防机构对这些发现有着浓厚的职业兴趣"。

更为重要的是，对东方保持警觉，有助于愈发受到关注的西方边境地区在道德、宗教和意识形态方面保持团结。这并不仅限于西德。"被玷污的救世主"一方面将小型社团联合在一起，另一方面，向来访者敞开了大门。作为刚刚开始分化的本地人和被驱逐者新订立的盟约的核心，这个雕像可能没有创造出超越地区限制的更广泛的共识。但是，至少在那里，它证实了西方集团的东部边境以信仰为基础的凝聚，并且提醒人们，基督教能够支撑一个团结的前线，而瓦尔德萨森就是先锋。雕像带着瓦尔德萨森这个小镇向着"宗教和田园生活辐射带中心"的宏大目标又迈进了一步。各界信徒的参与和共识掩盖了之前存在于边境地带的对于宗教和文化空虚的疑惧，甚至填补了那种空虚。正如施罗贝克所说，接受这个雕像后，给各种年龄和职业的人群都注入了"基督教精神"。事件发生后不久，代表罗迈尔及其教友提交给教区当局的各种文件中，"天主教边境"这个标签变得很常见。

基督在瓦尔德萨森受到的热诚欢迎，给了那些担心信仰在西方式微的人宗教勇气的绝佳范例。考虑到之前提到的边境背负的"永远的化外之地"的恶名，这个肯定尤为重要。一位当地观察家认为，无论如何，这个事件都不应被解释为意欲"使残余的基督教欧洲臣服于布尔什维克的唯物主义"的"野蛮的独特表现"。相反，此事是一个"沿着我们的边界（内侧）危险蔓延"的征兆，因此需要在后方协调行动。在这样的焦虑下，1951年的发现使该地区成为西方坚固的堡垒——明确的基督教的前线。

瓦尔德萨森紧邻铁幕，雕像失去的双臂使这一点得以具象化，在主教教区和天主教会声援它时，这很快发挥了作用。与米特弗米斯罗伊特不同，瓦尔德萨森的冷战分界线与基督的躯体切实地缠绕到了一起，成为无价的财富。当地信徒不无夸耀地宣称，把瓦尔德萨森比作朝圣地只是满足了访客们病态的好奇心，比如在邻近的孔讷斯罗伊特（Konnersreuth）崇拜的很有争议的特蕾莎·诺伊曼（Therese Neumann）的圣痕。与之不同，他们的家乡吸引着有政治态度的朝圣者。当教区委员会在20世纪50年代中期决定请求把该教堂提升为教皇的乙级宗座圣殿时（这项工作直到1969年才完成），他们在写给雷根斯堡主管教区当局的信中将"极为尊崇"的崇拜物和"被玷污的救世主"列为最新的改进，仅次于开销巨大的内部装饰（1955～1967）、灰尘清扫（1964）和风琴维修（1964～1965）。在当时的人们看来，教堂的装饰风格富丽堂皇，且神圣庄严。巴洛克式的圣徒遗物被庄重地放在镶金玻璃盒中，基督的身躯则被视为最新的对精神的"极为有效的保护"。信徒们在写给主教的信中宣称，尽管缺少穿越边境的交通，每个来访者也应该看到"天主教生活确实沿着东西方之间的伤痕茁壮生长，铁幕在宗教领域被完全抵消了"。罗迈尔热情鼓吹在该县的"模范村"哈赞鲁斯（Hatzenreuth）再建一座边境礼拜堂，在其教友们的支持下，他将自己的布道付诸实践，那是一句迅速流行的冷战格言："让边境地带的教堂和（东方的）观察哨一样多。"祈祷墙会让罗迈尔的梦想成真。

镜头下受虐的躯体

雕像的成功及其意义的扩展既不单单因为它可用于政治动员，也不能归结于围绕它编造的神话。毫无疑问，在冷战前沿遭到"毁损"的记录赋予了雕像生命，可以轻易让人们忘掉它只是一个替代品。这些传奇使道成了肉身（约翰福音1∶14），使雕像更为拟人化，虽遭虐待但却顽强。冈特尔笔下的基督被铁幕的倒钩缠绕，相比之下，瓦尔德萨森的故事中没有隐喻，声称这是有血有肉的欧洲分裂的受害者真实的痛苦。拟人化并不新鲜：早在一千多年前的圣像破坏运动，就留下了相当多的把雕像当作人对待的记录，将它们"掩埋、砍头和驱逐"。此外，钉在十字架上的耶稣长久以来一直是真身与模仿者矛盾的结合体。战后的暴力横行和冷战边界的不稳定使二者在边界沿线进一步合二为一。

然而，这种对鲜活血肉的关注很快平息下来。这个雕像的美学特质，即本章的主题，成为信徒们关注的焦点，在相当程度上决定了它能否被接纳。最初围绕雕像的喧嚣在1951年春渐渐平息，它作为艺术品，而非有生命的实体，重新获得了管理者的青睐。它是哪一类雕像？怎样才能最好地展示和突出它的特质？它在西德的虔敬活动中最合适的位置在哪儿？它新近展露曙光的未来和刚刚经历的过往引出了这些问题，使它作为一件客观存在的物体的价值得到越来越多的认可。新的关注焦点使得雕像的复制品得到广泛传播，主要是照片。这些复制品在适当的时候将这个三维的雕像变成了二维的媒体代码，甚至成为美术的审美标准。

但是首先要解决的问题是耶稣在新的家园里的地位。"一个不起眼的……雕像"，摇身一变，成为分界线另一侧宗教惨遭蹂躏的象征，与上文提到的边缘地带的修道院升级为西方在东部边境的教皇重镇是相辅相成的。乍一看，这两个进程的规模，更不用说涉及的对象了，似乎是不成比例的。耶稣中等大小的身躯无法与教堂富丽堂皇的"壁画、灰泥装饰、奢侈的内部装饰……精巧的祭坛（和）华丽的唱诗班长椅"相提并论。然而，这种印象很快就消失了。大约在教堂维修时，教士和教区非神职领导人就提出要通过长期不懈的努力，将雕像与这座教堂"完美和谐"地结合在一起。毕竟，瓦尔德萨森和以韦斯为代表的西波希米亚地区长久以来就存在着艺术联系，这是引入这种联系的恰当的时机。教堂的"完美和谐"首先来自它代表"基督和圣母玛丽亚的救赎"，这缓和了雕像残破的外表与教堂辉煌纯洁的内部装饰最初的反差。然而，只有让雕像继续保持这种残破，才能真正体现这种教义内容。如果没有对雕像外观的适度关注，教义本身独木难支。

其审美价值与教堂的内部环境的均衡使得耶稣残躯的声望与日俱增。三种方式促成了这种转变：增加装饰；关注雕像的来源；拍摄照片。三者的内在关联，证明了雕像的审美价值并非其基本属性这一事实。审美价值是由社会/教会上层和底层民众各自赋予雕像的内涵相互妥协的结果，因而是多变的，并且相当难以预测。参与其间的各方都认为如果没有投资价值，它就一无是处。

第一个挑战显然与雕像摆放的位置有关。耶稣"高贵的框架"给教士们留下深刻的印象，认为它恰到好处地装点了教堂。在最早的布道中（雕像刚刚得救），韦斯奈特就隐约提到了框架，将其作为建筑环境的隐喻和雕像适当的容身之所。（图13）框架暗示这个雕像的外表与教堂的尊崇是和谐的，这已经通过其在圣礼中的展示得以证明。换句话说，教堂富丽堂皇的内部装饰使得这个命运多舛的雕像足够突出，于是原本不怎么好看的残躯得以与高贵的环境契合。用弗里德伯格的话说："一般来说，朝圣偶像给人的印象是粗野和原始的；但在每一个案例中，关注点明显在于确保它们有审美上的差异、有装饰，或有特别的安置。"

雕像被发现后不久就装配了框架，资金是邻近的康德罗（Kondrau）的一位矿泉水商赞助的，这再一次确认了它作为艺术品的地位。借用乔治·斯米尔的话说，框架使雕像成为"不言自明的事实"。当地雕琢的深色木质框架饰以新巴洛克风格的波浪形边缘，赋予失去双臂的雕像一种完整的感觉。框架有助于将雕像被摧残的历史中"不断涌动的能量和素材"和而今作为艺术品的残躯联系起来。没有人想去寻找雕像丢失的手臂。相反，一位访客曾注意到，"人们不再想复原"它的身体。雕像在1951年底被装到了精工雕刻的嵌板上，表明其残缺比完整更有价值。

在传统仪礼中，耶稣像通常与十字架一起出现，失去曾经被钉在十字架上的双臂，也标志着雕像从这种惯例中又解放了一些。这并不是说这个雕像已经是一个自主的艺术品了，它依然需要在虔敬环境中发挥作用。但是，它传播的目的已与当初不同，这种变化包括重要性的提升。尽管新的框架内依然保留了十字形状的背景，但其装饰华丽的外部框架太过笨拙，不适于游行，在圣坛中展示的时候又因为距离信徒比较远，不够清楚分明。这个雕像不再是季节性巡游的一部分。巨大的框架使它只能挂在教堂的墙上，除了极少数

图13."残破的救世主"，瓦尔德萨森圣座大教堂。作者摄。

庄严的场合，如1962年当地社团去罗马朝圣，不再移动位置。

这些新的束缚对雕像来说有得有失。一旦用框架装饰起来，它就会占据更大的墙面空间，在巨大的正厅中不太可能被忽视。框架深色的表面包裹着羸弱的残躯，在白色的墙壁上尤其显眼。突然之间，连它那不大的尺寸都变得更有质感：在一位20世纪50年代末前来朝圣的虔诚信徒的记忆中，这个80厘米高的小雕像显得"非常大，所以每一个来访者都会在不经意间看向它"。由此看来，雕像在尺寸和救赎潜力上都表现出伟大之处，框架使其既是虔敬对象，又有美学价值。

雕像据称的内在品质和业已证实的正统来历，是其审美价值的另一来源。作为复制品，雕像在"艺术上不值一提"，但当时的人们对此视而不见，也并不在意18世纪的文献把它列为真正创造奇迹的十字架的二等复制品。由此看来，它的价值是由冷战时代的旁观者决定的，并未经波希米亚宗教艺术专家的评估。雕像被拯救后仅仅一个星期，当地报纸就宣告了它被发现的消息，称其"具有艺术价值"，不幸沦为"反文化渎神"行为的牺牲品。文章的标题把雕像与二战后有关德意志文化和保护的多种争论联系在了一起。文化最常见的用途是羞辱现代主义建筑师，那些人似乎非常乐意抛弃依然保留在废墟中的历史与传统。即使不是传统意义上的美，关于类似价值的思考也促使卡拉塞克－兰格对巴伐利亚虔敬模式的变化进行了勾勒。他将"宝贵的"残躯与米特弗米斯罗伊特的玛丽亚进行了对比，而后者仅仅是"历史悠久"的。他坚称这个雕像的价值与有着数百年历史的格言产生了共鸣，即信徒应该崇拜的"不是所有古老的十字架……而应是'制作精美'的十字架"。在瓦尔德萨森的案例中，雕像已经确定的来源是其优势，使围绕着它自发产生的崇拜有了合法性，不必担心困扰米特弗米斯罗伊特的忧虑。

然而，不管得到多么广泛的支持，为了取得如前文所述的审美价值上与教堂的均衡，支持者们还不能停下脚步。美化任务尚未完成——在机械化复制的时代，如何才能实现其审美价值？韦斯奈特神父及其继任者认识到，只靠周围环境或其起源，这个雕像无法成为艺术品。就像一位当地教士所说，传播"这个被玷污的基督的照片"主要是当地教士的工作，他们感觉仅靠文字无法传达形象的生动。毕竟，对于那些不能到访的信徒而言，雕像转变的直观印象是必需的。因此，照片是最明显的媒介选择。

毫无疑问，被驱逐的朝圣者们拍摄了大量非专业的照片，典型的是正对木框中的雕像拍下的，用以在媒体上叙说他们自己的故事。然而他们千篇一律的正面构图有着静态影像的意味，传达不出它在1951年所具有的不断变化的要素。为了抓住这一点，韦斯奈特和罗迈尔（1958年后）在职业摄影师的帮助下，发起了一场名副其实的雕像视觉化风潮。瓦尔德萨森的管理人罗伯特·特里姆尔（Robert Treml）回忆说，"'被玷污的基督'的照片频繁在教士的圈子中传播"，并非只出现在媒体上。多年来，这个雕像的各种照片以其独特的艺术价值得到广泛传播，成为同一个美化项目的基石。它们日益为这个雕像注入戏剧化效果，这在原本三维的雕像中是不存在的。

与很少被拍摄的米特弗米斯罗伊特的玛丽亚相比，瓦尔德萨森的雕像自从到达西德的那一天起，就一直被拍摄。最初的目的是为这个雕像的存在提供证据。这个记录的初衷并未阻碍围绕雕像的偏见或感情投资，特别是自从基督的形象作为一般图像，常常"被暗讽为代表那些描述他的人们的利益"之后。在瓦尔德萨森，委托拍摄照片的教士们和喧嚣的信徒们让照片符合他们的预期和经验，然而摄影师的意图使情况变得更为复杂。

自19世纪末以来，耶稣的照片（由艺术家或模特扮演）就不仅限于媒体通常的记录功能。由于明显缺乏主题，耶稣的表现形式完全依靠"艺术家的想象"。然而，"被玷污的救世主"又一次动员起了被弃置一旁的记录的冲动。这个雕像既是主体又是客体，其照片必须承认这一点，进一步推进了这个计划。这个残破的物品确实不是耶稣，而是一个木雕，是一个艺术史编目和研究的目标。同时，它是耶稣的化身，在当下的冷战中承受着痛苦和贫困。19世纪的先驱，如弗雷德·霍兰·戴伊（Fred Holland Day），据说为了使镜头前的耶稣形象可信而绝食数日。瓦尔德萨森的雕像根本不需要为了证明自己受到的粗暴对待而再受一遍苦。职业摄影师从各种角度接近这个雕像，精心表现它受到的明显的物理损伤，其中既有之前造成的，也有在边境"受到虐待"而留下的。

原本引入照片只是想记录雕像的残损，但最终呈现的肖像照通常更具野心。雕像的第一张黑白照片就已经透露出这种野心遵循的轨迹。这张照附片在一份最早的记录雕像发现的报告里，到1951年2月中旬之前，已经被收入隐修教堂、当地报纸，甚至雷根斯堡主教管区的档案中。（图12）库尔特·舍鲍姆（Kurt Scherbaum）是瓦尔德萨森本地的摄影师，他抓拍到了人造光照射下的处在洁白背景中的基督雕像。高对比度突出了雕像的新旧伤痕，由于背后的十字形结构消失不见，更加引人瞩目。照片锐度极高，使耶稣的苍白肉体因新近遭受的苦难而更显灰暗，黑发和腰布污秽破碎。这张照片混合了雕像"男子气概的美"和"详细展现的恐怖"，以刀锋般的精确度聚焦耶稣新的残缺——丢失的手臂。雕像扭曲的线条几乎自上而下贯穿整张照片。与之相比，照片两侧留有显著的空白，使观者转而关注雕像丢失的手臂，它与仪礼背景彻底的割裂，以及它与福音书中任何可辨别的时刻的隔绝。

源自中世纪晚期的耶稣的虔敬形象（Man of Sorrows）确立了一种表现传统，即耶稣的手臂与十字架分开，身体竖直向上，以此在单一轴线上展现所有创伤。这种表现形式"封装了基督为人类遭受的苦难"，激发了"分担这种苦难的渴望"。舍鲍姆的照片依靠这种普遍存在的渴望，被制成巨幅的黑白海报，通过展示伤痕，唤起对耶稣的记忆，突出了这个受虐的躯体。然而，伤痕这一次没有被局限在常见的地方，特别是通常带有钉子或圣痕的手腕完全不见了。展示这种残缺，并呈现这种缺失——不仅是时间的缺失（照片的定义就是捕捉业已消逝的瞬间），而且是身体的残缺——是其面临的主要挑战。

为了达到这个目的，舍鲍姆如实呈现了这个雕像，并不因其最明显的残缺而分神。由于缺少更有说服力的资料来源，构图就成为重要的讲故事的手段和对证言的补充。例如，1951年2月6日的毁损行为没有被相机记录下来——然而没有视觉资料，应该相信什么？那样的话，雕像的外观并不适合用来"充分"展示"人为破坏的偶像"。我们熟悉的还有巴特尔选用的埃格街道上破坏圣像行为的插图。舍鲍姆的照片必须弥补由此产生的裂隙。如果说受到毁损之前，韦斯的耶稣和十字架作为一个整体，提喻的是受难，单独的耶稣像则将人们的注意力集中到了失去手臂的这个时间点。由于这种肆意破坏，这个现代的基督脱离了它原本的背景，也摆脱了传统的宗教形象，这种形象似乎暗示，它因离开十字架而蒙受苦难。然而，尽管失去了双臂，或者说正因为失去了双臂，这个形象流露出蔑视的味道。正如它奇迹般地从火中幸存，所有的刮擦只能伤及表面。因而，尽管是在西德边境地区，正如基督的身躯，基督教的核心也可以被认定为完好无损，实质性的和象征性的都是如此。

然而，舍鲍姆的前射光以暗影勾勒出了雕像的轮廓，这半是神圣的光轮，半是冷战犯罪现场尸体的轮廓线，使其坚韧超越了严格的宗教意义。模糊的灰色边缘反映了它作为媒介根深蒂固的不确定性。一方面，它看起来像是充满灵性的艺术品的阴郁替代品，就像沃尔特·本杰明曾经指出的那样，随着机械化复制的到来而崩溃。另一方面，它证实了复制能够"产生一种新的令人信服的灵感"。灰色轮廓对照片的不确定性做出了间接评论，在照片里赋予了这个破损的雕像新的生机。作为"在历史的不同时刻塑造对受难的通俗理解"的媒介，瓦尔德萨森耶稣的照片利用这个残破的雕像使西方民间对于冷战边界的看法得到关注。

当然，并非每一幅这类照片都能像舍鲍姆的作品那样传达多重意义。例如，慕尼黑的施内尔和斯坦纳出版社（Schnell and Steiner）在1962年发行了数千张彩色明信片，图案是更传统的框中基督的正面照。出版商的条件很有吸引力——每张明信片只要18芬尼，或者900德国马克买5000张——时机不能更好了。就在此时，包括奥地利林茨主教教区的"天主教妇女运动"在内的西德国内外的各种组织，都敦促教区长广泛宣传这个雕像受到虐待的照片证据。更早之前，杜塞尔多夫的一家"电影和图像"出版商纽特根斯（Nüttgens）

的代表，还要求在新出版的教义问答集《不以上帝之名愚弄》（*Fool Not around with God's Name*）中使用这个雕像的照片作为补充资料。对基督在冷战中受难的关注日益高涨，为了满足公众的需要，罗迈尔迅速做出回应，展示了他在经营和宣传上的精明，明信片很快被来访者抢购一空。先前提到的给教会写匿名信的人不仅以40芬尼的高价购买明信片，在上面写下自己反对以"中世纪"方式处理这个雕像的故事，而且弄到一批收藏起来的明信片送给熟人。

这批明信片上市一个半月后，1962年8月21日，罗迈尔收到了法兰科尼亚小镇海尔斯布伦（Heilsbronn）的一位居民写来的信，间接证实了这十年间对雕像的宣传有多么成功。写信人威廉·鲍尔（Wilhelm Bauer）非常羞怯地解释说，他的妻子从清洁女工那里得到了一张"施内尔和斯坦纳"的明信片，那位清洁女工是一位"来自波希米亚森林的老实本分的老妇"。虽然这种家庭构成泄露了本地人和被驱逐者长期存在的社会地位的不平等，但鲍尔的例子表明，两个群体偶尔会成为平等的"忠实的天主教徒"。不管离边境地区有多远，作为自由记者，鲍尔显然渴望为促进天主教徒的团结做出自己的贡献——在类似的语境中，被描述为"一篇受基督教启发的团结演说"——以强化边境地区作为西方精神堡垒的作用。鲍尔虽然还不相信这个雕像的故事，并要求得到解释，却毫不犹豫地表示愿意提供专业服务，以便"把这个悲伤的故事交给媒体"——"不仅是天主教出版物"，还有纽伦堡、安斯巴赫和慕尼黑等地"发行量更大的日报"。尽管显然对这个事件很不熟悉，鲍尔却相信雕像的故事也能风靡新教地区，甚至能吸引世俗读者。这封信暗示，如果明信片不能使人们相信这个故事的话，那么把照片印到主流报纸上，肯定能实现这个目标。正如大卫·摩根在其开创性研究中提到的，如果观看"是信仰的一种有力实践"，那么根据鲍尔的观点，要想让这个雕像在德国南部取得成功，只需要让更多的人看到它。他希望让更多的人看到照片，以此尽可能培养最广泛的共识。

这封信写于东西方边界上最后一个重要缺口——柏林——于1961年8月被堵上之后，鲍尔的呼吁表明冷战边缘十多年前的事件依然是关注的焦点。尽管鲍尔与罗迈尔的通信中断了，不过他的询问证明，可复制的照片在联系本地人和被驱逐者、教士和世俗者、远离边境的观察家和当地居民等方面有着重要作用。他虽愿意提供帮助，却慢了一步，"苏台德德意阿克曼公社"（Sudeten German Ackermann-Gemeinde）——一个志天主教被驱逐者组织，已经将照片拿到报纸上发表了。这证明在将宗教置于冷战时代中欧文化和政治版图上时，这些照片起到了关键作用。

虽然比不上舍鲍姆的照片，这张明信片也在提升雕像的审美价值方面发挥了作用。尽管"对于不识字的人来说，勉强算是第一种艺术形式"，不过自19世纪末问世以来，明信片就被认为与艺术很接近。它们与审美是共生的：它们塑造了一个通俗的艺术定义，并以此确立自身的合法性。它们试图通过宣传提升人工制品的价值。当它们以近乎魔术般的手法，利用照片众所周知的使人瞬间领悟的能力表现其展示对象的特质时，它们自身的可能性也通过这些光环加持的作品得以强调。明信片和照片共同构成了艺术，同时也共同散发艺术的光辉。

为了在被人遗忘的地方展示这些形象，并且加强雕像的感召力，职业摄影师们与瓦尔德萨森的工作室一道，在冷战的剩余岁月里，继续调整照相机的镜头角度和曝光时长。20世纪60年代初，其中一位摄影师汉斯·泽立克（Hans Zirlik）放弃了正面全景的视角，改用距离更近的侧视角度。（图14）这样拍出的照片比以前的作品更能符合艺术标准。

泽立克以特写镜头展示戴着荆棘王冠的基督的脸。使人想起霍兰·戴伊的名作《耶稣的最后七句话》（*Seven Last Words of Jesus*，1989）。镜头展现出了相似的摄影师的敏感，其目的是成为替代品的替代品。照片风格化的表现手法超越了仅仅记录细节的初级功能。这里又一次出现了"难以形容的背景"，然而其作用与舍鲍姆照片中的空白背景或外景拍摄中限定范围的木框并不相同。浅色背景没有突出展示雕像，也没有试图暗示其价值，它将耶稣的头部从背景中孤立出来，营造出一个虚幻的濒临死亡的人物肖像。头发上剥落的颜料逐渐融入左侧的白色背景，在右侧和中间刻画出一个三维的明暗幻影。角度的转换传达出一种亲密的感觉，镜头暗含关切，甚至感同身受地看向耶稣扭向一边的脸，让观众对照片的主角心生怜悯。四分之三角度暗示动作被抓拍，仿佛镜头抓住了基督把头转向或背向观众的一瞬间。照片下部的散焦使得头部仿佛猛然从模糊不清的苍白薄雾中冒出来。"当我们研究（大规模生产的照片）时，"弗里德伯格说道，"会惊讶于这些高级、花哨的艺术形式竟如此具有表现力。"这张瓦尔德萨森基督最精致的照片准确传达出了这种渴望，并表现出对既有艺术技法的借鉴。

与摄影艺术的先行者们一样，泽立克对耶稣相对谨慎的尝试近乎克里斯汀·施瓦因（Kristin Schwain）所说的"观察协议"（the protocols of viewing）和摩根所说的"模仿协议"（the mimetic covenant）——

图14.汉斯·泽立克,"残破的救世主",瓦尔德萨森圣座大教堂。

这是引导观者体验的视觉手法。为了"掩饰基督与其替代品两千年来的割裂，"这类暗示都基于"宗教主题的标准叙述"，并且努力使耶稣的角色与"历史动因"及"当下现实"保持一致。为了克服与其主题之间的时间距离，他们试图创造出尽可能真实的肖像。乍一看，泽立克的照片绘画般的风格似乎参考了这类技巧。例如，把镜头转向基督的脸，仿效的是经常被称为摄影技术先驱的"非手绘画像"（acheiropoetic images），其代表是维罗尼卡（Veronica）的印有耶稣像的手帕，上面印有去往各各他（Golgotha）途中的耶稣的脸。然而，这类遥远的蓝本难以尽述泽立克照片的意义。

　　泽立克的照片不仅仅是"整合历史上的基督及其替代品"的压缩时间的工具。照片的表现力不仅局限于精心设计的高度锐化的上半部分。传统的头像摄影会将耶稣痛苦的脸作为唯一的焦点，泽立克突破了这种局限，采用了二分构图法。照片的上半部分是头部，以残破的身躯凸显下半部分的意义。与霍兰·戴伊的《耶稣的最后七句话》相比，泽立克没有自锁骨以上进行特写，而是把基督的肩膀和丢失的手臂的末端都拍摄了进来，这部分从柔焦逐渐过渡到模糊的奶白色。隐含的水平线将照片一分为二，在胡须底端表现出手臂的缺失。照片底部渐渐模糊，勾勒出肩膀冗长而固执的轮廓，虽然逐渐淡化，却不肯完全消失。这种坚持恰如两种互相纠缠的叙事，它们自20世纪50年代初就影响着民间对冷战边界的看法。第一个是韦斯的耶稣雕像从边境的大火中幸存的故事。第二个是由于祈祷墙的出现，基督教得以稳固其在东方摇摇欲坠的地位。

　　此外，泽立克照片的二分构图法融合了若干不同的历史时刻和图片形态，而非以一部分遮蔽另一部分。首先，它以其重要性在20

世纪特定的时间节点连通了受难的历史维度。同样地，它把基督在永恒的受难中承受的苦难与无生命的偶像遭受的损毁结合了起来。用施瓦因的话说，这种交汇表明在这个历史时刻，为了《圣经》中的真理抹去"当代的痕迹"既不必要也不可取。相反，这个意象在当代拥有了终极意义。第二，照片的构图填补了影像符号和历史叙事之间存在的具象缺口，自中世纪以来，这就是西方是否接受某种虔敬艺术的决定因素。虽然照片的上半部分遵循了肖像画的传统，传达出适度的痛苦，满足了受众对救赎的期望，下半部分却需要与这个独特的雕像受到毁损的故事联系起来。基督肩膀的轮廓线诱导观众用他们自己对瓦尔德萨森事件的理解填补物理上的空白，仔细思考它在时代政治背景中具有的意义。断掉的肩线把原本置身事外的符号般的肖像推向了冷战背景。

数十年来，众多"残破的救世主"的照片在教会和普通信徒手中代代相传，使这个雕像积累了美学资本。空旷的背景、柔和的边缘、明暗配合、肖像元素和视角的变化等技巧都被用到这张或许最具绘画风格的照片上，使其在铁幕倒塌后广为传播。（图15）在一幅时间未知的复活节祈祷传单封面上，耶稣以四分之三角度朝向观众，显现出蜡黄和淡粉色，在带有粗糙干灰浆纹理的浅黑灰背景下放射着光芒。腰布上表现血液的红色特别刺眼，位于照片的中心。当然，彩绘颜料的残余（一位朝圣者将其称为"伤痕的彩色踪迹"）在早先的彩色照片中也能看到，特别是1974年复活节祈祷传单上。在这些早期的印刷品中，血液经过氧化色泽黯淡，好像曾经流淌过，如今凝固成了血痂。与之相比，最近的照片呈现亮红色，似乎手工上了颜色，甚至进行过数字化处理。作为自1951年以来各种摄影手法的

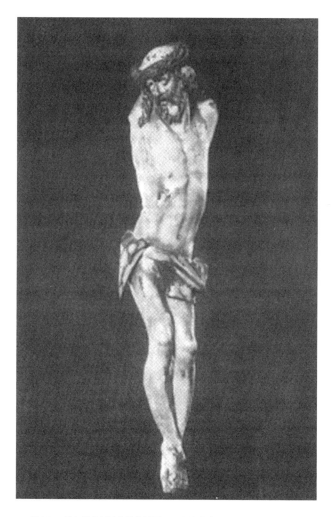

图15.一份复活节祈祷传单的封面，瓦尔德萨森圣座大教堂，1989年。

集大成之作，这张"残破的救世主"把血液作为证据和"可靠的物证"呈现给观众。自哈姆佩尔将这个残破的耶稣雕像从铁幕另一侧的灰烬里拯救回来，四十多年过去了，红色的脏污不仅证实了耶稣经受的苦难，而且确证了这个残破雕像来到西德的记忆，进一步而言，还有对于随着铁幕军事化而发生的圣像破坏活动的记忆。它提醒人们冷战边界相对轻松地融入了传统之中——特别是融入了"在美学和社会戏剧之间不断流动的（关于受难的）悠久传统"。

结语：民间壁垒

摩根在其对视觉虔敬研究的序言中指出："不同的世界相互碰撞，各自内部还包含着矛盾和分歧，为了让世界继续存在下去，必须加以协调或隐藏。物质文化，如图像，总是出现在这些矛盾和分歧中：大众图像通常被用来修补或隐藏它们。"没有什么背景比冷战更符合摩根的观察了。这里的确有个裂口需要填补，而我们发现有东西可以用来作为这项维修工作的工具。从这个观点看，米特弗米斯罗伊特的"被驱逐的圣母玛丽亚"和瓦尔德萨森的"残破的救世主"能够作为"改换位置"的符号，缝合两个集团，同时也是它们的两个家园之间的裂痕。在某种程度上，罗迈尔自20世纪50年代末写的一些信件就已透露出这种调和的希望。罗迈尔向雷根斯堡大主教解释说，理想情况下，边境地区新圣地的使命将是在"边境开放后"，为"对面的天主教徒"服务，"毕竟终将解除封锁"。

然而，本章叙述的这两个事件的发展轨迹与他的希望并不相符。祈祷墙被建造出来，并在这里描述的事件中得以发展。它非但没有削弱其存在，反而使边境更为巩固。天主教的前哨勾勒出了边界的轮廓，在西方重新划出分界线。到20世纪80年代初，它开始成为众多著名的"精神壁垒"之一，虽然其两侧的存在明显都是物质的。

十字军精神在20世纪50年代饱含军事意义，祈祷墙与之类似，起初是民间建筑，旨在强化信仰与无神论之间的鸿沟。如果没有成为边防警察、当地信徒、教士和苏台德德意志被驱逐者之间的盟约——基督徒的共同信仰，这条鸿沟只能作为演说的题目。这些团体不仅是毁损事件的偶然目击者，而是有目的的观察员——用乔纳森·克莱里（Jonathan Crary）的定义来说，就是"在一套预定的可能性内"看到，并且"为一系列惯例和限制所限"的人，这个体系是政治、宗教和视觉上的。的确，他们都关注着军事屏障初具雏形，并试图预测生活在紧邻与以前完全不同的边界的未来。然而，没有人满足于做一名被动的观察者。很多人希望调节这个屏障的建设，使边境不同以往的现实与他们自己的宗教、文化世界，与他们的希望和恐惧相适应。捷克方面破坏圣像的事件给了他们共同的参照物，以使观察到的现实和培养出来的幻想交汇。基督教词汇和他们的视觉规范巩固了建立在信仰基础上的急需的团结。因此，逐渐发展的祈祷墙建设过程并没有一个清晰的起始点，用艾瑞克·霍布斯鲍姆（Eric Hobsbawm）的话说，它是传统的再创造。

这类资源确保了冷战中的宗教并非大城市的政治家、神学家或公共知识分子构想的抽象的存在。在当地，两大集团之间的宗教分歧不仅仅表现为传播"思想和信仰"。在铁幕沿线，信仰绝不是以神秘手段让众多西方人痴迷的空洞的反共产主义精神。它植根于从东方来到西方、从过去来到现在，并且利用政治环境获得美学价值的雕像之中。

由此导致的雕像性质上的改变，需要我们重新思考圣像破坏行为的主流解释背后的假设。"当一个偶像倒下，"摩根注意到，"原本属于它的位置不会空太久。"到目前为止，人们在研究圣像的毁损时，更关注圣像破坏者的动机、他们对圣像的处理以及事后对旧圣像的替换，而非被替换下来的圣像之后的遭遇。出于某种特殊的原因，这种疏忽令人惊讶。在毁损活动最重要的原因中，学者们通常低估了雕像的力量，它能同时激起敬畏和恐惧。在这些叙述中，破坏似乎是力量招致的报应。它被描述为毁灭的同义词，能够否定目标（意图破坏的圣像）的生命和力量。因而，即使最温和的圣像破坏活动，也会导致"（圣像）被放逐，地位难以提升"。然而问题依然存在：如果宗教雕像的力量与我们理解的一样大，那么它怎么可能消失得如此彻底？除非化为尘土，否则必定有一些物质守恒准则在发挥作用，确保它的能力留下印迹，不随暴力骚动而消散。否则，我们怎样才能在事后描述这些困扰对其施暴者的亡魂——本章讨论的圣像肯定可以视作这种亡魂。

研究宗教对象时，理查德·H.戴维斯（Richard H. Davis）的"传记法"（biographical approach）有助于解决上面这些问题。这种方法假定圣像的生命是持续迁移和不断重新解释的过程，远远超出其起源的狭隘限制。人类一直在"盗取（虔敬偶像），给他们贴上标签，并在新环境中向新的观众展示它们"。戴维斯声称。因此，这些对象的意义是逐渐累积的。它包含着"观众长期以来给予它的一切意义"，反映着众多"地位的起落"。因此，毫不让人感到惊讶的是，破坏圣像——不管是真实的还是如米特弗米斯罗伊特的"被驱逐的圣母玛丽亚"那样虚构的——是重新定义的活动，而非抹去这里讨论的那些对象。毁损没有消除它们的力量，反而使其得到增强。圣像承受的痛苦越多，它的力量就会变得越发强大。只有遭受蹂躏，才能把在把这些苏台德德意志虔敬对象转变成基督教的象征和冷战初期的美学要素。这种转变与巴特尔将小事件置入大的精神版图的努力同步。

然而，它们在内容方面有一个重要的不同。埃格街道上的基督雕像的照片预示着它们的毁灭，当我们描述瓦尔德萨森的雕像时，则为其幸存欢呼。然而，甚至毁灭和幸存的区别也没能完全解释巴特尔的照片和瓦尔德萨森耶稣像的照片有什么不同，更不用说它们呈现的圣像了。真正的关键之处在于幸存的形式和之前经受的"磨难"。在这方面，在冷战分界线形成的关键时刻，持续的遭受虐待的迹象为瓦尔德萨森雕像的成功铺平了道路。最终，他们将悲剧现实主义确定为此后边境叙事的基调。

审美的再次呈现是决定这些叙事成败的另一个重要因素。据称，20世纪圣像破坏活动的支持者曾经说，"非艺术的东西是不能在审美上有所改变的"。与这种论调相反，这里探讨的两个雕像表明，为了在毁损之后重新将其列为宗教偶像，教士、信徒和摄影师自由地大量借用主流艺术活动的视觉词汇。这些词汇能否成功提升这些圣像的地位？这个问题的答案成为鉴别符幕的第一个符号的试金石。

最后，跨越边境的人类的故事——在巴伐利亚边防警察的档案中记录着数百例现实的成功或悲剧——很快被忘记了。与之相比，从东方来到西方的宗教偶像的故事一直延续着。考虑到施罗贝克制订了被驱逐朝圣者大事记，这近乎荒谬。这位民族志学者于1968年完成了他的手稿，记录了这些仪式的没落，他和卡拉塞克－兰格都认为它们是重组西德的忏悔室不可或缺的部分。施罗贝克早在1955年就宣称，被驱逐的朝圣者见证了他们不彻底的忏悔的起始，他的著作出版时，它们甚至"实际上已经消亡"。然而我们将在第四章看到，第一所边境礼拜堂的基础直到1953年才打下。其时，祈祷墙还没有连为一体。部分此类场所非但没有在20世纪50年代中期消亡，反而在20世纪60年代和70年代发展为大型建筑综合体。它们的作用并不限于朝圣，而是与环境合为一体，塑造了边境地区的景色。沿着早先在米特弗米斯罗伊特和瓦尔德萨森留下的足迹，这些建筑使当地的景色归于文艺复兴以来西方意象的传统。它们的故事是后面章节的内容，但首先，我们看一看旅行。

第三章

基础建设：民间边境旅行和游记

使"边境"和"土地"重归一体

虽然正是一年中最好的时候，不过时任巴伐利亚经济部长的雨果·盖戈（Hugo Geiger）在1949年秋天来到巴伐利亚森林南部山脉时，仍然感觉灰心丧气。他的行程中没有什么当地应时的内陆地区的娱乐消遣——采蘑菇、徒步旅行或寻找阿达尔贝特·施蒂弗特作品中赞美的地标。然而，盖戈心情不佳并非因为错过了这些。他此行的目的使他无暇休憩。他此次是边境旅行，这是一种最终将推动祈祷墙的基础建设的冷战旅行。这里说的基础建设包含两种类型。一是旅行配套设施，包括重要道路、住宿和沿途的餐饮。另外还有书面记录：旅行者记述的旅行路线、对所经之地的印象，以及分享给他人的建议。除了传统的滑雪运动和季节性观光，这类边境旅行越来越受欢迎，使瓦尔德萨森和米特弗米斯罗伊特这样的小村镇完全融为祈祷墙的一部分。

只有同时到边境和森林旅行，游客才能直观地认识到这两种存在新近的重叠导致的后果。沿着分界线旅行，而非只待在一个地方，是确认祈祷墙是急速发展的连续统一体的唯一方法。把行程记录下来，能使其在数十年间不被遗忘。在本章中，我将叙述边境基础建设在1951年之后的发展，及其在出版领域的普及。

这种基于森林旅行固有模式的基础建设，可能在捷克斯洛伐克－西德边境更具特殊性。但是，边境旅行在历史上早有先例。早在第一次世界大战前和两次世界大战之间，德意志民族主义者就已经在他们国家的东部边境进行政治性旅行，他们称其为"远足"，意在"传达边境的现实"，既血腥和暴力。在他们出版的导游手册中，把当地的居民分成德意志人和非德意志人。最终，他们试图强调周围"德意志森林"的纯洁性。对他们来说，边境不仅仅是文化接触带或商业枢纽，而且是最适合激进主义表演的舞台。

虽然《雅尔塔协议》和《波茨坦协议》在1945年确定了新的战后秩序，却没有改变边境旅行或类似活动的性质。相反，先前边境旅行的遗产在铁幕以西重获新生。在接下来的内容中，我将概述以在波希米亚森林及其邻近地区的旅行为主题的19世纪德语小说造成的影响。然后，我将总结20世纪中晚期边境报道的主题和结构。作为背景，我将追溯作为目的地，捷克斯洛伐克－西德边境对20世纪50年代的"旅行潮"的意义。对冷战时代参与这类边境旅行的人进行分类，会发现苏台德德意志人是坚持最久和最多产的铁幕报道者。让读者了解到这些旅行包含的文化地理因素之后，我将把焦点转向边境报道——强调冷战现实的游记。这类作品有两个目的。一方面，它们力图把边境确定为单一的人文生态实体（human-ecological entity），尽管尚且支离破碎。另一方面，他们培养出一种对于分裂现状的新觉悟。近来对德国内部分裂的研究认为，相对而言，极少有关于普通旅行者铁幕旅行体验的记录，这里呈现的苏台德德意志人的记录将改变这种印象。实际上，这些资料甚至涵盖了直到20世纪80年代末期的民间对铁幕最常规的探索。

当然，冷战边界之旅不仅仅是衍生物。分界线的外观、目的和象征意义都需要在意识形态和情感方面投入新的力量。然而，它们与历史的联系实在令人无法忽视。对铁幕的研究确认了冷战时代的建筑与二战时期的建筑存在某种对应关系。其中图林根塔（Thuringian Tower）——由希特勒的军队建造，西德方面于1963年重建，用于改善当地交通——是首要的例证。我的分析试图在时间和方法论方面扩展这种对应关系。

首先，我认为上述联系可以追溯到二战之前，其来源包括该地区的民间传奇、19世纪的现实主义中篇小说和早期的旅行手册，所有这些都流传广泛。其次，在战后的中欧，对这些传统的兴趣在1961年8月柏林墙建立之前就已被重新点燃——柏林墙的建立是常用的参照点，此后越来越多的西方游客来游览铁幕在德国境内的部分——直到20世纪90年代中期，这种兴趣才渐渐消退。最后，这种时间上的回溯也具有空间上的意义，能够将边界沿线的地点连为一体。

我首先关注的是，20世纪50年代，平民是如何持续改变巴伐利亚和波希米亚之间的分界线的。旅行是这种改变的一部分，苏台德德意志被驱逐者作为德国经济奇迹新的受益者，是森林边界"过去"和"现在"之间联系的最合格的监护人。尽管不是这里唯一的访客，但他们是百余年间唯一与冷战边界两侧的土地有着广泛联系的有组织的群体。如果热爱这片土地是因为"熟悉",那么没有人比他们中的活跃分子对这里更熟悉,更熟悉这里的政治、文化和绘画作品。

那么,家系对他们意义重大也就没什么奇怪的了。但是,我们研究它能有什么收获呢?最重要的,它使我们了解到铁幕不仅仅分裂了德国。柏林墙沿线的边境旅行关注的主要是德国的问题。旅行策划者们企图"展现对藩篱另一侧的德意志人不屈不挠的承诺,表达以西德的方式实现德国统一的愿望,或者在今后的岁月中,至少坚持'德意志民族统一'"。从捷克斯洛伐克-西德边界最南端到巴伐利亚北部霍夫(Hof)的类似行程在相当程度上也有这种意味。但是,他们的眼界并非仅限于德国,恢复民族统一也不是他们的唯一目标。这些旅行的参与者把边境描述为东方接触西方的地方,他们意识到,他们的路线掠过的不只是德国的,而是"西方世界的关键"。他们想亲自评估边境的全部意义。

于是,他们的边境之旅频频引发超出这个分裂的国家约束和关注的各种问题。这些旅行不仅引出了冷战对德意志人——东德人、西德人和最近被从前东方领土和苏台德地区驱逐出来的人——意味着什么的问题,而且激发了游客们对冷战的兴趣。它似乎是一种持续时间特别长的冲突。这是"长期和平","永久的和活跃的、持续的'非和平'",还是彻彻底底的战争?这些或类似条件是相互排斥的吗?如何才能找到答案?对于成千上万到捷克斯洛伐克-西德边境旅行的人来说,中欧风景如画的森林和军事屏合而为一,促使他们深入思考新的冲突,特别是这个地区的。

如果只限于经验层面,这个过程将会是不完整的。只有当游客结束边境旅行回到家里,才开始理解边境的消遣娱乐和欧洲的严重分裂并不矛盾。就像保罗·福塞尔（Paul Fussell）指出的，游记通过征引现实来使自己获得真实感，它所包含的内容总是超出"纯粹物质的"景点。本章探讨的问题即是如此。游客的诗歌，特别是游记刊登在故乡刊物上四处传播，将看起来对立的元素——无人涉足的荒野与人造的边境堡垒、战争与和平、自然和文化——合而为一。叙述他们的旅行，并将之归为特定的类型，可以帮助西方民众应对——有时成功，有时失败——一个永恒的问题，即一个时代如何同时带来战争与和平的体验。"战争、束缚和不自由"的标志是怎样与他们描述的"雄伟的森林"共存的？同一段边境是怎样留下"几乎和平的印象"，并且也是恐怖的典范的？

因此，这类问题只有在这个时代的关键地点表达出来才合适。正如学者们表明的，铁幕作为潜在的东西方一决胜负的关键，既代表"军事僵持"，也是"维系世界和平的微妙工具"。它在人们的记忆中既是冲突的符号，又是缓和信号。当时的人们已经察觉这种矛盾，并努力适应。因此，旅行者的叙述试图反映这种矛盾的体验，并且寻找一种可以把这些杂乱无章的印象综合到一起的叙事形式。到两德分界线旅行的人经常会失望地发现"根本没有什么事发生"，与这些人相比，到访捷克斯洛伐克-西德边界的人们则既能感受到这条边界的"危险和丑陋"，又看到它的宁静和平。

阿达尔贝特·施蒂弗特效应

现在我们将简单考察一下边境旅行文学的发端，因为这类文学的影响力使其成为冷战时代文本的标准。将对中欧"蛮荒之地"的探险诉诸文字，始于19世纪。这些早期作品的流行促进了20世纪游记的发展。

在最重要的早期文学情节中，最为人熟知，并且最受钟爱的——尤其是前苏台德德意志居民，即所谓的波希米亚森林居民——都是与波希米亚森林有关的。在阿达尔贝特·施蒂弗特1841年发表的中篇小说《大森林》（*High Forest*）中，注目这片地区，将会同时看到战争与和平的景象，它为冷战时代的旅行记录提供了一个先例。小说背景设定在"三十年战争"时期的波希米亚森林最南缘，内容是嘲弄主角——约翰娜（Johanna）和克拉丽莎（Clarissa）姐妹，她们为了躲避战争而逃入这片森林，在那里生活并遥望着家乡。小说中的那种紧张感与冷战时代的游客站在边境时的感觉完全一样。在施蒂弗特的小说中，这对姐妹的家是"森林边上的一座可爱的小房子"，在妹妹眼中它似乎完好无损，但姐姐用望远镜看去，却发现它已成废墟，"屋顶没了"，墙壁上都是"奇怪的黑色污渍"。视觉的愉悦与悲剧的预期相互影响，与之极为类似，双重展示主导了20世纪中期铁幕旅行写作的叙事动力。例如，赛普·斯卡利茨基将这种双重因素设定为他在1961年发表的小说《旧摇篮》（*The Old Cradle*）的背景。小说的主人公是一个就要当父亲的苏台德德意志青年，生活在日益富裕的西德，然而他没有钱为快要出生的孩子买婴儿车。于是有一天晚上，他偷偷穿过边界，想回到过去生活的村子拿一个摇篮回来。故事的很大篇幅是他一路的观感，起初是"宁静的和完好无损的"，然后在阳光下还是毫无动静，最后是"怪诞的和荒凉的"："远看似乎完好无损的东西，现在向旅人展示出面目全非的样子。"我们将会看到，斯卡利茨基笔下的人物不是唯一纠结于远望和近观的强烈反差的人。

当然，施蒂弗特的影响不仅限于文本。正是由于它广为19世纪和20世纪的读者接受，最终才能在冷战旅行叙事中得到反映。由于施蒂弗特痴迷于对地形的精确描述和视觉细节的呈现，他的小说很容易代入现代的道路旅行，就像沃尔特·本杰明解释的那样，人们"在远足之后的休息站"翻看他的小说，此时旅行的"印象还在形成之中"。人们被施蒂弗特作品的描述所吸引，很早就从读者变成旅行者。《大森林》在1852年出版后，很快成为忠实读者的导游手册。小说引起的反响是如此热烈，以至于"德里斯塞尔（Dreisessel）周边和普劳肯斯坦因（Plöckenstein）附近的施蒂弗特区域"——小说背景中的山峰——成为该地区第一个旅行热点，在那里，小说中的地貌都能在现实中找到。

这些地标在一个世纪后依然吸引力不减。随后，铁幕横贯两座山峰，将东西两侧的山坡划归不同的国家。尽管汉娜·阿伦特在她对施蒂弗特小说的首个英译版热情洋溢的评论中假定"一个人即使从来没见过波希米亚森林，也知道施蒂弗特小说中的花园、石头、山峰与河流"，但战后的读者们大胆地表达了异议。对他们来说，作者的现实主义文学不能脱离当地的实际情况。虽然没有人怀疑他的现实主义写作技巧，但是对大多数人来说，其笔下描述的准确性还是要眼见为实。战后初期的一本巴伐利亚东部摩托化旅行指南就经常提到施蒂弗特，认为游客理应熟悉他的全部作品。

数十年间，施蒂弗特的作品一直是了解该地区的窗口。奥古斯都·赛格哈特是西德多产的旅行手册作者，有五十年的边境旅行经验，他坦承曾经无数次翻阅施蒂弗特的作品。他在1959年告诉他的读者："《大森林》曾经是我个人的圣经，而且在我看来，它现在依然是。"能够确认小说中的"大多数重要地点"对于苏台德德意志人来说尤为重要。1955年，一份被驱逐者期刊刊登了一份调查表，《你了解你的故乡吗？》，就要求读者确认施蒂弗特小说中的地标。了解和回忆施蒂弗特的小说，就等于了解和回忆这个地区的地理状况。而知识和记忆反过来又构成铁幕叙事演化的基础。在这片山峰可以涉足的西坡进行边境旅行，宛如各种进修补习。一方面，旅行者试图重演永恒的大自然对暂时受约束的社会的施蒂弗特式的胜利。另一方面，他们都痛苦地认识到，施蒂弗特笔下19世纪的景色与一百年后分裂动荡的土地间的联系被切断了。这些游记就是这两种对立观点的妥协。

"叙事"这个词能够概括本章检讨的资料，还能使一个明确的方法论目标更进一步。数十年前就已经存在一种假设，即"我们组织关于人类社会事件的经验和记忆的主要方式是叙事"——"一种常规形式，以文化的形式传递，受个体技巧水平的限制"。然而到目前为止，对铁幕的研究既有大致得以优先考虑的论述（相当于故事或内容），也有被忽视的叙事（如主题或形式）。这种倾向继续限制着我们对关乎东西方裂痕的"心理学、美学或道德诉求等不同形式论述的理解"。我试图在本章对这种不对称进行矫正。对我而言，具有重要意义的不仅仅是旅行者们回家后写了什么，还有他们如何选择以创作这些回忆。

如果以书面资料作为评判标准的话，铁幕带来的不仅是恐惧，还有实实在在的灵感。这种灵感已经许久未见了。虽然早期的冷战旅行者基本上都是自发的，不过自20世纪50年代中期之后，越来越多的行前研讨会和演讲开始为旅行定下情感基调。即使那些没有参加过任何此类活动的人（这类人数以千计），也有足够的机会了解他们的目标和结果，因为它们都发表在故乡刊物和面向被驱逐者中的教育工作者的行业杂志上。其中两种刊物——《东德：西东德国教育报》（ *Deutsche Ostkunde: West-ostdeutsche Blätter für Erziehung und Unterricht* ）和《苏台德教育通讯》（ *Sudetendeutscher Erzieherbrief* ）——定期重印检讨过去的成功与不足的课程计划和报告。这类内容是"东欧学"（ Ostkunde ），或称"东欧研究"的谋生之道，包含地理内容的战后学校课程，纳粹时代和战后的"东方学"（ Ostforschung ），以及反共产主义宣传。冷战教育家和理论家在字里行间担负起用最新的"传说和恐惧"教育年轻人和老年人的责任。后者既为将要踏上旅程的游客预定了"不人道"和"无意义"的经验，也向他们提供了现成的隐喻和先入为主的破裂与死亡的意象作为武器。这些作者们建议，青年组织的旅行应该从两德分界线开始，起初喧闹的参与者在那里很快会变得"更为安静和消沉"，他们的监护人对此将感到安慰。

当然，强化这类序曲的阴郁情绪和千篇一律的格言都不是特别能给人以灵感。因此，每一个旅行者都需要把广为流传的陈词滥调与他/她看到或选择在那里看到的加以协调。这类冲突造成的矛盾正是促使人们动笔的原因之一。本章研究的叙事正是对冲突双方加以综合的尝试：旅行者的典型悲剧预期和至少他们中的一部分对于森林平静表象感到的讶异。

这些尝试取得了或多或少的成功，它们最终汇聚成了相对稳定的全景式的叙事，在四十多年的时间里不断明确和发展。频频以对

捷克斯洛伐克-西德边界和两德边界的印象为基础的此类文本，是
风格和形式重新洗牌后的战后游记中日益"民主"的景象的重要组
成部分。虽然目标读者各异，但它们都从20世纪后半段日益流行的
游记中汲取了丰富的养料。在对个别样本加以研读和讨论之前，让
我们先熟悉一下这种叙事形式在20世纪50年代初的复兴，然后重访
催生此类写作的冷战背景。

冷战边境报道的开端

冷战边境报道在那些曾到西德西南边境走马观花的人中间很是
流行。伊丽莎白·哈维（Elizabeth Harvey）的关于魏玛时代德国边
境激进主义的著作中对其有所提及，但没有深入研究。随着边界日
益巩固，民间开始见诸期刊。当时流传最广、最详尽的报道是英语
的。有些人可能还记得在20世纪80年代初期，著名英国记者安东
尼·贝利（Anthony Bailey）从西德的吕贝克镇（Lübeck）到意大利的
的里雅斯特（Trieste），走完了整个铁幕，途中将他的记录分期发表
于《纽约客》。贝利把他的记录整理成了《沿着森林边缘：一场铁幕
之旅》（*Along the Edge of the Forest: An Iron Curtain Journey*，1983）。
然而，人们并不总是像贝利那样雄心勃勃地严格遵循丘吉尔的铁幕
坐标走完全程。很少人有时间、方法或能力做这种足以写成书的旅
行。边境报道也并非专业人士的特权：用特雷西·C.戴维斯（Tracy
C. Davis）的话说，想象冷战场景"不需要艺术家资格"。

20世纪50年代初，业余写手已经开始记述边境旅行，新来的被
驱逐者尤其热衷此道。在捷克斯洛伐克-西德边界，苏台德德意志

被驱逐者是记录的先锋。他们急于为没有加入到其行列中的同胞描绘在铁幕沿线旅行的经历，把文章投给了大大小小的故乡刊物，其中很多都是匿名的。对于很多没有留下姓名的作者来说，进行报道是为求实，而非求名。然而，确定什么是"实"却有些微妙。什么更为真实：是尽力客观描述巴伐利亚乡村、铁幕、无人地带和边界另一侧的地标；还是相反，去展示人们对该地区投入的感情？大多数报道企图在二者之间取得平衡，声称以游客身份写作，并不意味着放弃职业记者的"专业性要求"。他们并不讳言自己的背景会导致偏见，而偏见也有其合情合理的力量。

边境报道的篇幅从一页到三页不等，借鉴其他体裁，介于"主观探询"和"客观记录"之间，意欲成为"纪实小说"。它们遵照游记的传统，按照时间顺序记录，但语气和对数据的密切关注来自边防警察记录。地方或联邦边防警察频繁陪同个人或组织前往边境哨站，平民们似乎对他们在经验丰富的陪同过程中展现出来的冷静客观印象深刻，并且至少在某种程度上试图效仿。因此，这里研究的大多数报道都不厌其烦地列出参与者的数量、在边界西侧参观的地点、东侧明显的地标、边界上的堡垒、路线的长度、时间日期和住宿地到边境的距离等。当然，为了吸引读者，他们还得提供更多的内容。

作为有着悠久传统的游记对冷战的适应，新型的民间边境报道是制造和复制这个关键的冷战符号（铁幕）的重要媒介。首先也是最重要的，它向读者一再保证铁幕真的就在那里，并通过描述站到、走到或驱车开到其附近时看到的景象，向读者提供例证。正如一位业余作者在20世纪80年代写道的，他们的旅行和记录为"存在政治边界这一理论知识增添了实际体验"。这种知识不仅限于细枝末节：返程的旅行者了解了现实情况，并试图理解战争与和平的符号间的差异。他们在报道中努力协调"边境"和"自然"，并试图在主观与客观之间取得平衡。为了推进这两个目标，缺乏经验的作者们拾起欧洲游记写作的传统，把记录简化为"对活动的顺叙……和地理……观察"的结合。显然，他们关注的是景象的特点和变化，观察和解读的时候，使用的是那些宣称了解"边境"过去的样子，但现在已经跟不上冷战"边界"变化的人的视角。

在游记传统中，弥合这一差异意味着边境报道需要反映各式各样的追求。其目标是在旅行者的内心世界和他或她的周边环境之间建立直接的联系。游记个性发展或德育小说（Bildungsroman）式自觉的特点，只有与环境变化发生某种联系时，才会表现出来。观念、感情或记忆，几乎都是内在的，源自该地区成为两大集团间分界线的现实。如果这条分界线没有触动他们，读者通常难以进入旅行者的内心世界。"冷酷无情的"分界线奇异地使来访者人性化，使他们饱含感情和回忆。这些主题面临的问题在于是否接受或强化这一地区的变化，还是对其质疑，甚至试图加以逆转。他们能够使用的手段就是叙事。苏台德德意志人通过叙事，在每个个案中放弃或重拾边界专家的角色。

在他们看来，接受这条边界，就等于承认分界线日益增长的复杂性，而非仅仅将其作为"精神壁垒"加以实体化。另一方面，拒绝接受它，不仅支持了民族主义者的热望，即全德意志大团结，而且还有一份私心，即使该地区回复到从前的状态，以便重新获得对其的主导权。边境报道传递着被驱逐者的"边境真知"。此类文本试图表明，其作者掌握的根植于早期边境活动的"不同形式的知识"，在中欧的冷战秩序中仍然具有实用性。

对这里的报道也几乎把注意力全部放在旅行者能够或不能看到、听到，甚至闻到的，而不是发生在他们周围的事件。事件退居次席。这里研究的边境报道把那些与铁幕有关的事件边缘化了，这些叙事极少，如果有的话，向其读者诉说"狂野的"走私计划、大胆的逃亡或极度痛苦的死亡等惊悚故事，即使这些故事就发生在不远的过去。尽管游记经常作为一种补偿，向生活乏味的人们传递"异域或滑稽的怪事、奇迹和丑闻"，苏台德德意志旅行者的文章却并非如此。中心舞台属于平凡的日常，属于"文化"在分界线东侧的衰败，恩斯特·巴特尔曾对此精心刻画。然而边境报道表明，描述这种悲伤的转变，并不意味着沉浸于悲观主义之中。在这些文本中，冷战早期"依旧美丽的森林"并未完全消失，不过到了20世纪80年代末，即使没有蜕变成怪诞的荒野，也失去了自然本性。边境报道的作者们自发地用对该地区的规划、回忆和现实生活印象弥合这些差异。在他们看来，这里并不甘于沦为悲剧的背景。

本章开头提到的盖戈部长在1949年的旅行是这一发展的前兆，造就了最早和最系统的在刚刚分裂的德国传播的边境报道。他的文章没有提到德国的分裂，反而强调了铁幕向南扩张的意义。当盖戈在巴伐利亚州计划委员会的同事对他的报道进行编辑、扩充，并准备出版时，开始描述冷战在传奇的"德意志森林"和欧洲大陆中部分界线的交叠——这种交叠将成为此后所有边境游记的标志。《第二次世界大战结束后的巴伐利亚和波希米亚森林之经济与社会形势》（*The Economic and Social Situation in the Bavarian and Bohemian*

Forests after World War II）将目光转向分裂对欧洲大陆，特别是中欧森林的社会和自然秩序造成的新的压力。它描述了旧有的边界成为新的威胁，不仅在经济基础设施方面如此，而且关乎人类和自然环境的脆弱统一。

这篇报道假定冷战是对20世纪德国地理的关键前提的考验。引用一份关于波希米亚森林的苏台德德意志研究中的话说，自然环境、独立的人类活动和文化环境的完美和谐，能够释放文化意志力和劳动力，而这种和谐在东西方的对峙中濒临崩溃。作为整体的边境，似乎即将分裂为人造边境和自然环境。

防止或者至少推迟这种分裂的发生，成为这一篇及此后边境报道的另一项任务。如果说两德的分裂"作为政治背景引发的边境旅行"，到20世纪80年代初期"蜕变为休闲为主的边境旅行"，对维持边境整体性的关注则自20世纪40年代末起就一直影响着捷克-巴伐利亚边境游记。这些文章如其名称所指，不仅简单地重申"民族主义者的承诺"，而且努力使边境和土地重归一体。作者们在实现这个目标时，将战争/边境的小插曲融入和平/自然之中是其主要挑战。我们将会看到，盖戈的旅行报告首当其冲。

盖戈的报告首先勾画出了迫在眉睫的分裂的范围。特别显著的是提到了两个森林，而非一个。如果盖戈没有涉足波希米亚一侧，也不负责报道在捷克斯洛伐克的土地上有什么被抹杀，是什么让他提及那片绵延的土地？他对波希米亚森林的提及，肯定会使"一些读者"感到"奇怪甚至多余"。对此，赛格哈特在十年后指出："的确，波希米亚森林在铁幕的另一边；我们知道，从巴伐利亚这一侧去那里不仅为捷克人严格禁止，而且有着生命危险。几乎没有什么人愿意冒这样的风险。"赛格哈特想知道，为什么盖戈的报告包含了这些难以涉足的地方？他认为，原因在于"直到1945年春天，在巴伐利亚森林进行的远足和旅行还习惯性地转到""波希米亚边境森林"。此类记忆肯定也影响了盖戈的报告。

一方面，这个小册子的标题就透露出这两个森林长期存在的矛盾，并且表明不愿意用界石标出它们的界线，更不用说用铁丝网把它们围起来了。另一方面，这份报告是对即将到来的分裂的预告。它传达出一种意识的萌芽，即森林沿着冷战边界划分是明确无误的，它们各自的名字这次似乎具有了合理性。

文本中森林的形象也随之发生了改变。关注的焦点不是伊萨克·坡柯克曾经描述的荒野的无限扩张，相反，强调的是将荒野限定其中的清晰的轮廓，以及冷战秩序和施蒂弗特自然法则（Naturgesetz）的冲突，对此我将在第四章提及。1949年11月，联邦共和国宣告成立仅仅六个月后，这份报告出版，此后，严格的限制导致的经济和环境赤字愈发沉重。这篇24页的报告使"巴伐利亚和（西德其他）州"清楚地认识到，之前在边境延伸的天然屏障现在成为西方"文化上严阵以待，政治上如履薄冰"的前线。其作者认为，"弄清（该地区的）社会与经济需求"是巩固这个不平静的地区的决定性的第一步。

与后来为数众多的边境报道一样，盖戈的作品强调了各种相互关联的主题，特别关注农业、林业和运输业。报告的语言朴实无华，实事求是，概括了该地区的困难形势，描述了它的不足，并为未来的改进提出了建议。然而，"推进旅游业"的部分一改文章鼓噪乏味的笔调。文章的主旨和用词让人回想起平淡无奇的旅行手册和施蒂弗特对自然繁复的描述在文体上的混合，为这个濒临崩溃的地区提供了虚幻的解决方案。盖戈期待故乡在20世纪50年代复兴。他出人意料地用浪漫笔法谈起了"美丽的景色"。报告开头推荐"上普法尔茨和缓的高原丘陵和波希米亚森林"，以及"有着神秘的高山湖泊和异常浪漫的林木的巴伐利亚森林"，作为理想的旅行目的地。"那些渴望休憩的人们首先会在这里找到安宁，等待热爱自然的人们的还有壮丽森林中最完美的远足。"

最后这句话不仅给这段题外话画上了圆满的句号，而且也是本章研究的其他一些边境报道的特点。这实际上标志着与席勒的余韵分道扬镳，他总是把欧洲的这片地区描述为狂暴晦暗的森林。不过即便如此，这些边境报道的遣词造句始终与高压氛围格格不入，而后者是提到铁幕时人们通常的联想。在冷战前线寻找，更不用说找到了，任何形式的和平，必定都是挑衅式的宣传行为。我们将会看到，这正是旅行倡导者和参与者在整个冷战期间不得不努力协调的悖论。

事实证明，盖戈和他的同事们志趣相投。赛格哈特在战后最早的介绍巴伐利亚森林文化和地理的导游手册中许诺了一个类似的"和平绿洲"，该书在1962年、1974年和1983年再版。整个20世纪70年代和80年代，其他畅销休闲读物也加入这个行列，向德国和国外读者宣传"和平港湾"。一些作者保证说，虽然与捷克斯洛伐克的边界直接从这些"原始森林"中穿过，不过这不会对"那些寻找消遣的人"造成妨碍。他们滔滔不绝地说："古铜肤色的访客一再被巴伐利亚森林吸引……多姿多彩的森林让每一天都成为非同一般的经历。"用彼得·贾德森（Pieter Judson）的话说，旅行作为战争与和平的紧张局势的映像，与游览地点的关系越来越小，愈发重要的是改变游客游览的方式。

诚然，"黑暗旅行"在两德分界线获得了令人不快的成功。然而，这条分界线的西南部分是一个"值得驻足的地方，很少显示出铁幕的威胁"，黑暗通常退避三舍，代之以田园牧歌式的风景。在这里，宁静与和平表达的意义几乎相同。最初，旅行者感受到的宁静并非完全由于"铁幕堡垒的建设还没有赶上其在冷战中日益增长的重要性"。它源自大自然变化无常的平静，这种平静渗透在施蒂弗特和马克西米利安·施密特（Maximilian Schmidt，1832～1919）等作家创作于19世纪中叶的散文中，并且促进了该地区周边旅行文化百年间的发展。因而，并非所有到捷克斯洛伐克－西德边界旅行的人都心情悲伤。

对于有着写作雄心的游客来说，双重表达的难题——宁静的风景遮蔽了公认的悲剧性的政治环境——引发了众多问题。人们如何才能既关注到边境的紧迫局势，又不忘怀它的美丽风景？两者既是文学－文化上不可或缺的，又是近来经济上必需的。反过来，人们应该，以及如何，使冷战的紧张局势戏剧化？这种局势经常被浓密的云杉树枝所掩盖。这些问题不仅受到来这里旅行的苏台德德意志人的关注，还让那些在边境欢迎他们的人不能忘怀。诸如盖戈的同事们、一代代的巴伐利亚边防警察、市镇官员、地方和被驱逐的狂热分子都知道，只有把森林里的娱乐休闲与这个地方成为冷战新前线的新奇性捆绑起来，才能吸引游客，从而使这个经济濒临崩溃的地方得以恢复。融合对立的因素、把欢乐和痛苦同时封装进一次旅行、让过去和现在缠绕在一起，这种能力使其区别于两德边界旅行。

后者基本上是一个新构造，难以在休闲和"铁幕的危险"之间取得平衡。在波希米亚和巴伐利亚一线，宁静的感觉四处弥漫，游客头脑中的悲剧想象与实际印象形成了鲜明对比。

这个地区在西德的文化版图中日益显要，此类行动势在必行。联邦共和国在战后重新发现施蒂弗特之后，他的波希米亚森林小说再次受到追捧。在此之前，他还被视为"既非德国经典作家，也不是奥地利民族诗人"。为了平息这些质疑，苏台德德意志人发起了一场为期十二年的册封施蒂弗特为圣徒的计划。这位作家和"基督教欧洲的保护者"在1954配享最重要的历史纪念碑——利奥·冯·克兰兹（Leo von Klenze）在多瑙河建造的新古典主义英烈祠，加入了德意志伟人的众神庙。就在施蒂弗特的地位获得提升的同时，德意志波希米亚森林联盟（1884年成立，1949年之后重建）的民族主义者继续在其颇具影响的导游手册中宣传这一地区，该手册在1888年之后定期再版。此外，"扶手椅上的旅行者"也能通过阿尔弗雷德·库宾（Alfred Kubin）的表现主义作品《波希米亚森林幻想》（*Fantasies in the Bohemian Forest*，1951年完成并出版）触及这片森林虚构的世界。然而，只能那些真正到达边境的人，才能详细诉说当幻想遭遇现实，悲剧的基调摇摇欲坠时发生了什么。如果对游客及他们游览并叙述的地区没有更深入的了解，不可能理解其结果。

作为目的地的铁幕

由于没有通用的方法，因此在冷战的前十年，对铁幕的勘察有多种形式。这条分界线并不是完全封闭的，所以穿越到另一侧是最理所当然的。1951年，平均每月有500～1,400人越过捷克斯洛伐克－西德边境，1957年达到了近10,000人。越境点主要集中在几个地方，特别是希恩丁（Schirnding）－埃格、韦尔德瑙（Wildenau）－阿斯（Asch/Aš）和享得斯巴赫－韦斯。保罗·哈姆佩尔就是在韦斯发现了"残破的救世主"。向东过境的人包括艺术家团体、外交官、从法国到土耳其等国的商人、参加斯巴达克德（Spartakiads）国际体育竞赛的男女运动员及其粉丝、对东方集团心怀好奇的游客、到波希米亚度假的人和参加各种会议与贸易展览的人等。向西过境的人员构成也差不多。但是，如果不把成千上万避开检查站非法越境的人都算进去，这个过境名单是不完整的。20世纪50年代早期，每月有5～50名非法越境者（季节劳工、经济移民、持异见者或渴望与身在西方的家人团聚的东方集团难民）冒着生命危险来到铁幕西侧。每个月向东逃的西方人也令人惊奇地达到2～20人。这批人被困惑的巴伐利亚边防警察称为"精神错乱分子"，其中包括躲避家庭矛盾的人、急于重返家园的怀旧的德意志被驱逐者、根据1956年特赦法返回的幻想破灭的捷克斯洛伐克难民，以及木材走私商、间谍、同情共产主义者和寻找新的开始的冒险家。

正如我们看到的，还有一种游客，他们只对这条分界线感兴趣。这些旅行者并不穿越边境，只是沿着分界线走，年复一年地记录它的动向和变化。正是由于他们，铁幕才在20世纪50年代的德国"旅行潮"中成为一个重要的目的地。对一些人来说，这条边界从障碍摇身一变成为潜在的景观，因此对边界设施的关注，完全取代了一般被视为旅行动机的"跨文化接触"。相比之下，另一些人反对单一的观光文化，认为边境之旅"既有乐趣，也有意义"。动机是多种多样的。巴伐利亚边防警察无心关注那些没有越境企图的边境游客，记录在案的只有人数最多的类别，其中包括政客、德意志中产阶级度假者、自由欧洲电台（Radio Free Europe，RFE，由美国资助，设在慕尼黑，向铁幕另一侧广播）的国际支持者和苏台德德意志人。通过对他们分别加以调查，我们可以掌握边境报道生根发芽的背景。

美国外交官和军事官员、巴伐利亚代表团、西德或欧洲政客以及记者以10～30人的规模组团来到边境，试图了解分界线的战略性变化及当地东方集团的难民问题。1954年，热销的被驱逐者期刊《人民信使报》（*Volksbote*）报道说，西德总统西奥多·豪斯（Theodor Heuss）到访位于拜恩埃森施泰因（Bayerisch Eisenstein）的分界线上的火车站，"对着展现在他面前的被荒废的苏台德德意志地区摇头叹息"。记者的戏剧性笔法很适合这次正式访问："高高的瞭望塔耸立在苏台德德意志地平线的山巅，甚至火车站的捷克部分也包裹在脚手架里，据其一箭之地，一名警卫透过望远镜怒目而视。"不过，并非所有来边境旅行的游客都能意识到笼罩在他们周围的戏剧性氛围。

比如西德度假者，他们怀着不同的计划，在夏季涌向巴伐利亚森林。很多人驱车而来，那时奥瑟尔（Osser）、雷切尔（Rachel）或阿伯尔（Arber）等高峰周围的季节性山地景点消费还不太高，他们在那里享受假期生活。为了追踪他们过夜的地点，巴伐利亚边防警察定期调查客栈、民宿和旅店的客人登记表，"依据规则"核对陌生姓名。这种谨慎的行为反映了边防官员主要的忧虑：该地区的经济状况，盖戈在其报告中特意提到了这一点。因为传统上，这一地区在冬季没有太大吸引力，极少有边防警察冒着严寒来这里，民间滑雪者就更少了，巴伐利亚边防警察热切盼望着春天的到来。然而，苍翠的山峦需要更加警觉。他们一丝不苟地调查人数，因为需要他们担心的还有安全。

旅游业是"当地民众的经济来源"，希望其有所发展的人很快得偿所愿。巴伐利亚旅游局成立于1948年，是战后最早设立的此类机构之一。其代表与1949年开始运作的东巴伐利亚旅行社的员工一道，决心改善当地旅游业的经营状况。1948～1949年冬季，他们已经为遍布巴伐利亚的19个景点做了宣传。当然，与阿尔卑斯山脉或大型中心城市相比，该州的东部边境并非西德人消费的首选。然而，一旦巴伐利亚旅游业迅速复苏，那里的客房很快就不再空置。对于渴望安宁且消费水平有限的西柏林人来说，南部的"度假村"很有吸引力。1952年，85%的德国人还是在国内度假，位于边境北部的富尔特伊姆瓦尔德（Furth im Wald）地区涌入了大批游客。那年夏末，有些村镇在一个月内接待了4,500名留宿的游客。1949年，在整个巴伐利亚森林地区，共有3,710名游客留宿14,323晚，与之相比，1954年的游客数量是当时的三倍，留宿的数量超过三倍。到1957年，当五天工作制成为规范，"休闲的扩展"赶上大多数经济部门的发展后，宾馆和小旅店供不应求，有些客人只得寻找民宿。

这些发展为这个经济萧条的地区带来的不仅仅是希望。两德边界的旅游业主要是短途一日游，与之相比，巴伐利亚的深度游加重了该地区的安全负担。例如在1959年8月，每天都有超过4,000人在奥瑟尔峰周边远足。1958年，一到周末交通就极为拥挤，检查站总会接到"加强巡逻"的命令。然而，尽管需求迅速增长，当地的基础设施却远远不足。游客报怨卫生设施太少，长凳几乎找不到，也没有路标。但这一切并没有减少涌入的游客数量。一位巴伐利亚边防警察抱怨，直到1956年，全国和地方性的旅行社还对其顾客"刻意隐瞒"该地区对于冷战的意义。换句话说，旅游业希望从和平中获益，因而对战争轻描淡写。游客的态度同样如此。

老老少少初到边境，分不清方向，使得边防巡逻官员更有理由担忧。1955年8月，巴伐利亚边防警察注意到，该地区平静的外表引发了真正的问题。度假者们频频"来到边界，站到捷克的铁丝网旁边，他们这样做要么是为了满足好奇心，要么是为了拍照。在大多数案例中，游客明显……分辨不清方向，因此无法觉察到危险"。官方记录显示，让游客远离边界基本上是一个难以完成的任务。既然很多此类行为源于"不负责任的好奇心和轻率的举止"，人们通常会对巴伐利亚边防警察的"命令……和警告"心怀感激，并退到安全位置。

换句话说，总有人对这些警告置若罔闻。最常见的既不是政府官员，也不是西德人，而是自由欧洲电台筹款行动的国际参与者或苏台德德意志人。捷克移民和自由欧洲电台的美国捐助者每年都会涌向上普尔法茨的蒂申罗伊特（Tirschenreuth）近郊，放飞成千上万的气球。这些看似平凡无奇的气球带有为捷克斯洛伐克居民准备的反共产主义传单，违反了国际空域管理规定，很难遮掩。不出所料，这类行动引发了一些极为荒谬的对抗。捷克斯洛伐克战斗机经常试图把气球打下来，一些子弹不可避免地射到了铁幕西侧，而巴伐利亚边防警察作为回应，迅速增加了巡逻次数，并设置岗哨，保护邻近的巴伐利亚农民，后者担心会被意外射伤。

苏台德德意志人同样警觉，他们对自由欧洲电台的活动心怀疑虑。不少自由欧洲电台的捷克职员都支持战后的"贝尼斯法令"，当然，被驱逐者对此并不满意。在20世纪50年代前半期，苏台德德意志人在边疆举行的"故乡日"庆典偶尔会成为这两个群体的辩论场，巴伐利亚边防警察即便不出手干预，也不得不密切观察。

然而，与沿着边界一直走回故乡的机会相比，自由欧洲电台的活动并不是被驱逐者们最感兴趣的。苏台德德意志报纸在1951年发表的一张照片展示了人们为了体验这种（与故乡的）亲密关系而做出的牺牲。（图16）照片标题为"对很多人来说，只要看到故乡就是莫大的幸福"，展示的是两位年轻女子在户外熟睡。尽管照片说明强调的是"看到"，但比起隔着冷战分界线凝视故乡的细节，这两名女孩露宿的环境更为作者所关注。暗夜里的闪光灯下，两人紧紧挤在一起，头挨着头，一层层衣服足以表明夜里的寒冷。为了避免观者误以为这两个女孩的远足是年轻人的无聊之举，照片说明还迅速提及地点，解释她们露营时为什么只穿着外套，除了盖着一张报纸，再没有其他御寒之物。"她们利用假期登上阿伯尔峰，只想远眺一下故乡。她们没有钱找旅馆过夜。"一位不具名的记者注意到，并补充说"差点被她们绊倒"。

这里传达出两重含义。一方面，作者的注解记录了苏台德德意志人在德国的"奇迹之年"（miracle years）前夕处于起步阶段的边境旅行。照片强调了两个女孩整洁得体却贫困的状况，与此后几年被驱逐者日益机动化的旅行形成极大反差，旅行者自己的边境报道也含蓄地证明了新来者的经济条件有了改善。另一方面，为了把握访问冷战边境的两种不同的驱动力，女性作为表现主体的特点被充分发掘，引发了两种呈现女性美的审美传统的冲突。熟睡的女孩传

图16. "对很多人来说，只要看到故乡就是莫大的幸福。"选自《边境：被驱逐者的照片之旅》。

递的信息暧昧不明，既像在照片说明中描述的"死亡地带"巡逻时发现的"美丽的遗体"，又像无忧无虑地睡去的仙女，这是世纪之交"卧室图案"的常见主题——也就是说，色情画和森林风景明信片。"绊倒"让人想起类似发现无生命的尸体和越过生机勃勃的大自然这两种状态间的紧张关系——简言之，就是战争遇难者和安详入睡者的区别。

然而，对于醒着的被驱逐者来说，接近曾经的住所是会受到警告的：这使很多苏台德德意志人忘掉了边界的划分。某种程度上，这种遗忘源自他们的领土修正主义，在捷克斯洛伐克边防警卫看来，这是政治上的公然挑衅。事实上，1957年6月之后，边境最北端的霍恩贝格（Hohenberg）的所谓"边境学院"（Borderland Academy）热切希望把铁幕的巴伐利亚-波希米亚这一部分加入全德议程之中。这是一个政治教育中心，兼做青年旅舍、社交俱乐部和苏台德德意志人的聚会场所。一些战后旅行手册，包括赛格哈特兼及文化、地理和历史的畅销作品，追忆战前的旅游业，通过提及边境另一侧聚集的怀有敌意的捷克民族主义者，给本已强烈的怨恨火上浇油。但是，苏台德德意志人无视这条边界并不仅仅因为修正主义。报道称，他们和故乡如此接近，以至情绪受到影响，引发了越境事件。就像第二章曾经讨论的教士们对米特弗米斯罗伊特周围的狂欢活动的担忧一样，醉酒、思乡和精神紧张的苏台德德意志狂欢者对国际安全来说是难以预测的威胁。

不管是蓄意还是意外，经常有狂热分子消失在铁幕另一侧。一些人会在晚些时候被怒气冲冲的捷克边防警察押送回来，也有人从此杳无音信。他们的动机多种多样，有人急切想去探望亲人，有人想为家人扫墓，还有人想看一下从前的家，或者盘算重回家乡定居的计划。越境行为并不局限于任何特定年龄，年轻人也可能踏上年老同胞的道路。例如，一个苏台德德意志青年组织沿魏德豪斯（Waidhaus）附近的边境旅行时（那里距西德的蒂申罗伊特不远），其中两名年轻人没有听从同伴的"一再告诫"，在1951年7月22日凌晨越境去了罗斯豪普特/罗兹瓦多夫（Roßhaupt/Rozvadov），没有按时返回位于数英里外的西德科尔贝格（Kohlberg）的家。警惕的巴伐利亚边防警察很快做出反应，采取了更为系统的预防措施。

由于苏台德德意志人大量涌入，这些调整迫在眉睫，用阿斯特丽德·埃克特（Astrid Eckert）的话说，与铁幕北部的游客相比，他们确实是成群结队涌向边境的。当巴伐利亚本地人赛格哈特宣称"在死亡地带这一侧几乎每天"都能听到宗教歌曲《波希米亚森林深处》（*Deep in the Bohemian Forest*）时，他并没有夸大其词。尽管该地区1965年的旅游业概述曾保证说，这片森林"大到无法测量"，永远不会人满为患，其实这里早已拥挤不堪了。居住在"距铁幕三小时车程内"的相对较小的团体基本上不成问题，如1960年7月10日往返边境的52名苏台德德意志人。就像被驱逐的波希米亚森林历史学家埃立克·汉斯（Erich Hans）指出的，夏季周末成千上万"汇聚到边境"的人才是大问题。自20世纪40年代末以来，通常在圣灵降临节前后举行的被驱逐者年度大会成为边疆的新常态。早在1947年6月，瓦茨利克写给斯卡利茨基的一封信中就提到，在上普尔法茨的兰姆（Lam）聚集了600名前波希米亚森林居民。30年之后，这种交通模式并没有衰微。1976年6月，赛普的妻子玛丽亚·斯卡利茨基从一位在兰姆（那里已是著名的空气清新的度假景点）度假的朋友那里听说，"最远来自维也纳的人们"聚集在奥瑟尔山脚下，那里已经极为接近故乡。

因为没有统一的指导方针，众多此类旅行记录中，森林和边境的关系在一段时间里是不稳定的。前者通常更受青睐，因此大自然更多地被强调为和平的所在，而非冲突之地。在寄给玛丽亚的明信片正面，四张照片中只有一张描绘的是边境，其他三张表现的是旅游地标和风景。对分界线展示的缺失在赛普本人的一张照片中也有所体现。这张照片拍摄于1980年，赛普当时79岁，他和朋友在攀登奥瑟尔峰的途中休息，背景是天空和树梢。（图17）

众所周知，这个地区的自然状况未受破坏，认为这种表象压倒了其军事意义的不仅是苏台德德意志人。对边界的战略强化不可避免地与环境保护主义者的公开抗议产生冲突。虽然大多数人都同意分界线西侧需要在军事上加以强化，但对于如何执行和由谁执行，并没有达成一致。因此，当巴伐利亚政府与德国或美国军方达成协议时，当地人就与游客联起手来，充当边境救援队。例如，1957年，美军阿伯尔峰雷达站的建设被搁置，就是他们抗议的结果。巴伐利亚媒体承认，那座山峰长期以来就是一个"喧嚣的旅游景点"。然而较之军事行为，民间的活动既没有破坏性，也不会影响自然。在当地鼓吹加强基础设施建设的人看来，前者是值得欢迎的，后者就是另一回事了。他们声称，如果军用道路挤掉了民用小径，阿伯尔的末日就到了，并提议，只要平民游客在这个地区活动，就应该继续保持其"不受破坏"的状态。他们坚称，铁幕旅行者是这片森林冷战时代生态系统不可或缺的组成部分。

仅就数量而言，他们的影响足以令人惊讶。尤其在20世纪50年

图17.赛普·斯卡利茨基和朋友在奥瑟尔峰，1980年。

代和60年代，苏台德德意志人的边境旅行潮完全超出了巴伐利亚边防警察的预期。1955年7月的一个周末，巡逻队惊恐地发现"3,500名来自联邦共和国各个角落，甚至海外的游客"在距蒂申罗伊特20公里的梅灵（Mähring）聚会。"其中1,000～1,500人为了看一眼故乡"，在捷克斯洛伐克边防卫队充满怀疑的监视下，"一直紧靠着边界"。似乎巴伐利亚边防警察人手不足，涌向边境的人数一再增加。仅仅一年之后，12,000名波希米亚西北部小镇阿斯的前居民一同来到了边境北端的瓷器制造中心塞尔布（Selb）。在1956年8月中旬的三天时间里，"大批参与者沿着边界活动"。捷克斯洛伐克于1963年大幅放松了旅行限制，但对于被驱逐者不过境的旅行影响极其有限：大多数苏台德德意志人担心，一旦过境，"就不是他们期待的那种旅行了，因为那里的一切都和以前不一样了"。因而，他们期待的旅行就在分界线画上了句号。

1950～1960年间，西德的汽车化水平以每年21%的速度增长，方便起见，大多数被驱逐者游客都是乘车而来。德国人在机动性——以及声望——上的投资，使得个人、家庭和小型组织能够"穿过施佩萨特地区（Spessart）、弗兰科尼亚的侏罗山（Jura）、费希特尔山脉和巴伐利亚森林"，横跨450公里（来到边境）。这类旅行因此被称为边疆游（borderland trips），而不仅仅是边境游（border trips），暗示了其抱负。它们最终推动了祈祷墙的实体化，并将其连为一体。

到20世纪50年代中期，随着西德经济的发展，我们此前看到的两名女孩于1951年在阿伯尔山脚下和衣而眠的窘况不见了。至少对离家在外的人来说，经济复苏是令人愉快的，回顾当时的情况，州和地方官员在20世纪40年代末和50年代指称该地区是"经济灾难地带"，似乎并不恰当。该地区大多数的巴伐利亚乡间道路在战争中得以幸免。尽管起初缺乏完善的铁路网（巴伐利亚森林中最早的铁路网点在战争中受到打击，随后又在冷战中被关闭），但当地人现在受益于两次大战间的道路设施建设和休闲文化。很快，"239辆轿车、46辆巴士和100辆摩托车"之类的情况就不是什么新鲜事儿了。到20世纪80年代，一位评论员骄傲地注意到，"老旧的巴士"被"不计其数的轿车"取代，证明了他的同胞们在经济上的成功。"这是美好的一天，我有时间，我在车里"，这是周日驾车出行的新的流行语，不再与冷战有关。一眼望不到头的苏台德德意志人车流的照片频频见诸被驱逐者媒体。在拍摄于1955年的一张此类照片中（图18），二十多辆属于苏台德德意志天主教团体"阿克曼公社"（Ackermann-Gemeinde）的轿车和巴士一直排到地平线外。密集的车队、湿漉漉的柏油路和撑开的伞暗示，乘客们为各种天气都做好了准备。"所有这些交通工具，"一位参加活动的被驱逐者总结说，"把好奇的人们带到极少或者根本没有到过的街道。"在他们看来，新的文化风景，即祈祷墙，正准备取代因冷战分界线而失去的东西。

到20世纪80年代，旅行者们对这里已经极为了解，能够向陪同他们的军警"详细描述"该地区。这种对边境的日益熟悉使巴伐利亚边防警察印象深刻。然而，官员们怀疑，这使得游客们充满自信的同时也让他们忘了某些事，令他们陷于鲁莽。在边境南端尤其如此。在那里，施蒂弗特笔下的地标影响巨大，道路又特别狭窄。那里挤满了急于一睹"经常出现在施蒂弗特笔下的普勒肯施泰因湖/普莱希湖（Lake Plöckenstein/Plechý）"的游客，他们会冒险快速冲过

图18. "'阿克曼公社'和'青年行动'（*Junge Aktion*）的1000多名成员乘坐3辆轿车和25辆巴士抵达。"选自《人民信使报》，第7卷，第88期（1955年9月）。

分界线。不远处，德赖塞瑟尔/特里斯托里克尼克（Třístoličník）周边的羊肠小道上经常挤着7,000多名思乡的波希米亚森林居民，吵闹的铜管乐队及其观众也在1952年夏季从米特弗米斯罗伊特被吸引到这里。只要聚会者沿着边境移动，而不是挤在一个地方，巴伐利亚边防警官就可以松一口气。最终，祈祷墙及其各个站点将会被证明是有助于边境安全的。德赖塞瑟尔虽然不是森林中的最高峰之一，却成为"朝圣地的边境防护墙"的起点，这条防护墙向北延伸，直到另一座山峰蒂伦（Tillen）/迪伦（Dyleň）。大致上，边疆之旅就沿着这条路线掠过铁幕。在这两座山峰上都能将波希米亚森林的景色一览无余，但与大多数"高地"一样，它们不仅是驻足观景之地。在这两座山峰上，在"现实和想象的对话中……知识被持续不断地构建和重构、塑造和重塑"，这一过程即便没有上百年，也有数十年了。这些山峰的神话源远流长，赋予祈祷墙丰富的意蕴。让我们分别研究一下这两个重要的支点。

南方支点：德赖塞瑟尔的传说

德赖塞瑟尔在施蒂弗特的《大森林》、最后一部小说《温迪哥》（Witiko）和最后完成的短篇故事《来自巴伐利亚森林》（From the Bavarian Forest）等作品中都是背景地，它如今成为祈祷墙最南端的基石，很难说这是巧合。这座山峰并非首次被用作分界线。用施蒂弗特的话说，自1765年以来，它就是"边境节点"，波希米亚、巴伐利亚和奥地利边界在这里汇合，构成一个三角地带。德赖塞瑟尔的故事源自"远古的异教时代"，在《大森林》和无数当地传说中发酵。它预示了天然的界限和人类划定的边界间日益紧张的关系，这一点在冷战时期尤为明显。

传说在这座山顶上有三块粗糙的岩石，曾经是三位国王的宝座。他们曾聚集在这里商讨划分各自的领地。这期间，国王的属下到普勒肯施泰因湖钓鱼。然而不管他们钓到多少鱼，都没有办法烧熟，这些鱼在滚开的锅里依然活蹦乱跳。突然一股强劲的风暴降临，湖中有声音传出来，索取他们钓到的鱼："还没全部回家。"这些人惊惶失措，把原本准备当作晚餐的鱼全部放掉后，逃回了营地。国王们听到他们的故事后，对这个地方下了诅咒，宣称这里将永远荒凉。国王们的预言绝对起了作用，直到17世纪末，这里还是"不毛之地"。

国王们的诅咒使人们无法在难以驾驭的荒野和人为的干预间取得平衡。这释放了一种恐惧，即自然和文化景观难以统一。这种恐惧一直持续到20世纪后半期，当时苏台德德意志人取代了那些鱼的位置。一个20世纪50年代初期的边疆轶闻声称，传说中隐约的警告"还没全部回家"萦绕在湖畔的捷克边防警卫耳边，"满心的恐惧"使他们决定远离这个地方。在森林中的这个角落，传说的影响甚至比边境安全还大。

冷战期间，这座山演变成为传说、特定观测地点以及战略考量的混合体。德赖塞瑟尔作为施蒂弗特作品中的关键场所，游人如织，为了控制狂热的游客，三个巡逻队被部署到这里轮流执勤。他们来自邻近的海德米赫莱（Haidmühle）、弗劳恩贝格（Fraunberg）和罗森伯格加特（Rosenberger Gut），后者是施蒂弗特完成《温迪哥》的地方。一位苏台德德意志游客在1952年说，"那些觉得德赖塞瑟尔（如今）已被遗弃的人"肯定大错特错了。德赖塞瑟尔非但没有失去游客，反而更受青睐。"对于那些曾经生活在边界另一侧，（现在）想眺望普拉查提兹（Prachatitz）、舒腾霍芬（Schüttenhofen）、伯格里臣施泰因（Bergreichenstein）、克鲁毛（Krummau）、卡普利兹（Kaplitz）或布德韦斯（Budweis）等熟悉的地方的人来说，它已经成为朝圣地。"这不仅仅是一个比喻，德赖塞瑟尔狂风怒号的悬崖每年都会吸引成千上万来自邻近地区的急于欢庆圣雅各布节（Jakobitreffen）的波希米亚森林居民。

可以预料的是，处于三国交界处的冷战分界线限制了人群的聚集。早在1952年7月，奥地利苏占区的一个由370名波希米亚森林居民组成的团体试图加入他们巴伐利亚的前同胞们，最终未能如愿以偿。那时，他们就发现了这个问题。不到两年，这种自发的融合就变得不可想象了。到1954年，捷克斯洛伐克一侧紧邻山顶的地方，出现了探照灯、铁塔和建设中的雷达站。赛格哈特承认，早在第二次世界大战结束前，"这个边境三角区周围就笼罩着无尽的孤寂，几乎让人难以忍受……一些旅行者在波希米亚一侧尤其感到丝丝恐惧"。在他看来，新的冲突使得这些幽灵再也无法被驱散。"今天，"他解释说，"怪异的感觉极为强烈，现在到处是瞭望塔、铁丝网和用捷克语及德语写的越境会有生命危险的警告。"

然而，即使赛格哈特也不确定，军事化的边界激起的是否只是恐惧。他选用的形容词"怪异"描绘了广为传播的印象，即冷战时代巴伐利亚森林的风景就像弗洛伊德著名的文章提到的，陌生而又熟悉。赛格哈特试图以趣闻轶事弥补这种矛盾，希望强调熟悉而淡化陌生。他的一些故事甚至修改了德赖塞瑟尔最重要的传说。根据他对流言、事实和神话广泛的汇编，1956年6月底，德赖塞瑟尔重演了三位异教国王的传奇性会晤，虽然影响截然不同。因为一个1765年安放的巴伐利亚界碑在第二次世界大战期间丢失了，西德、奥地利和捷克斯洛伐克三国代表在边境三角区共同进行了新的土地勘测。由于那年秋天匈牙利发生了起义，东西方关系恶化，不能指望会谈能够端庄得体。表面上，参与此事的官员们享受着意外的"和谐氛围"，互相交换礼物并报以"亲切的微笑"，不管是真心还是假意。不仅新的界碑安置好了，一位巴伐利亚承包商还获得了在波希米亚一侧砍伐木材的权利。至少在一段时间里，此人出人意料地拥有了"所谓的铁幕死亡地带"，"即捷克和德国边界铁丝网间的森林"。私人能拥有铁幕，赛格哈特认为那是不太可靠的投资。然而，"24名巴伐利亚伐木工人……获准穿过铁丝网……无需太严苛的手续"，这一事件清楚地表明，分界线并非难以捉摸、不可渗透的，更重要的是，并非他之前描述的那样可怕。

苏台德德意志人对德赖塞瑟尔日益增长的兴趣是另一个证据，表明该地区远没有那么令人生畏。山脚下的小村庄拉肯豪森离罗森伯格加特不远，长期以来一直吸引着施蒂弗特的忠实读者。1976年，维也纳著名雕塑家伯塔·克莱门特（Berta Klement）创作了一座纪念波希米亚森林遭驱逐的死难者的铜制纪念碑，安放在附近的森林中，为这个本应与世隔绝的地方平添了一份吸引力。1980年，这里又建起了一座礼拜堂，用以纪念19世纪出生在波希米亚的费城大主教约翰·尼波穆克·诺尔曼（Johann Nepomuk Neumann），使这里又多了一层明显的宗教色彩。虽然德赖塞瑟尔的位置没有发生过变化，但它的象征意义一再扩大。

图19."从德赖塞瑟尔山上眺望,视野更宽广。"选自《人民信使报》,第7卷,第34期
(1955年9月)。

与其他游客众多的高山一样，德赖塞瑟尔顶峰上繁忙的山路和拥挤的客栈直接连接着"全方位的……雄伟的全景"，其中包括波希米亚森林、因河河谷（Inn Valley）和德国境内的阿尔卑斯山脉的山脚。用赛格哈特的话说，"在动身旅行的前夜或者更早的时候阅读施蒂弗特的作品，那些……在德赖塞瑟尔林间小屋中一同欢宴的人，被进一步吸引到……边境的山脊上"。然而，禁忌之地的吸引力并不总会在照片上留下蛛丝马迹。相反，游客经常捕捉到这种全景的另一面，即令人不适地被包围着的感觉。尽管照片说明很积极，"从德赖塞瑟尔山上眺望，视野更宽广"，但一张1955年的照片只展现了两排游客被堵在上下山的道路上，这条蜿蜒狭窄的山路就在著名的狂风大作的悬崖间。（图19）照片里，下山的人注视着脚下的台阶，上山的人大都背对镜头，一种暧昧的感觉填满了剩余的空间。登山者的面部表情难以分辨，说明山上的风景并不明确：可能是大自然的质朴风光，也可能是只有村庄废墟的无人区。这张照片假定，战争与和平间的紧张关系不仅是边境之旅开始前的预想，也影响着旅行的余味。

北方支点：欧洲的中心蒂伦

在德赖塞瑟尔以北约200公里，还有一座"庄严（且）富有传奇色彩的山峰"对祈祷墙意义非凡，那就是蒂伦。冷战时代对它的解读同样也触及该地区的民间文化宝库。数百年来一直传言，这座山里藏有宝库，世世代代的冒险者都垂涎于这里的金银财宝，这使得它在当地的每一个传说中都地位尊荣。这里矿藏丰富，历史学家伯恩哈德·格吕贝尔和阿德尔伯特·穆勒用了半页书才将它们全部列举出来。世纪之交的作家和殖民主义者恩斯特·弗里穆特（Ernst Freimut）在蒂伦神秘的过去和丰富的矿藏的启发下，形容"蒂伦异常丰富的矿藏"是"有史可循的"，指出它们不仅是一个主题，而且还是"众多传说"的源头。在这些传说中（有些出自弗里穆特之手），矿脉和矿石闪着诱人的银光，成为人性的试金石，地精们惩罚贪婪，奖赏谦逊。弗里穆特等20世纪初的作家使人们对这座山峰内外的情况一览无遗。他们笔下单纯的蒂伦峰居民与虚构的蒂伦城中堕落空虚的居民的斗争，深刻揭示了自然和文明的冲突。随着时间的流逝，这座山峰浓厚的神话色彩及其峰顶呈现的壮观景色，使其成为在北方与德赖塞瑟尔相对应的存在，而且没有那么崎岖。

蒂伦峰远足自19世纪末期开始流行，成为这里与德赖塞瑟尔的又一共同之处。1945年之后，这些短程徒步旅行成为苏台德德意志人在时间和空间上回溯以往的媒介。它们使被驱逐者回想起年轻时在蒂伦峰另一侧的时光。这激发了约翰·安德拉斯·布拉哈（神父、教育家和1945年之后最多产的自行出版的苏台德德意志诗人之一）的灵感，他把这片偏僻的森林赞颂为"上帝的绿色殿堂"，完全无视冷战的现实。他在1966年发表的诗歌《埃格：蒂伦峰远足》（*Eger: Tillenberg Hike*）正是以这样的幻想开头：

> 宛若沉睡在梦乡
>
> 宛若我再次年青
>
> 而且活动起来，充满着渴望
>
> 穿过尘雾中的森林

作者用了八个诗节才驱散了这睡意。首先，当"常绿的树枝／一起搭成了门"，并且敞开欢迎旅行者时，布拉哈用起伏的抑扬格描绘出富裕的登山者在小径上踏出的有力步伐。第一个诗节以虚拟语气为主，犹疑的梦境慢慢让位于机敏的微笑，构建了逐渐浮现的音景：

> 常绿的树枝
> 一起搭成了门
> 欢迎，快乐的客人们
> 来到上帝的绿色殿堂！

"我"看到了森林中的风景（"明亮的阳光"穿过梳子般的"高高的树干"），听到了它的声音（树梢在低语，就像"魔法竖琴"和"精灵低沉的合唱"），好像它们是"心灵最好的慰藉"：

> 就像魔法竖琴，
> 就像精灵安静的合唱，
> 树叶的沙沙声
> 奇异地回响在我的耳畔。
>
> 森林合唱的圣歌——
> 是心灵最好的慰藉！
> 远处是田间割草机的嗡鸣。

然而，为什么年青的心会饱受折磨？这个问题出现在诗的正中，给了读者一个节奏上的停顿。这首诗没有给出任何明确的答案，我们永远无法得知徘徊者到底为何不安。然而，莫名的思念泄露了远足者的真实年龄。这使我们对他的梦境产生了疑问，也使我们可以确定他是一个思乡的被驱逐者，并预示他的好梦将醒。不过布拉哈费尽心思让结尾平缓下来：林间景色与声音映衬下的，只有乡村生活和山谷里割草机的嗡鸣。最后，他的结论——"逃入森林/世间的噪音让我们别无选择"——破坏了这种田园风光。它给人的印象是一个不合逻辑的推论，因为诗中的乡间生活过于平静。只有把这两行诗看作边境业已改变的世界的明显征兆，我们才能将其当作一种警示，将我们从诗歌开头的幻想中唤醒。起初，布拉哈试图对边境的变化避而不谈，最终失败了。类似的尝试在其他作家的作品中也将频频失败，尤其是在边境报道中，我们很快将涉及这些作品。

事实上，冷战对蒂伦的影响多过德赖塞瑟尔。祈祷墙南北两端的这两个支点有一个非常明显的区别。如果说德赖塞瑟尔在地区文化记忆中出现伊始就把相关国家分割了开来，确立了边界，蒂伦这一939米高的岩体则被认为起着连接作用，尽管它也被铁幕一分为二。"与普遍的观念相反，"约瑟夫·布罗德斯基（Joseph Brodsky）在一篇文章中说，"市郊并非世界的尽头——它们恰恰是世界得以阐明的地方。"在那里，"外省人"站出来，阻止内部的分裂。蒂伦当地人和被驱逐者在冷战时代的波希米亚-巴伐利亚边疆的所作所为，不但早于布罗德斯基申明了这一主张，而且对其加以强化。要知道如何实现这一点，就让我们快进到20世纪80年代初期。

如果我们相信一份被驱逐者报纸在1981年发表的一篇报道，那么邻近边界东侧的当地人和被驱逐者数十年来一直在疑惑：欧洲的中心在哪里？当然，他们不是唯一提出这个问题的人，因为有相当多的地方都在角逐这一殊荣。这场竞争争夺的逐渐从地理上的中心转向象征意义上的中心，同时发生的还有东欧知识界的"中欧争论"（Mitteleuropa debate）。鉴于后者试图把大陆的中心培养为第三空间（third space），"与二元的东西方思维相反"，这种观点在铁幕并不受欢迎。正如我们很快就会发现的，蒂伦峰两侧都热衷于划定自己的中心，这根本微不足道。

　　对当地人来说，确定欧洲中心的位置并非华而不实的抽象活动，而是关系到支离破碎的欧洲大陆的核心归属哪里。他们尤其想知道，这个中心是否就像他们曾在学校里学到的那样，就在他们的脚下。冷战前线的居民即使想要得到某种名义上的中心地位似乎也不太可能，然而这就是他们的目标。1985年的一个温暖的秋天，他们关于该地区对欧洲大陆的意义的絮絮叨叨的疑惑终于烟消云散了。当"秋日的阳光洒在"紧邻瓦尔德萨森东部的"这片土地上"时，也洒向了那些为争取欧洲中心地位聚集在这里的人们身上。出席者的名单表明，这个典礼既不是骗局，也不是笑话。出席者有附近几个村庄的村长、教士、各级别的苏台德德意志官员、两位州和联邦议会议员，以及必不可少的铜管乐队。典礼当中，来宾们没有一点21世纪那种具有讽刺意味的姿态。他们一致赞同的"命运之地"只有蒂伦这座山峰。（图20）

　　如果东西方的分裂只是地理上的，所谓"欧洲的中心"也许不会那么重要。实际上，它对于"欧洲的自我想象和映射"极为重要。它唤起了边疆居民心底的渴望，希望与联邦共和国其他地区的同胞一样受到重视——在第一章和第二章中，我们早已明

图20. "欧洲中心"的花岗岩柱，蒂伦，新阿尔本罗伊特（*Neualbenreuth*）附近，作者拍摄。

确看到这种渴望。这种渴望曾经在1865年促成了对该地区的勘测，当时奥匈帝国军事地理研究所（Austro-Hungarian Military Geographical Institute）对这里进行了测量，并把蒂伦标定为欧洲大陆的地理中心。不管这次勘测是否精确——即使支持这种说法的被驱逐者也并非确信无疑——帝国当局还是用一个立方体石碑在这里做了标志，并很快成为吸引远足者的景点。然而，冷战使地标留在了捷克斯洛伐克一侧。因为东西方的游客都无法涉足，那里成了无人地带。失去那个石碑，在某种程度上，西方不情愿地失去了大陆所谓的中心，于是当地居民视自己为全权的倡导者，呼吁将中心石碑归还"真正的"欧洲人。欧洲大陆的关键变成了太过具体有形的争议之碑。

"因为大陆的地理中心不太容易确定，而且很难去到石碑所在的地方"，后来有一篇报道建议，附近的新阿尔本罗伊特的文化协会"尽一切努力在巴伐利亚一侧设置一个新石碑"。该协会成员确信需要弥补这个损失，于是着手寻找使他们的呼求更具说服力的论据。他们不必花太多时间：大多数人很快就把失去蒂伦峰的原因归结于捷克斯洛伐克的侦察活动。20世纪50年代初，巴伐利亚边防警察官员就注意到，蒂伦成为东方首要的观测点。一位游客在1959年评论说，这座山峰"沉静且与世隔绝"，由于这种最为明显的监控，"现在似乎有些消沉"。20世纪60年代，简陋的捷克斯洛伐克瞭望塔换成了大型雷达侦察站，这没能躲过民间远足者的眼睛，他们的"蒂伦登山"活动一年四季不断，并得到了苏台德德意志故乡协会（Sudetendeutsche Landsmannschaft，SdL）地方办公室的赞助。从20世纪50年代到80年代中期，这个山峰被命名为西方的东方堡垒，最终使它所谓的欧洲中心地位得以巩固。苏台德德意志故乡协会发言人沃尔特·比切尔（Walter Becher）在1982年憧憬道，罗盘指向蒂伦，最终将"划定……一个自由欧洲，并且……带来和平与自由"。当地的激进分子欢迎蒂伦峰的山路在1976年重新向游客开放。沿着这条与铁幕平行的道路旅行是一个很好的机会，能够提醒远足者并非只有苏台德德意志人才应该关注铁幕的另一侧。在激进分子看来，竞争欧洲中心地位的时机成熟了。

正如1985年的献辞里说的那样，经过多年游说，欧洲的中心"重返"西德。与德赖塞瑟尔在20世纪50年代中期的情况一样，蒂伦暂时成为土地勘察员们的落脚地，他们要使对欧洲地理中心的争夺合法化。当然，捷克斯洛伐克一侧的最初的标志是没有办法恢复了，除非有人愿意冒着挑起军事冲突的风险。因而这一想法的支持者在20世纪80年代中期组成了统一战线，强大到足以复制曾经失去的东西。他们的努力有了结果，一个复制品为蒂伦巴伐利亚一侧的山坡增光添彩。"蒂伦是欧洲的中心。"当地旅游部门负责人在揭幕式上说，他满怀信心地认为自己的小镇新阿尔本罗伊特又有了一个吸引游客的地方。这位地方长官甚至还有一个宏大的目标：他宣称，蒂伦应该成为东西方友好的"参照点"。对于其他参与者来说，在西德领土上重新安放中心石碑——虽然比最初的石碑低了100米——为该地区的"政治边缘化和在欧洲地理上的边缘状态"画上了句号。

中心与边缘的逆转，铸就了蒂伦的这块石碑，并对"世界的屁眼"和"失效的磁道"等主导铁幕叙事的形象比喻提出了挑战。蒂伦被人为虚构的重要性表明，冷战分界线不再是，借用达芙妮·伯达尔的开创性研究的标题，"世界终结的地方"。这里既是"开端"，也是"终局"。对一些事业来说，它是终点，而对另外一些事业来说，它是起点。在后一个范畴中，边境报道尤为显著。

旅行者书写边境意识

旅行者到铁幕的个别地点旅行的记录在1950年之前就已经定期见诸苏台德德意志人的报道，这甚至早于边境的军事化，紧随第一批故乡刊物的面市。这些刊物的读者们急切渴望了解分界线两侧的一切，边境报道恰恰体现了这种期望。被驱逐者的主流媒体都明显缺乏编辑，作者对欧洲大陆分界线的描写保留了近乎意识流的特点和自发性。这些作品内容不连贯，且结尾潦草，不是《苏台德德意志报》钟爱的结构紧凑、语法讲究的文章。接下来将说明它们的主题和体裁上的特质是如何作为一种叙事形式塑造边境报道的。

"奇迹之年"之后，边境旅行不再局限于个别地方。弗朗茨·雷坡奇（Franz Reipirch）的报道署名只用缩写F.R.，他是最早和最有影响的边境旅行者之一，自己驾车，随心所欲。他的报道带有数页密密麻麻的注释，发表之后成为众多边境报道者效仿的榜样。他的作品出版于1952～1953年，赢得很多忠实的读者，直到20世纪80年代还被人引述。通过与特定的冷战意识的产物联系在一起，它们重新定义了这类文体，显然，这并不是苏台德德意志旅行者的特长。

与很多故乡刊物的投稿人一样，在1952年底"沿着铁幕"旅行的雷坡奇并没有透露自己的全名，我们只是通过后来的其他材料才知道他。关于这一点有两种互相排斥的解释。一方面，故乡刊物的读者很少，作者在表达个人观点和经历时对于署名问题心怀疑虑。另一方面，读者的圈子联系密切，猜出缩写指代的名字并不难。

这使我们难以窥知匿名作者的身份。当然，考虑到他们的主题，不难知道他们来自哪里，现在住在西德的什么地方。如果有家庭成员陪伴作者旅行，有时还能从文章内容中得知作者的性别。同样，社会背景也是不确定的，尽管作者可能偶尔使用学术或职业头衔。最早的案例表明作者主要是中产阶级男性，"新公民……已经跻身有产阶级"，其中一篇报道这样说。然而，人们对边疆旅行高涨的热情使巴士游兴盛起来，机动性不再是少数人的特权。此外，女性从一开始就出现在这类报道所配的照片中，到20世纪70年代，她们已经常投稿。

然而对于雷坡奇，我们能够猜测的极为有限。关于他个人的信息只有一条：出生在埃格。我们对他知之甚少，但他的边疆经验、对边疆的理解和对边疆抱有的希望足以弥补这个缺憾。尽管雷坡奇闭口不谈自己的工作或家庭，但可以肯定，他并非独自旅行，而是会招揽数量不定的同伴。这些同伴有时确有其人，有时只是他笔下虚构出来的。让我们追寻他们的足迹。

雷坡奇在叙述时使用第一人称复数"我们"，这个集合名词的不确定性使其读者仿佛身临其境，分界线似乎近在眼前。"在我们的东面，"雷坡奇在一篇报道的开头宣称，"绵延的是捷克边界，今天我们将沿着它旅行。"第一句的形式有点类似现代旅行叙事的自我意识和个人经验主义。然而，复数的使用表明铁幕之旅是共同的经历。"现代游客集体旅行，但以个体身份传播旅行经历"，雷坡奇的报道却并非如此。当作者和一群人（虽然是一辆轿车装得下的一小群人）

共同旅行时，作为一群人发声，报道发表后，读者又是另一群人。我们将会发现，他那权威的复数人称只有偶尔才会失效。

在这篇报道中，旅行者们从边境最北端的地点之一霍夫出发，很快遇到第一个值得一看的景点。文章对开篇的景色加以特写，清楚表明苏台德德意志人的边疆旅行关注的不仅仅是分界线本身，还有它对该地区的整体性影响。雷坡奇没有浪费太多笔墨描写分界线的外观，他的笔下更多的是分界线给这里的景色带来的变化。"冷战前线的感觉"在这里不仅仅源自地理上的分裂；对当地森林和故乡景色的着墨不比军事堡垒少。对故乡的远眺恰恰是读者期待的：目光越过分界线，可以清楚看到阿斯的房屋和更远处的海因伯格（Hainberg）。能见度是边疆之旅的基本要素，这不仅因为苏台德德意志人模仿边防警察进行勘察，还因为清晰的视野并不常见，不能掉以轻心。这篇报道将会表明，良好的能见度既是利好，也会带来危险。

起初，司机和乘客们奋力前行，并未意识到即将发生的危险。在分界线西侧的普勒斯伯格（Plößberg）附近，他们一度被一座火车站所吸引，"曾有一列火车越过边境，在返回捷克之前，在那里停留了四个星期"。仅以寥寥数语提及冷战初期最著名的逃亡故事之一——"自由列车"（序言中曾讨论过），表明雷坡奇并不在意轰动性事件。他要么以不同的标准衡量事件的重要性，要么根本漠不关心。此外，对此事只是一笔带过，表明作者更愿意关注当下。这篇文章采用现在时叙述也并非巧合，尽管文中有着遥远的回忆。关注此时此地，说起来容易做起来难。抵挡个人的回忆就像抗拒附近大量旅游中心的诱惑一样难。

　　文章的行文基于一种二元性，既承认这些诱惑，又一再拒绝。早在序言的末尾，雷坡奇就暗示说，将关注的焦点停留在这趟旅行的直接目标——铁幕上，将比预想的还要难。随着精神上和现实中的诱惑不断增多，他不仅仅提及这个困难，还通过行文将其展示了出来。"游记，"正如迪比·利斯尔（Debbie Lisle）所说，"遵循着开始、中间和结尾"或者"家乡—离开—家乡的叙事框架"。我们会发现，雷坡奇的文章一方面并不符合这种叙事框架，另一方面又努力恢复它。

　　整篇报道中，雷坡奇一再向诱惑屈服，追寻记忆或现实中的地标。每一次，他都依靠第一手知识对它们进行极为精确的描述，尽可能快地否定它们与这趟旅行有关。开车对于旅行的实际经历和叙事来说，似乎都是一个恰当的比喻。只要出现错误的或令人不快的转弯或绕道——现实中的、精神上的、感性的或记忆中的——雷坡奇就迅速回到正轨，文字上和现实中都是这样。通常，在边境报道中，现实中的活动和文章叙事常常非常接近或相互依赖，雷坡奇的文章尤其如此。于是当从前使西德的赛尔布"举世闻名"的瓷器工厂的烟囱映入眼帘时，雷坡奇浇灭了自己及同伴刚刚萌发的消费热情，再次强调这次旅行的最直接目的："我们今天不要去想罗森塔尔（Rosenthal）瓷器或其他著名公司，我们要沿着边界旅行。"正如其指出的，这趟旅行"关注的应该是经历，而非其他东西"，被驱逐者应该了解更多，而不是被"奇迹之年"的物质文化诱惑——这是他们当时讨论的主旨。

　　然而，雷坡奇心中挥之不去的不安暗示，并非所有的经历都是合理的。抵达瓦尔德萨森不久，他陷入了短暂的个人回忆，回想起曾经在这里度过的周末，当时"恰好在1938年之前"，此后不久苏台德就被纳粹德国吞并。当然，雷坡奇不是唯一沉湎于这方面回忆的被驱逐者。埃里克·汉斯与妻子都是波希米亚森林历史学家，与玛丽亚·斯卡利茨基都有着长期的书信来往，他们在巴伐利亚森林的雷切尔附近度假时，开始给斯卡利茨基寄明信片，上面印有"在故乡的山峰"远足的图片。然而雷坡奇与斯卡利茨基的朋友们不一样，并没有一味沉湎于往事。他的下一句就把回忆掐断在了萌芽状态："我们没有看壁画，也没有考虑著名的修道院图书馆，没有，我们继续驾车前行。"在这一页随后的叙述中，当雷坡奇故乡埃格的教堂尖塔出现在眼前时，类似的中断又出现了，作者被引诱下车，登上了一列想象中正要驶入小镇车站的列车。起初，作者在想象的漫步中经过了很多精心挑选的景物："于是进了城，经过维多利亚酒店……到了施安茨特拉贝（Schanzstraße）路口，但是先要路过费歇尔机器制造厂（Fischer Engineering Works）、吉哈格乳酪厂（Gehaag creamery）和从巴恩霍夫斯特拉贝（Bahnhofstraße）直到集市广场的所有房屋。"他随后宣称，看到这些令人激动的景象，所有的埃格人都会心跳加速，然而雷坡奇猛然勒住想象的缰绳，首次用主观的"我"代替了权威式的"我们"。他就像一个任性的孩子或手握方向盘的独断家长，突然拒绝了停留下来的想法："今天我不想描述埃格，那样做得用太多篇幅。我只是想它，因为它……就在我眼前。"雷坡奇否定性的元叙事评论反映出他作为讲故事的人权威的脆弱；过去和现在之间一直存在的紧张关系；以及在捷克斯洛伐克–西德边境地带普遍存在的违和感，本章通篇都在讨论这种感觉。同时，它勾勒出了这次旅行的现实和文本的参数。

　　在检视这些二元性的命题以及对它们的否定之前，让我们先看一下推动而非阻碍叙事发展的描述和观察的类别。随着他们从赛尔布出发，经过瓦尔德萨森，抵达在其以南约50公里的梅灵，这些因素化分成三种各不相同的类别：森林、故乡和铁幕本身。森林一再被描述为"保护性的"，"美丽的、古老的和强大的"，"树木在分界线的两侧茁壮成长"。显然，它把割裂的景色重新黏合，保护旅行免受捷克人的监视，隐藏了已经沦为废墟的故乡所有令人不安的景色，甚至像卫兵一样挡住了作者突然涌现的对从前生活的回忆，只要树木没有完全挡住望向东方的视线，那些回忆就会不断涌出。例如，"蒂伦，这座满是传说的高山，其饱受风雪侵袭的顶峰据说是欧洲地理上的中心"肯定起到了卫兵的作用。同样，当"高耸的开瑟瓦德（Kaiserwald）……遮蔽了东方的景色"，一切都归于平静。然而，并非自愿的对回忆的沉溺只是短暂的停顿，只要这位叙述者"能够看到那里"，"格拉赞（Glatzen）、肖恩费切特（Schönficht）周边广袤的黑森林……关于弗罗瑙（Frohnau）的记忆……高地沼泽的黑水、漂着木材的溪流、在开瑟瓦德度过的难以忘怀的日子"就紧紧地"抓住"了他。

　　整篇报道中，森林就像一个滤波器，在脑海中的残影对被驱逐者产生影响之前，过滤四散的记忆和心理余像。这种过滤刻不容缓，因为雷坡奇力图控制读者看到和记住的。似乎亲眼看到铁幕另一侧过往的残迹，会使记忆如林间野火般疯狂蔓延。这种联系会在下一章分析。它把我们的视线引向了山脚下的谷底和过去的日子。然而在雷坡奇的文章中，它不仅仅是投向一去不返的过往的渴望目光。正如我在下面详述的，它更像一种冒险，足以使旅行和叙事脱离正轨。由此看来，作者兼叙述者的无所不知（他早已熟悉这个地区，能够准确说出天气条件良好的时候可以看到什么）反而是个负担，可以轻易毁掉这次旅行。相反，这一切是否应被看到，这个问题一直在文章中萦绕不去。这篇报道既是对边疆的探索，也是对分割两种形态的细线所做的调查。

雷坡奇没有魔杖，不能在旅途中的每条道路两侧都生出遮挡视线的林木，也不能抹去令人不安的故乡景色，因而他经常回避向边界另一侧眺望的可能性。在这一点上，叙事又一次模拟了驾驶，东侧的景物令人应接不暇，好像我们正从它们旁边全速呼啸而过。虽然这些段落简洁如旅行手册，营造出一种速度感，但这并没有持续太长时间。没过多久，森林退去，显露出分界线另一侧的风景，使作者陷入了回忆。雷坡奇不情愿地回想起过往，几乎满怀恐惧，努力维持对展示第二个因素，即故乡时视角的严格控制。对故乡的介绍出现得很早，紧跟在第二段雷坡奇对罗森塔尔瓷器的神往之后：

> 在我们面前是一个路障；一个关卡分割了东方和西方。在东西方之间，荒草丛生，是无人地带。只有一条通往阿斯的小路还没断绝，而那条小路甚至也很少有人走。左方是德国海关办公室，右边是紧靠边界的花园。在（德国）海关办公室旁边，几步之遥，是捷克海关办公室，一座著名的捷克风格政府建筑。红瓦屋顶，灰蓝色外墙，宽大的屋檐和窗户，如今孤零零地废弃，窗玻璃已破碎，路边是用白色、红色和蓝色标记的边界；古老的故乡就是这样欢迎我们的，阿斯在边界另一侧就是这样开始的。前面料想是个路障，右边是一座被炸毁的房屋，远处

的牲口在花园里瞪着我们，但是看不到人：我们面前的边境小镇就是这样的，寂静无人。要不是还能见到有轨车，人们会觉得世界在这里终结了。

雷坡奇的主旨简明扼要：边疆的东部看上去"寂静，荒废"。然而摘录的这段内容显然并不简洁。如果在两德边界进行报道的苏台德德意志人选择以类似的简洁呈现"同样的印象：铁丝网—雷区—受限制区—交火区—禁区"，那么这些归乡者在捷克-巴伐利亚边界就不得不以更长的篇幅进行描述。与很多此类报道一样，雷坡奇的作品给读者列出了长长的分界线两侧的物体和地点名单，还有东方被摧毁村庄残骸的清单。统计的结果使作者难以承受，以致呼吸困难，叙事的口吻也再一次暂时从"我们"变成了"我"："我只想提醒（你）想起拉斯萨姆（Rathsam），刚过希恩丁的公路就是，或者玛丽亚温泉市的穆格尔（Mugl）和劳赫豪瑟（Lohhäuser）"——也就是说，曾经的村庄如今成了无人地带。罗兰·巴特会说，其中某些细节是"预言性的"。真正看到破碎的窗户和想象无人照管的牲口——被驱逐者的报道和虚构作品中经常出现这方面的内容——可以认为是有作用的，因为它们使荒凉的景象有了圆满收尾。其他一些细节，如灰泥颜色、窗户尺寸和建筑风格的细微差别，达不到这种目的。它们让人想起巴特的"无意义的符号"（insignificant notation），即那些"没有可供证实的功能"的细节——也就是说，除了增加文学文本的"真实感"（the reality effect），没有其他功能。

巴特认为纪实文学具有"自给自足"的现实感，因此用不着这些细枝末节，雷坡奇对此并不认同，他大量使用这种"叙事的奢侈"。雷坡奇文章中过剩的现实至少达到了三个目的：在翔实的语境中锚定了具有预见性的瞬间；降低了摘录内容的倾向性，不论是个人的还是意识形态的；弥补了段落最后纯属推测的内容。此外，它可以为若干广泛传播的冷战传统主题营造出一个可信的背景，雷坡奇通过这些主题把想象中的和眼前的故乡代指为分界线以东的地点。他的故乡被人抛弃、衰老破败、污秽不堪、苍白虚弱，起初是"世界终结的地方"。因为与巴伐利亚毗邻，乍一看，这里似乎前景黯淡：经济管理不当且落后，借用西方描述东方的寥寥数语："一边是悉心照料的田地，遍布村庄和农场，另一边在目力所及的范围内，都是废墟和灌木丛。"细节使这些过度的解读和主观的观察显得很自然，好像它们是毫无争议的确切的史实。

在这篇报道的第二页，这种所谓的确定性受到了质疑，仔细看一下就能知道为什么。鉴于文章的前三段粉饰了矛盾——尽管大量描述了故乡的衰败，但雷坡奇很快插话说"表面上一切还是我们记忆中的模样"——文章的后半部分从有利于故乡的角度出发，消除了这些矛盾。雷坡奇和他众多的旅伴发现越来越难对故乡加以谴责，尽管它在东方。

为了分享这种情感，雷坡奇修正了先前的一些评论，继续为故乡正名。毕竟，文章的倒数第二行表达了重返埃格的希望，以及只有借由这种重返故乡的渴望才能获得的对故土情感上的超脱。因而，叙事的口吻再度变换：我们——作者急忙纠正自己——眼前的是"美丽的德意志故乡"，而不是世界灰色的边缘。此外，"没有哪里比开瑟瓦德、厄尔士山脉（Ore Mountains）和费希特尔山脉的山坡更美丽"。与之类似，在改写后的第三页提及，似曾相识地使分界线两则生机勃勃的西方和垂死的东方形成强烈反差，只是自欺欺人。与其他一些报道者不同，雷坡奇没有执着于将"荒无人烟、杂草丛生的景象"和"绚丽的色彩"；"保养完好的柏油路"和"原始丛林"；或者"漂亮的房屋与鲜花盛开的花园"和"荒草遍野、不见人烟、没有生气的死寂土地"加以对比。正如雷坡奇在此后的内容中首先表明的，文章没有让东西方对立斗争，而是用相同的元素把分界线两侧的景象重新统一起来："一边是多姿多彩的田野、森林、草地和村庄，另一边是废弃的灰色和棕色乡村，而大自然给它增添了曼妙的温柔气息，毕竟两边都有着同样的太阳和风雨。"对东方的故乡仍有一些熟悉，又不能宣称那里归自己所有，使苏台德德意志人与到冷战前线旅行的其他游客的游记产生了区别。面对东方的这种明显矛盾的心理，使我们对冷战僵化的两极对抗的印象愈发复杂，并且不无挑衅地暗示，即使西方最热情的冷战斗士在构想对东方的憎恶时，肯定也会遇到麻烦。

于是，与西方所谓的多姿多彩的景色在同一个太阳的照耀下，故乡现在不仅仅是一个显而易见的东方的地理位置。而且，雷坡奇暗示，之所以会这样，正是因为这里不幸变成了冷战边境——这个叙事中强有力的第三个因素。雷坡奇挖苦道，"现在'秩序'统治"分界线以东，这一次，他指的不是经济上的管理不当，而是边境军事化造成的破坏。残垣断壁不见了，但"什么也看不到，只有铁丝网的白色支柱伫立在空阔的草地上——这就是边疆"。我们发现，这里是相当"冰冷和不友善的"，并非因为捷克人是新来的居民，而是因为这里几乎无人居住，夜里总是笼罩在探照灯冰冷的灯光里。这篇报道起初把捷克人描述为仇德的，结尾处又重新为他们分配了

更为含糊的角色——出手狠辣的冷战斗士，"埋设地雷……布置铁
丝网……修建碉堡和战壕；他们建造并在那里工作，但他们的所作
所为都是消极的，没有积极的"。雷坡奇首先使用伯恩德·格雷纳
尔（Bernd Greiner）所称的"非同步的同步性"（synchronicity of the
nonsynchronous）。他强调了过去和现在的不同"时间视域"的重叠，
以帮助作者想象捷克在之前的冲突中对故乡造成的破坏。他暗示，
在他前面是"一个在三十年战争中被破坏的村庄"。然而，在结束这
句话之前，雷坡奇打断自己，纠正了他对过去的类比："不，是一个
在二战后被无端摧毁的故乡村庄。"通过类似的方式，雷坡奇把"反
对德意志的一切的前线"变成了不限于种族或宗教冲突的冷战前线。

雷坡奇将自己定位为深入这条前线的先锋记者。为了不让读者
误以为这是一次闲适的旅行，他不时提醒他们身处边境的危险。尽
管这些游客在开篇就"远远观察了边界的走向"，但文章很快营造出
一种正在靠近分界线的印象："在我们抵达通往埃格的桥梁之前，边
界转到路边的沟里，在那里停留是不可取的，因为很不幸，捷克军
人就在对面，总是以向这边射击为乐。""令人感到悲伤的，"雷坡奇
在两页之后继续说，"是那些错误地穿过路沟的人，他们会毫不留情
地对其开枪。"正如后来的一位游客所说的，近距离接触边界，有助
于以第一手经验确立作者的权威性。其他人的"边界接触"，有助于
营造出一种身临其境的感觉。

在各种程度上，森林、故乡和边界是联系上下文的关键，这三
个因素在雷坡奇的文章中随处可见，也是其后的边境报道的特色，
它们引出了此类文章的另一个前提：对于越过边境的恐惧，不管是
现实中的还是想象中的。之前我们已经看到，早些时候——雷坡奇

旅行的1952年底，或报道出版的1953年初——这种恐惧对旅行者或他们的读者来说还不是那么明显。它首先必须被制造出来并加以传播。伯恩德·格雷纳尔注意到，这种大众传播，不仅有可能改变对这种恐惧的感知，而且也有可能"创造一种全新的……恐惧"。由此看来，20世纪50年代初的冷战叙事一方面激发了"持续的甚至是煽动性的"恐惧，另一方面又对其加以限制。它们"既让人感到害怕，又使人觉得安心"。雷坡奇的报道就属于这种"戏剧化的平衡"。然而，正如格雷纳尔所说，这篇报道并非旨在制造恐惧，也无意平衡其后的救赎。它有一个明确的目的：创造一种新的边境觉悟（border awareness）。

当然，在19世纪末期，尤其是20世纪初期，波希米亚的德意志人并不缺乏边境意识（border consciousness）。这是一种民族主义野心，源自"边疆居民"（frontier people，居住在其他国家或种族外围的少数民族），后来更内化于他们心中。然而苏台德德意志人很快发现，冷战时代的边境意识即便不是对抗性的，也是一种极为不同的思维模式。它公然对边境发出质疑；它不仅是防御性的，更是攻击性的。与之相比，边境觉悟更为适度。基本上，它等同于情境识别能力（situational discernment），以及安全通过新近军事化地区的能力。

对这种识别能力的需求源自两种迫切的需要。正如我们已经看到的，并非所有的苏台德德意志游客都将铁幕视为"长城"、难以错过的"岗哨、（建筑）梁柱、支架"，或一位被驱逐者观察员口中的，瞭望塔周围由双重铁丝网围成的"茂密的灌木丛"。首先，很多人在识别铁幕的时候遇到了麻烦。有时，这是用词不当的问题。例如有些人暗示，铁幕并非在捷克斯洛伐克-西德边界"降下"，而是在这里"升起"："无人耕作的土地，长着一人高的荒草，明确宣示这里就是铁幕耸立的地方。"对于其他人来说，问题完全在于视觉印象，据他们说，这道分界线在森林地区是"不存在或看不到的"。如一位经常进行边界报道的人指出的，直到1985年，分界线"不是特别醒目"，因此更加难以察觉。早前一位游客将这类盲点形容为"短线"，这种隐喻表明他不仅在现实中迷失了方向，也写作上也找不到合适的语言。最终，苏台德德意志人经常"选择"视而不见。如他们中的一员承认的，即便目光投向那里，他们的心也拒绝接受这条分界线的存在。

通过雷坡奇等业余报道者的努力，边境觉悟使人们既无法在感情上遗忘边界的存在，也无法在政治上对其加以否认，这样至少可以防止人们遭到射杀或拘捕。联邦边防警察部队的一位教士奥斯卡·罗赫巴切（Oskar Rohrbach），在他自1961年起的记录中，将这种新生的敏感比作一个人内心的"到此为止，不要再向前一步的训诫"。其他人最后把这种智慧理解为"控制我们并使我们特别警觉，以防离开联邦共和国边界的紧张状态"。雷坡奇的报道提供了大量的例证，说明为什么这种觉悟在1952年还没有成为被驱逐者的第二本能。他们把森林视为避免看到故乡衰败景象的保护层，而且一心把故乡想象成过境的诱人目的地，这就使他们很难认识到这个地区存在的冷战风险。如果我们相信雷坡奇，那么东西方之间的这条分界线就像现实和记忆的边界一样容易穿越，就像忘记权威的"我们"和主观的"我"之间的区别一样简单。只有瞥见铁幕，才能使游客及其读者警觉这一现实。在雷坡奇的文章中随处可见的这类景象，试图以恐惧激发对铁幕的识别能力。

这种萌芽中的对越境的恐惧，恰恰可以解释之前提到的贯穿雷坡奇文章的分散注意力的插曲及对它们的否定。瓷器厂、瓦尔德萨森的景点和埃格吸引人的街道都含有越境的可能性。首先，它们出现在叙事的关键之处，凸显出回忆和现实之间界限的模糊。在雷坡奇看来，想起故乡等于忘记边界，也就意味着向着越境又迈出了一步。前述苏台德德意志旅行者消失在边界另一侧的传闻表明，回忆不仅穿过了现在和过去之间的隐喻性的界限，而且还激励了实际的越界活动：正如后来一位游客指出的，这首先发生在人们的脑子里。第二，每次短暂的绕路，都会使游客脱离旅行最直接的目的；呈现与铁幕毫不相干的景色。换句话说，会让人过于关注和平，而忽视战争。因此，它们对正在形成中的边疆旅行产生了深远影响，雷坡奇的贡献尤为显著。

雷坡奇的贡献在于限定了边疆旅行是什么或者不是什么，并且给出了具体的叙事框架。为了防止读者把边疆旅行想象成随意的自驾之旅，雷坡奇的文章将其打造成为形式独特且有明确目的地（铁幕）的旅行。同时，边境报道也被定义为受其自身的最终目标——生成有关东西方分界线的知识，以及对其的觉悟——影响的写作形式。然而，雷坡奇的文章清楚地表明，现实中的目的地和叙事的最终目标都需要不断强化。因而，眼前或记忆中的每一次绕道都引出了作者/叙事者"文学上的"离题。于是，旅行的线路在试验性的情节中占有了一席之地。在这个体系中，每次背离目标路线都意味着可能背离了叙事目的。离题有可能危及报道的终极目的及旅行最圆满的结果——安全回家。罗斯·钱伯（Ross Chamber）恰当地描述道，离题是"从警惕中得以放松，从约束中获得解脱"的极为"愉悦的经历"。雷坡奇的报道暗示，伴随这种愉悦而来的是极大的风险，文学上的"从警惕中得以放松"是现实中失去边境觉悟的最直接的表现。

值得注意的是，雷坡奇不仅清楚表明了每一次离题，而且对其加以否定，以告诫旅行者哪些是不能做的。一方面，可以依照其字面意思理解，这种否定确实可以帮助报道者掌控"我们"，使其掌握对文本和旅行的权威。在这个案例中，作者掌控一切，因为他拥有令行禁止的权力，可以划定什么是适宜的，什么是不合适的。通过对离题加以纠正，这种否定帮助作者重新梳理叙事，聚焦该地区在冷战期间的转变，避免沉溺于回忆，以此恢复报道自诩的纪实性。然而另一方面，这种否定可以被理解成虚伪。弗洛伊德曾说，说"不"只是换一种方式说"是"。在弗洛伊德看来，否定只是对被拒绝客体的理性默许，证明主体仍对其感兴趣。由此看来，雷坡奇的否定可以理解为对束缚着他的来自回忆和地标的诱惑的再度确认。不想、不看、不回忆的决绝与他内心的想法完全相反。

在雷坡奇之后的边疆旅行和报道中，这些完全相反的解释依然存在，反映出两种相互冲突的力量。一方面，它们都决意探索冷战对于当地的意义，并强调冷战对当地的影响。另一方面，它们坚持认为回忆难以完全被清除。过去至关重要，旅行者兼作者志愿以他们的作品延缓该地区的瓦解，以便把边境和土地一起带回来——即便只是在纸上。

结语：集团心理的失败

此后直到1990年，当故乡刊物把最后一批边境报道呈献给读者时，战争与分裂和与之相对的和平与和解得到的关注已有天壤之别。

然而，发展并维持这两种相反的要点依然是苏台德德意志人的这种文学类型的标志性特点。边疆车手笔下的"凛冽但自然的风"吹过面庞时真正的快感，可能与之不太协调。大批成年人获准在紧邻分界线的地方享用野餐和甜点——一位海关官员斥责两德边界的这种行为令人不快。斯卡利茨基注意到，对于"没有经验的人"来说，这里还是那片"古老的土地……形态和色彩的调和在其他低山地区难得一见"。如果这是真的，那么"边境真的安全吗"？一位苏台德德意志人在1957年投给读者众多的《埃格人报》（*Egerer Zeitung*）的"纪实报道"中满怀疑虑地问道。他的疑虑是有理由的。毕竟，这位自称为鲁迪（Rudi）的作者在副标题中向读者保证说，有至少"100公里的悲伤和遗憾"。然而，他自己对这个问题的回答——"边境永远不安全，然而迄今为止，这里的气氛是礼貌客气的"——与雷坡奇如出一辙，并预言那里将会变得更为复杂。

现代的战地旅行的讲解员将战争划归过去，和平则属于现在——"游客们在曾经凶险无比的地方（漫步），战斗的痛苦已为和平的安宁所取代"——冷战时代的苏台德德意志边疆旅行者则声称同时体验了这两种感觉。在他们的叙述中，无人地带"极端的野生状态"和随之而来的"无尽的倾颓破败"与故乡"鲜花盛开的花园"和"巨大的地毯"只有几句话之遥。

一方面，鲁迪的这类报道中充斥着怪异的对比。从远处看，通电铁丝网上的"白色陶瓷绝缘体"就像"荒草中开的白色小花"。当然，它们只会"带来死亡和毁灭，而不是芳香和欢乐"。当鲁迪和他的旅伴们隔着分界线遥望阿斯时，故事很快从这些恶之花转向施蒂弗特时刻。"那里很寂静，"他们高兴地宣称，口气就像如今的经典中短篇小说中想家的姐妹一样。鲁迪如释重负地注意到"烟囱里冒出的烟和工厂的噪音"，他一度认为"一切……都和往常一样"。然而很快，高倍望远镜纠正了最初的错误印象："从前五颜六色、欢快明亮的窗户如今只剩空荡荡窗框。一切除了灰色还是灰色，凄凉荒芜。"

另一方面，令人惊讶的轻率——或许，穿插其间的喜剧元素——成为阴沉基调中的一抹亮色。在一个站点，捷克边防警卫没有像以往那样严密监视游客，而是突然放松了管制。据目瞪口呆的鲁迪说，他们与游客友好地交谈，还停下来合影。在其他地方，有人听到捷克巡逻队唱着德国流行歌曲。表面上，这是鲁迪宣告西方优越性的方式。依照这种思路解释，社会主义的音乐没有朗朗上口的曲调，西方流行文化的影响力不仅远及分界线以东，而且就在边界也有所体现。边防警察一般被视为最忠诚的社会主义者，如果连他们都哼唱德国的流行音乐，那么他们保卫的制度和划定的边界都不会维持太久。然而，鲁迪具有讽刺意味的立场还有另一种更为深远的意义。它对深入人心的东西方二分法提出了挑战，甚至在最明显的冷战背景下创造出另一种说法。就像另一位被驱逐者注意到的，在"（边界）另一侧的瞭望塔上，捷克军人是在巡视（防区），还是在晒着日光浴享受美丽的景色和空气"，并不总是那么易于分辨。鲁迪没有听到敌人的声音，反而隐约听到了西方的回声。

如果游记确实是以离散的自我和他者的谈判为前提、以"差异和相似……的相互作用"为基础的文学类别，那么苏台德德意志人的边境报道就动摇了这种两分结构。它们对常规的颠覆多半是其作者们各自忠于不同的对象而在不经意间导致的结果，并非有意为之。

这些作者们无法在东西方之间划定最终的界限，其众所周知的修正主义非但没有简化他们的纠葛，反而使其更为复杂。这也许看起来自相矛盾，但是苏台德德意志铁幕旅行者对于确定未知的、异国的和不熟悉的分界线的一侧，即东侧，的范围犹豫不决。考虑到他们活动和写作的背景，这种情况是令人惊讶的。的确，有人猜想，冷战的紧张气氛应该有助于"重塑文化、地域和种族……等方面根深蒂固的分歧"，一般而言，这也是旅行的特点。这场冲突的关键词汇——遏制、势力范围、两极——反映了相互关联的推动变化的力量，其中的敌对势力是清晰可见和可识别的。此外，铁幕也在地理上划定了自我与他者的区别。然而边境报道传递着这样的信息：故乡不属于"东方"或异国；西方，正如一位游客所说，没有家的感觉。因而，东方是应受谴责的，但并非不可挽回。

自达芙妮·伯达尔的开创性研究之后，人们在研究东西方的对抗时，普遍接受了西方人"俯视和沉思东方的差异性"的形象。用梅林·乌尔里奇（Maren Ullrich）的话说，早在冷战冲突的第二个十年，两德边界的西方游客就已把自己定位成面对"另一个德国"的外人。与之相比，苏台德德意志人的游记混淆了东西方之间赤裸裸的敌对。即使是无心之举，他们实际上也使双方更为近似。我们已经看到，已为学者质疑的那个时代的两极思维和引发争端的旅行目的地都没能把这些作品打造成集团心理的记录文件。苏台德德意志人的边疆旅行叙事没有强化东西方之间的截然对立，而是使其陷于混乱。这些报道证明，即使自认为最坚定的反共产主义者也不能对东方完全敌视，他们甚至证实边境地区常有"不要让外界的那些事在这里重演"的态度。

最后，苏台德德意志人是什么样的游客？借用齐格蒙特·鲍曼（Zygmunt Baumann）的经典定义，他们是"新的和不同的经历……的自觉和系统的搜寻者"吗？或者，他们的主要目的是恢复熟悉的闲适吗？更确切地说，如果这里的景象因铁幕的降临而骤变，多熟悉才算熟悉？这些问题很难有确切的回答。苏台德德意志人一再回到边界，说明他们并不认为这样的旅行是一生只有一回的冒险，也不是游览被大肆渲染的"变成景点的地方"。与此同时，边境（包括无人地带及其东侧的邻近地区）变动不居，使旅行得以一直保持新鲜感。

也许这种新鲜感与鲍曼设想的有所不同。年复一年回到捷克斯洛伐克-西德边界的人们与到巴黎、马德里或罗马旅行的人们不一样。他们并非"逃离"——无论如何，逃离这个词并不适合用来形容在铁幕的假期。相反，对他们来说，新鲜感可以用来探查边境程度而非本质上的变化。边疆旅行的参与者不仅将东西方加以比对，还将东西方熟悉的过去与现在进行比对。与过去的联系决定了他们的体验及随后的叙事。一般说来，苏台德德意志人的边疆旅行和他们的记录与德意志旅行同出一源——故乡。为此，他们一次又一次回到那里。正如下一章将详细阐述的，他们回到这里首先和最重要的就是去看。

第四章

功能：祈祷墙的视觉乡愁

超越"凝视"：乡愁的双重焦点

早在1951年，一份读者众多的被驱逐者报纸就在一篇悼词中预示了祈祷墙的景象。正如文章童话般的开篇预示的，逝者既不是苏台德德意志政府官员，也不是文化激进分子，而是隐居的波希米亚森林贵族，在西德的新家里惴惴不安。一个优雅的、玩具屋式的背景框定了她的晚年生活。

在伊萨尔（Isar）河畔的兰道（Landau）附近，有一个巴伐利亚小村庄海德尔芬（Haidlfing），那里有一间小房子，作家阿达尔贝特·施蒂弗特的侄孙女艾玛·施蒂弗特（Emma Stifter）小姐和她的姐姐……姐夫住在那里。她的目光一次又一次越过无尽的平坦草地和田野，寻找巴伐利亚森林。在晴朗的日子里，依稀可见森林的轮廓。很快，波希米亚森林就出现在她的思乡梦里，那里有阿达尔贝特·施蒂弗特的出生地奥伯普兰。

对61岁的艾玛的小世界的观察预演了我们接下来很快就要谈到的活动。它们源自我们在第三章考察的基础建设，使祈祷墙的意义超出了宗教范畴。在艾玛的生活片断中，读者瞥见的不仅仅是遭到驱逐之前生活的琐碎的纪念品：叔祖父临终涂油礼用的十字架、坟墓的钥匙、几张照片、半页手稿和"又大又重的皮箱"。文章暗示，在那个狭小的房间里，除了这些怪异的东西，还有很多值得一看。这篇文章的作者R.阿道夫（R.Adolph）是几家被驱逐者期刊的活跃的投稿人，拓宽了读者的眼界。更重要的是，对艾玛晚年生活的一瞥，使远方的景象重又鲜活起来。这是通过引用我们在第三章已经熟悉的阿达尔贝特·施蒂弗特式的视觉消遣和我们很快就会发现的现实主义经典来实现的。

阿道夫关注的焦点在分界线两侧不断转换，确定了边疆视觉的双焦点结构，这是本章讨论的基础。这种二分结构反映的不仅仅是冷战文化的"二元系统"——"东方和西方、包围和遏制……（冲突的）升级和缓和"。还代表两种不同意义的"看"，它们都会在分界线西侧被加以实践。在将巴伐利亚森林模糊的外形勾勒成难以接近的波希米亚森林的虚拟入口的过程中，阿道夫对眼前的视野（vision）和脑中的意象（image）之间的裂痕日渐熟悉。

在他对艾玛经历的叙述中，看的动作和看到的结果是两种相反的现象，却构成了一种辩证统一的关系。由于在眼前看到的和记忆中的景物之间不断切换（这在第三章雷坡奇的报道中很常见），艾玛的目光游移不定。不同于"我们只看到我们所看之物"这一准则，她的目光复原了并非眼前所见的景物。它们借由梦中的意象达至顶点，最终对她眼前所见的景象构成补充。在她脑海中的是"记忆中的故乡"，这个幻象萦绕在众多德意志被驱逐者的脑海里。

然而，通向那里的曲折道路是只属于苏台德德意志人的。为了探寻这个难以到达的世界之隅，艾玛不能只是闭起眼睛去做白日梦。通往那里的道路在她的眼中，因为只有真正看到冷战分界线的另一侧，才能激发她的想象。并非只有施蒂弗特的侄孙女才有这种现实景象和记忆／幻想的相互依赖。它影响了无数苏台德德意志人看的方式，以及看到的结果。他们是唯一能够看到从前的故乡的被驱逐者，对他们来说，眼前所见正是想象的起点。本章研究这种二元模式，并讲述祈祷墙的世俗扩展是如何强化其秩序的。

艾玛看的方式模糊了人的内心和外在以及过去和现在的界限。接下来的内容将会探寻促使这些界限消失的精神和环境因素。更重要的是，将会描绘两种极为不同但都影响广泛的中产阶级文化形式——业余诗歌和乡土摄影——对铁幕的反映。上述两种文化形式，一种是非物质的，另一种则是有形的，这些表现形式如何处理上述两者间的紧张关系？这种紧张关系对冷战边疆地区的视觉经济意味着什么？

传统的铁幕影像将瞭望塔和铁丝网作为前景，暗示边界正迅速沦为不可眺望的堡垒。然而正如本书在序言中所说，如果只有这些标志性的符号，欧洲大陆分裂的图景是不完整且没有独特性的。紧邻边界西侧的观察者还看到了什么？现实如何适应这类个人的视觉上的关注？东方对他们意味着什么？由于苏台德德意志故乡刊物刊载了一批边疆视觉资料，我们能够对这些问题加以详述。它们使用由此产生的专门名称，对这些资料加以分类，确保它们在未来得以延续。如果景象确实是虚构出来的，是"看的结果"而非前提，那么接下来的制度确实有助于在铁幕的西侧构造出一个冷战景象。

艾玛·施蒂弗特的消遣很快将会以"眺望故乡"（look into the Heimat）的名字为她的同胞们所熟知，这是第一个在苏台德德意志人中产生较大影响的术语，用来表述他们对眼前景象的思考及由此产生的不满。这个表述把人类特有的行为转变成了形象化的明确的"社会活动"，并设定了一系列参数，以确定哪些冷战边界的观察行为是有意义的。和本书其他章节讨论的例子一样，故乡虽然极为重要，但并不是唯一的要点。除了路过时的偶然一瞥，或者好奇的"游客的凝视"，冷战期间，"眺望故乡"发展成记录铁幕的必不可少的规律性行为，并最终试图超越对铁幕单纯的记录。使用的介词是into，而不是at，暗示这种特殊的视觉模式必须关注景深而非表面，必须剥除层层景象，而非在分界线止步不前。

在更为遥远的过去，没有经验的旁观者极少对这类活动加以总结——这就是说，很多人看了，但基本上没有人提到这一行为本身的特殊性。然而，事情在20世纪中期发生了转变，彼时监控和宣传机器开足马力，迫使人们接受主流观点，或者放弃反对意见。虽然远谈不到自我批判精神，但苏台德德意志人坚持思考他们的立场。他们极少留意眼前景物中暗含的收复失去土地的政治愿望。但是，他们不知疲倦地对那里加以描述、类型化，并将其深深地烙印在脑海中。

早在冷战的前十年，随着对看（seeing）和被看（being seen）在理论上的兴趣与日俱增，这些被驱逐者对其视觉活动发展出了一个简洁的分类。这个分类与艾玛·施蒂弗特的经历一脉相承，分为两部分。一方面，有前述的"眺望故乡"的实际行为，其意义在这里与"眼前的视野"可以互换。另一方面，还有一种精神活动，即理想化的"故乡的景象"，等同于"脑中的意象"。艾玛·施蒂弗特非只是旧时代的才女，她创造了这个分类体系，并通过其家世使其合法化，所以阿道夫对其形象的描绘，是神圣化这个双焦点结构的第一步。事实上，很快，西德的民族志学者们就对"眺望故乡"做出了高度评价，称其为前苏台德地区的被驱逐者在战后德国国内外新的仪式发展中做出的无与伦比的贡献。如果相信施罗贝克的话，那么它就是"真正的创新"——本章将要对这一说法加以分析。

宗教之外，视觉也成了巩固祈祷墙的强大力量。"眺望故乡"的践行者们竭力确保这一行为年复一年，月复一月，甚至日复一日地重演。为此，很多人心甘情愿地千里迢迢到那里过个周末，甚至只待上几个小时，并留下了大量报道和诗歌。"我幸运至极/我能再次看到故乡！"胸怀抱负的抒情诗人阿道夫·伯姆（Adolf Böhm）回忆1953年前后的旅行时写道。总结旅行的目的时，他明白指出："从巴伐利亚州的边界眺望/她的森林和山峰。"重见故乡的激动持久不衰，1986年，安妮·冈茨-科尔默（Annie Götz-Kollmer）以类似的兴奋之情写下："在这里，你能看到故乡/故乡！"

在一些案例中，眺望铁幕的另一侧已经成为人们日常生活的一部分。数百苏台德德意志人不顾经济的窘迫，沿边界定居下来，只是为了"靠近他们在波希米亚森林里的古老故乡，并……不时看它一眼"。用斯卡利茨基的话说，旅行者和居民都"坚定地转向同一个方向，面向波希米亚森林"。"由于不堪思乡之苦"，他注意到，有些人为了能看到故乡会爬上树梢。

我们很快就会发现，渴望对塑造祈祷墙的视觉要素至关重要。正如沿着边界涌现的建筑工程表明的，它是人们日益频繁地去往那里的主要原因，不仅在20世纪50年代是这样——当时很多被驱逐者还希望能够返回从前的家园，在其后的几十年中也是如此。这种渴望的对象并不明确。旅行者们在20世纪40年代末还满足于他们所谓的"眺望故乡的大概方向"，到20世纪50年代初，他们的乡愁已经发展到"难以承受"的地步，越来越需要看到特定的地方。冷战之初，被驱逐者们在还在四处寻找"最好和最便于观察"的地点，他们很快就确定，只有少数几个地方是令人满意的。随着时间的推移，对故乡的眺望固定于几个特定的地点。边疆旅行的一个显著悖论就是被驱逐者诗人越来越多地提起"去看""去走"，但实际的行动却越来越少。这些固定的场所将会成为祈祷墙的附带结构。

故乡刊物传播有关这类高地的消息，并以这种方式支持此类新地标。一位观察者在1951年写道，他曾经借宿的村庄的确可爱，但是"偏僻的山峰可以让他看到更多"。潜在的旅行者可以在报纸上发现有关这类建议的详细报道。他们的同胞极为勤奋，从村镇里的工厂烟囱和教堂尖塔，到郊外的湖泊、森林和田野，全部列了出来。从这个方面说，即将在新阿尔本罗伊特（1961）、梅灵（1973）和斯塔德林（Stadlern，1983）建造的瞭望塔，或者在巴瑙（Bärnau）等地对已有设施的改造，都是观察行为日益局限于特定的地点并为祈祷墙所征用的延伸。正如被驱逐者在德国其他地方所做的一样，苏台德德意志人在边疆不满足于既有建筑，而是热衷于新的工程，以对当地景象施加进一步的影响。当然，其结果满足的不仅仅是被驱逐者的需要，我们会在本章第二部分讨论其中最复杂的案例。用当地官员的话说，它们"使边界一览无余"，能够满足"任何客人"。与两德边界的此类建筑一样，它们"指出了"分界线众所周知的"残酷无情"。然而，与"任何客人"相比，对这里极为了解的苏台德德意志被驱逐者看到的不只是边界，再次说明堡垒只是视野中的一部分。"人的手，"一位早期的观察者评论说，"曾经完成很多工作，但是直到现在，它还没能在看不见的墙旁边建造一堵看得见的墙，以阻挡人们的目光。"在捷克斯洛伐克-西德边界，目光穿过铁幕是必要的，而不只是落在它的上面。

如第三章的结语所指出的，这一过程对于制造分界线两侧的差异和不对称是必不可少的。这种差异和不对称是巩固冷战两极体系的警示机制，以及"凝视"在各个领域中最普遍的属性，从哲学到心理分析，从后结构主义社会批判到视觉研究。很难想象冷战中不存在监控，但这的确不是本章要探讨的内容。毫无疑问，受到"凝视"是各色人等感受最深的铁幕经历——极少有苏台德德意志资料记录这些，无论文字还是摄影方面都是如此。然而，本章认为，在冷战冲突的边疆地区，视觉不仅指"凝视"，通常还被形容为一种暴力的、有组织的、制造分裂的和控制的技术装置，而非人类自身的能力。既眺望故乡，又看到故乡在脑海中的意象，极为恰当地被形容为乡愁的双重焦点，完全属于不同的类型。

这需要与视觉不同层次的社会功能联系起来，通常涉及"各种看的方式——注视、观察、观赏、审视等"。甚至"看"——这里使用的是它相对中性的含义——"也根本不是独立的行为"。在冷战环境的刺激下，产生了各种非常具体的看的形式。乡愁的双重焦点就是其中之一。本章的分析关注的是其使用的设备的种类，还有对僵化的东西方对立提出挑战的相关书面资料。

　　冷战时期，这类环境在各种移民、难民或来自东方的被驱逐者中蓬勃发展。尽管这些个人或集体的过往和所处的环境各异，却公开宣称对分界线的东西两侧都保持忠诚。沿着捷克斯洛伐克－西德边界，礼拜堂和祈祷墙瞭望塔的访客登记簿上记录的既有来德国参加比赛的捷克人，也有被从西里西亚驱逐的德意志人：这是另外两个经常造访并"渴望（并眺望）那里"的群体。目光越过这条分界线，并不能使这些游客马上成为超然的局外人或疏离的西方观察者。对那些曾在东方的人来说，对边疆的印象不是简单的"等级体系"——西方即自由，东方没有自由。与所谓的隔离墙看客差不多，柏林人在20世纪60年代初期想看一眼这道墙另一面的朋友、家人或城市——他们一直对分界线的另一侧念念不忘。乡愁的双重焦点体现了他们矛盾的感情的复杂性。

必不可少的乡愁

　　并置的看（sehen）和渴望（sehnen）在德语中只有一个字母的差别，凸显出乡愁在塑造铁幕沿线视觉环境中的重要性。事实上，渴望绝非盲目或缺乏远见的同义词。它是现代性特征的试金石，常常会把自己当作"一种视野"，源自其时代特有的隐喻的"观看机制"。让我们更进一步观察。在冷战的接缝处，乡愁不仅是象征性视角的产物，而是标注在地图上——祈祷墙地图上——的实际存在的便于观察的地点背后的力量。

作为备受推崇的传统，以艾玛的先辈为代表的一批人，渴望将边疆的视觉焦点集中到铁幕上。它不仅仅是模糊的"情感的突变"，还为被驱逐者的双重焦点铺平了道路，并在边界西侧决定了景象的实际影响范围。乡愁忽略了该地区的民间建筑工程在视觉上的冲击，强调冷战分界线，同时又对其加以缓和。

把乡愁植入冷战的边疆地区，早先就是首要任务。如一位苏台德德意志教士在20世纪80年代初所说，自20世纪40年代末起，他的同胞就已经不能只靠"故乡泛黄的老照片"缓解乡愁了。家庭相册只能容纳对家的怀念。大多数被驱逐者都承认，这种视觉机制只适用于特定的地点。"苏台德德意志人极为热爱他们的故乡；很多……被驱逐者从联邦共和国各地前来眺望故乡，有时甚至有从美国赶过来的。"一位投稿人在《苏台德德意志人》杂志（*Der Sudetendeutsche*）上热情地说，这份无党派的苏台德德意志周刊在1949～1958年间发行量很大。问题在于能否利用家庭相册——真正的相册或充满对熟悉场所的记忆的精神档案。换句话说，是否应该鼓励像艾玛·施蒂弗特那样把记忆注入实际景象之中？梦想者和现实主义者对此有着相当大的分歧。让我们简单回顾一下他们之间的区别，首先将祈祷墙现世的附加物考虑在内，然后再将其剔除。

那些归类为梦想者的人（施蒂弗特的侄孙女也在其中）坚持认为，"故乡（原本的）画面永远不会……褪色"，应该将其最初的状态保存下来。他们把睡美人童话的意象与冷战背景融合起来，感叹甚至可能"把巨大和似乎不可穿透的幕墙掀起一角，看看正在沉睡的埃格兰"。1949年，第二期《苏台德德意志人》的编辑宣称，对于各行各业的被驱逐者来说，"故乡的景象是永恒的记忆"。作者继续说，梦想者"带来了一些风景画作，老人能够借此追忆，年轻人则能够看到家乡是什么样子"。但是，纯粹主义者发现甚至画作也是多余的。一位纯粹主义者在1951年问道，如果故乡的景象已经"深深烙在我们心中，时间和空间都磨损不掉"，还要这些画干什么？然而，重拾这些景象并不是一件容易的事，既需要观看，也需要想象。"就像亚当和夏娃，"一位被驱逐者媒体的编辑在1953年期待地说，"透过眼中依稀的景象，我们热切地注视着童年的故乡，用望远镜也看不到的东西会活灵活现，甚至触手可及地出现在我们的脑海里。"这种感情被证明是坚韧的：直到1983年，苏台德德意志活动家安东·利赫内尔（Anton Lehnerl）还在一次年度边疆集会上宣称，"故乡的景象印在我们心中，就像我们离开之前一样"。

然而，忽略在眼前所见和脑中所想之间的切换并不简单，那些在诗歌中梦回故乡的人总是忍不住指出这种困难。很多报道展露出了以心灵之眼观看的勃勃野心，意在创作出流畅完整的作品，而不是拼凑零碎的印象。来自埃格兰的著名方言诗人和系谱专家约瑟夫·韦策（Josef Weitzer）是应对这一挑战的人之一。他用高地德语写的《渴望故乡》（Longing for Heimat）发表于1964年。那一年捷克斯洛伐克向西方游客开放了边境，苏台德德意志被驱逐者得以重游故乡。韦策的作品适时表达了看到的故乡和记忆中的故乡、眼前的视野和脑中的意象、观看和渴望之间的紧张关系。在诗中，"我"代表还不能来这里旅行并亲眼看到这一切的被驱逐者——韦策拥有相当多的这种读者。渴望到故乡旅行的焦虑弥漫在前两节中。尤其在第一节里，头韵体的einmal（曾经）、meinem（我）、möchte（愿意）和nochmal（再次）等悲叹押着故乡（Heimat）的音位，表现出急切的渴望：

> 又一次在我的生命中，
> 我想要看到我的故乡，
> 我想要再次走在，
> 童年的街道上！
>
> 自从我被驱逐，
> 痛苦一直啃噬着我；
> 我所有的渴望，所有的思想，
> 自从那时起就魂系故乡。

韦策的作品第一节的第一个韵词看到（sehn）和行走（gehn）援引了尤里·劳特曼（Yuri Lotman）的观点，不只是"两个单独的表达的联合，而是……表述同一种事物的两种模式"。就像韦策笔下描写的一样，"看到"与"行走"密不可分。"看到"和"渴望"由"行走"这个动作传送，驱使叙述者探寻故乡，进而写下这首诗。然而在第三节的结尾，这一探寻的徒劳进一步强调了故乡的缺失——这里是转折点，引出余下的三节，并形成鲜明的对比。在这里，诗歌的结构依靠第二位叙述者推动。这是一个"朋友"和"我"的对话，"我"问道：

> 朋友！你作为一个过客，
> 多年之后再见我们的故乡。

说说，它怎么样？说实话，

你的印象是什么？

在这位朋友的回答中，故乡只是一片焦土："我们的故乡被套上了枷锁！/举目四望，到处一片荒凉！""我"明显被吓到了，迅速用"我"应该"使（他）牢记心中"的"故乡曾经的美丽景象"填补了这种空虚。一片荒凉之上被投射了挥之不去的故乡记忆。最终，"印象"混合了"朋友"描绘的阴郁画面和被驱逐者心中铭刻的、近乎照片般的故乡印象。

与梦想者不同，现实主义者清醒地指出，"无论老幼，我们心中的故乡的景象都已不复存在"，因此不值得为此纠结。"我的目光掠过熟悉的山丘"，一位幻想破灭的边疆游客在1964年写道，"掠过村庄和城镇，它们是那样平静，触手可及。然而这只是假象，因为很多村庄里毫无生气。"著名的苏台德德意志抒情诗人玛格丽特·库贝卡（Margarete Kubelka）在《在波希米亚边界》中警告："你看到的，不再是/你在梦中见到的。"路德维格·阿德勒（Ludwig Adler）在《在边界》中吟诵道："我觉得，我心中的故乡景象来自昨天，不是今天或明天。"用弗朗茨·雷坡奇的话说，即使"现实中的一切还是我们记忆中的样子，它也变成了一个完全不同的世界"。因此，他的一位同胞告诫道："苏台德德意志人不应该只在心里保留着故乡的景象，执着于（虚假的）幻象；他必须知道现实中的故乡变成了什么样子。"除了实地观察——清醒地"审视故乡"——没有其他方法能达到这个目的。

首先，大多数苏台德德意志人都同意，他们到边境是想看看。

然而，梦想者和现实主义者之间的差别决定了他们想看的东西极为不同。一些人试图重温他们"梦中的家乡"，只关注熟悉的东西，把"故乡的意象"当作指路的明灯。另一些人则专注于故乡的变化，将"眺望故乡"的焦点集中在该地区的转变上。他们都怀有浓浓的乡愁，只是以不同的方式表达自己的渴望。这两种观点之间的关系一直很紧张，在数十年间决定了边疆地区的视觉经济。我们将会看到，这对铁幕的认知也有最直接的后果。

不过首先，让我们谈谈诗歌中长盛不衰的乡愁的双重焦点。对阿达尔贝特·施蒂弗特形象的运作，使这一趋势更甚。20世纪50年代，这位作家被重新塑造为典型的波希米亚森林乡愁诗人，使渴望调整至符合铁幕西侧的视觉轨迹。事实上，1945年之后，施蒂弗特不仅是苏台德德意志政治-文化抱负的领军人物，也是书写渴望和向往的不容置疑的权威。确切地说，在施蒂弗特的传记和作品中，最显著的就是渴望（他最后的画作就名为《渴望》），使他在20世纪40年代末成为苏台德德意志人的战后德国边疆的守护者。一位被驱逐者作家在前述始于1955年的故乡调查中宣称，"当施蒂弗特作为一个年轻学子来到克雷姆斯米斯特（Kremsmünster）时"，乡愁"开始在他的心中萌芽，而且正是乡愁给了他力量，使他经过多年的准备之后，创作出小说《温迪哥》"。两次世界大战之间，布拉格和波希米亚的职业作家和文学批评家把施蒂弗特奉为"苏台德德意志经典"；二战结束后，业余写手们接过了这项工作。施蒂弗特声望日隆，对他的关注有助于将这片森林不可思议的美丽嵌入冷战时期中欧地区的裂缝中。1955年再版的《玛丽亚-泰普勒故乡通信》（*Marienbad-Tepler Heimatbrief*）中，有一首施蒂弗特的诗，被附会为19世纪的"森林吟游诗人"的乡愁传给了20世纪的苏台德德意志追随者的证据。即使没有任何编辑评论，这首诗也足以表达与被驱逐者不可分割的关切。结果"我"/眼睛占据了一个有利位置，与艾玛·施蒂弗特及其被驱逐的同胞极为相似：

> 我坐在这里渴望，我的眼睛遥望远方。
> 天空的蓝色在那里渐渐与山峦融合。
> 在被遗弃的故乡，期盼中的村庄开始显现，
> 那里一片朦胧，哦，我对它很熟悉，
> 那里有高耸的森林，我的故乡就在那里。
> 熠熠生辉的青春国度！如果我能重回那里！
> 哦，它是美丽的，当我在树下祈祷，
> 父亲的房屋，家园般的山谷，
> 曾是我的世界。
> 在遥远的异乡，我永远不会快乐。

因此，最早致力于探讨"眺望故乡"的复杂动机的诗作中的一首提及施蒂弗特并非巧合。这首诗发表在《人民消息报》（*Der Volksbote*）上，其作者是业余作家弗朗茨·劳伦兹（Franz Lorenz）。为了引出施蒂弗特，他将诗的背景设置在"大奥瑟尔峰"（Great Osser peak），那里是施蒂弗特及其笔下人物的落脚点。据说，当地一位森林居民曾于1948年宣称，与蒂伦和德赖塞瑟尔一样，奥瑟尔不仅仅是另一座可以让苏台德德意志人"把目光投向（不可能到达的）地方"的山峰。诗的开篇，劳伦兹出人意料地对奥瑟尔峰说

"谢谢你"，在他的作品中，它高高耸立，是最重要的有生气的形象。他的这首作品有八个诗节，没有明确的题材风格，每一节从三行到八行不等，把这座山峰拟人化为山神。这个"波希米亚森林的巨人"拥有雄伟的体型，了解该地区传说的读者对此都很熟悉，那里从不缺这样的神话。然而，劳伦兹在1952年旧事重提，并不只是为了重燃他的同胞对民间传说的兴趣，而是为了应对他身处的冷战现实。我们会看到，面对这种现实，需要施蒂弗特的介入。

劳伦兹把奥瑟尔塑造成为其缓和局势的主角。这首诗的第一节宣称，只有这座山峰"威严强大（herrschgewaltig）的拳头"，才能使诗人攀到（heben）"狭窄的山谷之上，/人类划定的边界之上，/瞭望塔矗立的死亡地带"。劳伦兹明确表示，这种非凡的高度提供了一种象征性的场所，不仅可以眺望故乡，而且使诗人有机会全面了解分界线，并思考如何克服它。由于意在传达和平的意图，劳伦兹试图使"威严强大"（herrschgewaltig）与其语义模糊的组成部分划清界限，因为"统治"（herrschaft）和"力量"（gewalt）很容易使人想起国家社会主义。这首诗意在表明奥瑟尔的力量与任何社会形式都没有关系。因此，山峰强大的（gewaltig）而非暴力的（gewalttätig）拳头是"软实力"（soft power）的体现，能够终结欧洲大陆的分裂状态。劳伦兹的这种说法与施蒂弗特的"软法则"（gentle law）异曲同工，后者从自然的运作中提炼出道德准则，并使其渗透于经典的以森林为主题的作品中。似乎劳伦兹笔下的"我"是现代版的摩西，攀上高山接受文学之神的诫命。这首诗的结尾指出，只有通过奥瑟尔峰将其拟人化，并借助施蒂弗特的名望，自然法则才能战胜冷战规则。在最后一行中，奥瑟尔被描述为"命运和未来的守护神和见证者"，使人们能够满怀希望展望未来。

　　为了逐步推导出这个启示，像其他受到铁幕之旅启发的被驱逐者作家一样，劳伦兹首先必须使"我"设身处地。约翰·安德烈亚斯·布拉哈于 1949 年创作的《眺望故乡》（*Look into the Heimat*）确立了这种开篇标准。布拉哈的模式是施蒂弗特的感情丰富的渴望的简化版，在场所和视觉之间建立了一个并不复杂的因果关系："我站在高山上／眺望故乡。"尽管劳伦兹也构建了类似的场景，却并非如布拉哈那般平铺直叙。劳伦兹作品的前三节是序言，使用过去时态，清楚表明这座山峰是"这片土地的君主"，这是西方游记普遍的标志。在多变的冷战景象中，支配感迅速消失。令人略感意外的是，劳伦兹的诗句并没有表现出自两次世界大战之间就盛行在苏台德德意志诗歌中的信心。在这方面，艾米尔·马格尔（Emil Magerl）的作品就是一个例子。"当我站在山丘上，"他在 1930 年写道，"眺望广袤的故乡——就像猎鹰翱翔在树上／……我富有／像一个国王。"马格尔的笔下不乏星空和山谷，劳伦兹对于展示这些却似乎犹豫不决。

　　这正是"这片土地的君主"的模式在冷战边疆地区难以维系的原因。根据劳伦兹的说法，出于多种原因，"看"是一种挑战。在这首诗第二节的开头——他从这里开始描述视觉活动——视线仍然受到阻碍，尽管所在位置明显比较有利。为了看到故乡，叙述者首先要克服重重阻碍，"越过"在第一节反复出现。即便如此，越过山丘、谷地和堡垒，并不能使叙述者一窥分界线另一侧的景象。直到"升起"（heben）这个动词再次出现——这一次指的是铁幕——东方的景象才显现出来。即便如此，这也只是一个阶段性事件，"我"对此无能为力。第二节的前两行展示了铁幕升起的可怕景象，这是隐喻而非真正将欧洲大陆一分为二：

> 于是铁幕升起，
>
> 欧洲的舞台上一出残酷的戏剧开始上演……

仅仅五年前，丘吉尔首次提出了铁幕"降临"的说法，并已为各界广泛接受，劳伦兹笔下的铁幕却是"升起"，二者间的冲突表明，满怀抱负的文人们，无论业余的或职业的，面对冷战的隐喻时，一定都感觉到了混乱。劳伦兹把铁幕重新设定为舞台帷幕（而非只是一道安全设施），凸现出他将这一屏障视觉化的企图，此后西方再现这个冲突的象征时，这种做法被广为采纳。他笔下的Spiel同样也有着不固定的含义。它时而指代孩子的游戏，时而指代舞台表演，甚至战争，使即将展现的场景更加反复无常。劳伦兹的简易舞台上的唯一角色调和了所有这些含义："我"终于宣布，"我看到的故乡，是孤儿般的故乡"。然而，即便故乡就在那里，被人遗弃，想拥有它也绝非易事。

因为这种"孤儿般的"存在是以自相矛盾的方式表现出来的。每种表现方式都与感官相悖，成为诗人收复故乡的障碍，哪怕这种收复只是视觉上的。劳伦兹在字里行间传达出这样的信息，即曾经熟悉的声音、景象、味道，如今已经再也听不到、看不到、闻不到了。乍看之下，人们会发现熟悉的"村庄和农场坐落在森林边上"，却不见炊烟升起。劳伦兹哀叹道，看不到耕作的农夫；山谷里没有农妇的声音在回荡，也听不到教堂的钟声。劳伦兹不规范的长短格四音步句和直白的无韵诗，使第二节如叙事诗般阴郁地反映出消极的感官体验。

于是轮到乡愁出场了，因为只有它能重建"我的"返乡之路。为了填补前述感官上的真空，在第三节的第一行，"我"屈从于渴望，想要"看看依旧令人愉悦的故乡"。因此，这首诗的双重焦点的核心是乡愁的必然结果，即通过感官，尤其是视觉，接近熟悉而又遥远的地点的冲动。由此，乡愁成为危机时刻的催化剂。没有这个时刻，诗人就无法最终驱散黑暗，重燃希望，也不能从切实看到的景物中提炼出人为的形象。

让我们看一看危机关头是如何出现的。事实证明，越是接近，贪婪的目光就越是感到失望。我们发现，随着"我"接近边界标志，"看到敌人的高塔上有一名哨兵/紧张地握着机关枪"。"看到"出现了两次，第二次看到的对第一次提出了质疑。前面的"我看到的故乡"为后来看到的改写甚至否定，变成"我看到哨兵"。沿着边界，"眺望故乡"在被颠覆的边缘摇摇欲坠。这首诗强调了这一点，令人不禁联想到让－保罗·萨特在1943年发表的《存在与虚无》（*Being and Nothingness*）中的观点。这首诗呈现出一种戏剧化的结构，在第一节发端，第二节发展，第三和第四节层层推进，在提及捷克斯洛伐克卫兵时达至高潮，于第五节回落，最后两节是结局。

第三节的末尾是整首诗的转折点，冷战边疆地区的景象在此为之一变。在第四节，劳伦兹在之前现实中的"眺望故乡"之外，增加了一个抽象的维度。被观察的感觉使"看"的行为难以为继，为了恢复这一行为，在他的笔下，奥瑟尔峰成为俗世与神界的调解人。它的高度是开篇描绘的力量的源泉，如今又为其权威仲裁者的地位提供了依据，诗人可以用它平息冷战的焦虑。劳伦兹先于西德诗人对冷战主题的关注，详细阐述了时代的关键词——湮灭。然而就像恩斯特·巴特尔一样（见第一章），他需要解释湮灭的恐惧对他和苏台德德意志同胞来说意味着什么。与巴特尔的案例一样，他们对此的理解与那个时代主流的焦虑不同。

怎样解释？1964年，古德林·恩斯林（Gudrun Ensslin）和伯恩瓦德·维斯普（Bernward Vesper）出版了开创性的诗文选集《反对死亡》（*Against Death*），该书收集了冷战时代西德著名文人的作品。它几乎使人确信，对未来的核恐惧是当时的主要焦虑。尽管较之其西德同道更为谨慎，但20世纪50年代初期到中期的美国冷战诗人也将核弹作为焦虑的主要来源。劳伦兹和他以笔为剑的同事则认为，欧洲大陆的分裂才是末世潜在的开端。他们指出，毁灭将会始于边界而非核弹。并且，他们发现，故乡可以很容易地被编织进这种恐惧中，正如第四节所说：

> 仁慈的奥瑟尔，强大的山峰，
>
> 与神对话，掌控命运，从高高的云端，
>
> 向我们宣布，是否已永远失去故乡，
>
> 是否边境的死亡，
>
> 是最终湮灭的判决！

与这一时期的主流作品——如收录在《反对死亡》中的斯蒂芬·赫尔姆林（Stephan Hermlin）或玛丽-路易丝·卡施尼兹（Marie-Luise Kaschnitz）的诗——的抑郁倾向不同，劳伦兹在第五节发出的恳求迅速得到了关注。在这里，施蒂弗特的名字终于出现了：

看！铅灰色的云层被撕开；

神圣的太阳伸出光芒四射的手臂，

指引着诗人理想化的故乡……

阿达尔贝特·施蒂弗特。

阿达尔贝特·施蒂弗特出生地的阳光普照取代了孤儿般的故乡凄凉的景色。云的部分展现的是理想化的景象，劳伦兹用"铅灰色"和"光芒四射的手臂"等新词扫清了通向那里的道路。诗人勾勒出一个视觉过程，与艾玛·施蒂弗特的经历相同。又一次，幻想代替了现实，现实中的"眺望（孤儿般的）故乡"被理想化的"想象中的故乡"所取代。

在诗人看来，他们最终超越的动力并非源自奥瑟尔，而是来自最后两节的第二人称指代的施蒂弗特本人。劳伦兹模仿了施蒂弗特惯用的语法和词汇，并假定读者对这些经典的风格相当熟悉。这首诗与施蒂弗特的作品集《彩色石头》（*Colored Stones*，1853）的序言关系尤为密切。施蒂弗特在那篇文章中阐述了他对渺小和伟大的理解，并由自然界推及人类社会。似乎是为了反映这一系列步骤，劳伦兹建立了自己的推演过程。在最后两节中，劳伦兹使用的代词从"你"发展到"我"，最后是"我们"。它们不仅综合了施蒂弗特的"软法则"，而且在接受这一观点的同时代人中构建了一个共同体，劳伦兹对其范围的限定相当模糊。其成员包括被驱逐者、德意志人、中欧人或冷战时代的所有人：

你，在广袤茂盛的森林之中，

也在最渺小的树叶、飞蛾和花朵之中，

认识到神造的平等法则，

永恒意志的软实力，

神圣裁决的威力！

哦，于是我相信，

我们，遵照这个法则生存，

将克服恐惧、敌意和死亡……

虽然劳伦兹和施蒂弗特一样，没有说明这个共同体究竟应该如何将这些诫命变成可行的法律，但其作品强调，诗人总结的充满希望的调子比任何具体的方法都重要。劳伦兹的诗句暗示，冷战时代的乡愁不仅必须面对过去，而且还要面对不确定的未来。因此，渴望要立足于一个极为有利的地点，可以同时向东西两方发展，穿行于过去和未来。劳伦兹选择奥瑟尔作为这首诗的地点，表明这类地点不仅是诗意的或想象中的，也存在于现实中。在接下来的部分，我们将考察这类乡愁的有利地点在现实生活中的转换，它们映射于冷战边疆地区，在那里，被驱逐者广为人知的"沉溺于乡愁的故乡因素"有了现实基础。

新的旅行摄影习惯

通常，这些地点都被收进了镜头中。然而西德本地人和苏台德德意志被驱逐者拍摄的照片之间存在很大的差异。这种差异既源自拍摄的对象，也与拍摄的手法有关。为了简要说明这种差异，让我们打开一个小小的灰色相册。相册记录了一个不知名的西德家庭于1960年7月前后在巴伐利亚森林的度假生活。相册的页面疏密不均，汇集了剪贴簿常见的内容：仔细收集的住宿收据、当地面包店和小旅馆的糖果纸，还有火车票。他们还收集了一系列当地景点的明信片。我们可以看到霍尔巴赫斯朋（Höllbachspreng）的原始森林和瀑布；法尔肯斯坦因（Falkenstein）附近的传统木制纪念牌；奥瑟尔峰顶的国界；邻近的卢森峰（Lusen）上的雪崩掩体；阿伯尔峰周围的山川湖泊；还有帕绍的各种景点。相册中还点缀着度假者自己拍摄的黑白照片。（图21）其中大约一半是西德的城镇、村庄或景点——玻璃吹制业中心茨维瑟尔（Zwiesel），那里是这家人旅程的起点；帕绍；拜恩埃森施泰因；波登迈斯（Bodenmais）；还有奥瑟尔、阿伯尔和卢森。其他照片还有这家人乘坐滑雪缆车；在山顶、湖泊或瀑布摆造型；以及微笑，如一段说明解释的，"快乐，即便在雨中"。它们表现的都是轻松愉悦的假期，几乎无一例外。和其他许多旅游照片一样，这些照片"证明——你曾外出度假，山是那么高，天气那么好"。

这个非常典型的旅游相册值得一提，因为苏台德德意志人总是以相当不同的方式构建他们对边境旅行或朝圣的影像记忆。首先而且最明显的是，苏台德德意志人经常选择公开他们的照片。虽然大量照片无疑仍然尘封在被驱逐者的家中，但是故乡刊物经常替代相册的部分功能，任由人们翻阅。有时，这些照片会作为个人或组织的相关旅行报告的配图。或者，只要故乡刊物的版面允许，它们就会单独出现，通常没有说明文字，有的话也非常简短。其次，被驱

图21. 一个西德家庭相册的一页，展示的是1960年的巴伐利亚森林度假之旅，作者私人收藏。

逐者拍摄的通常根本不是风景，一般来说，其他地区的读者根本无法确定拍摄的地点。它们与巴伐利亚边防警察拍摄的照片也不同，后者通常是以长焦镜头拍摄的某一地区各种边境堡垒的全景。通常的旅行摄影表现的都是对广阔地域或壮丽景色的征服或掌控，但绝大多数的被驱逐者的照片并非如此。相反，在中欧各地随处可见的并无明显特征的田野和森林主宰了他们的镜头。一些照片中出现了边境公路、关闭的口岸或东方集团的瞭望塔（图22），但即便是这些内容，也需要进一步识别。在冷战的边疆地区，如果没有注解，很难记起或认出曾经熟悉的事物。

最重要的是，这些照片展示的重点并非游客的面孔或表情，特别是缺少可以确证被拍摄者真正来过的正面写真。相反，它们关注的是眺望这类行为本身。它们捕捉到的"眺望故乡"并非匆匆一瞥，而是持久的凝视。虽然可能参考了卡斯帕·大卫·弗里德里希（Caspar David Friedrich）的绘画所代表的德意志浪漫主义传统，但绝非原封不动地照搬。其间的差异非只源自媒介的选择。与浪漫主义作品不同的是，被驱逐者"眺望故乡"的照片关注的是被拍摄者的动作，主角位于一旁，或背对观众。虽然凝视故乡早在两次世界大战之间就是苏台德德意志人的摄影主题，但只有在冷战时期，动作才成为其核心主题。接下来，将会考察这种关注重心的转变。

科赫（Koch）一家在"故乡门前"的照片就是这类照片的实例。（图23）照片中，除了转身看向镜头的一个男孩，这个家庭的几代人交错站立，以相同的动作拿着双筒望远镜朝同一个方向观看。虽然照片拍摄的位置让人联想起越境前的仪式，但照片的视觉呈现强调的是另一回事。眺望替代了越境行为，照片中的人物并没有实际行动。

图22. "在提利（Tilly）的土木工事前眺望故乡。"选自《埃格人报》，第13卷，第5期（1962年8月），第211页。

图23. "科赫一家驾车重返故乡，1960年复活节。"选自《埃格人报》，第12卷，第9期（1961年8月），第87页。

　　为了吸引观众，在构图之外，为了强调看的方向（外人很难发现的目光注视的焦点），其中一位家庭成员在地平线上画了一个箭头，指向一个特定的地方。这个铅笔标记打破了照片构图的水平线，确定了故乡最精确的坐标。这个箭头不仅标识了地点，而且标识了与照片有关的时刻。为了说明这一点，注释文字把读者的注意力转移到了照片拍摄的具体情况上："在阿尔肯斯伯格（Altkinsberg）左边，是艾尔（Erl）工厂的黄色烟囱，它的浓烟正好飘到建筑物上。"因此，指示功能——"讨论或涉及的人物、物体、事件、过程和行为的时空定位与识别"——是这张及其他苏台德德意志"眺望故乡"照片的独特因素。它通过以动作取代面部表情保留了照片的表现潜力。

　　这种指示功能打破了旅游人像摄影的惯例，使人物退居次席，进而创造和掌控了拍摄主体与可能从未去过那里的观者之间的空间。以指示性的这里/那里作为书面表现形式的主体间性（Intersubjectivity）是空间指示的关键，而且在将边疆地区（boderland）而非只是边境（border）的视觉体验传达给外界时尤其重要。标志性的动作使得现实中的空间标志在语言或图像上得以展示。而且，如指示研究的先驱卡尔·布赫勒（Karl Bühler）指出的，它为"传达者和接收者分派了不同的角色"。由此在他们之间产生的空间，即"指示性领域"（deictic field），是空白的符号在特定背景中被赋予意义的所在。这对于将观众吸引到照片上来，并向其展示铁幕另一侧的景象是不可或缺的。

　　因此，苏台德德意志人的照片通常体现了这种指示性。首先，它持续存在于标志性的动作中。用布赫勒的话说，后者有很大的选择余地："虽然食指"作为"引导目光的天然工具，可能被其他指示性的线索所替代……但它及类似替代品的功能永远不会完全终止，并被轻易免除"。因此，"指示"一词总是同时具有比喻性和现实性。按照布赫勒的观点，苏台德德意志人"眺望故乡"的照片表现出双重指向性——首先是动作，其次是媒介。如果说正如我们在第一章看到的那样，指示性不足困扰着苏台德德意志人记录东方集团冷战废墟的努力，"眺望故乡"的照片则因为充足的指示性而发展壮大。它们不仅指向现实世界的参照物，而且还通过标志性动作为这些照片注入了有形的动力。

整个冷战期间，标志性动作在被驱逐者媒体上发表的此类照片中都占据着主导地位。当边疆旅行在20世纪60年代近乎高潮时，它更是极为普遍。在一张题为"肉眼可见的计划"的照片中，指示的手从图像的中心向右延伸，伸出的食指与苍白的天空形成鲜明对比。（图24）

另一张照片表现的是一群埃格兰人眺望远方（图25），照片说明强调了类似的指示性——"故乡在那里"。然而，故乡刊物的读者并不能就此满足。在现实生活中，这只手应该作为"某种导向绳，能够循着它找到某种事物的具体现状"。然而在大多数被驱逐者的照片中，故乡都在取景框之外。"看"的行为从未间断，但"看"的目标却通常不见踪影。

那么，这些照片的读者如何弥补这种缺失？布赫勒的答案是概括出使人联想起的艾玛·施蒂弗特的经验的两种指示模式。首先是"直观演示"（ocular demonstration），指向可见的部分。其次是"想象引导"（imagination-oriented deixis），引入不可见的部分。在这个体系中，布赫勒从语言学的角度对"叙述者"进行了详细阐述，

图24．"肉眼可见的计划。"选自《故乡通信计划：维斯里茨和特普-彼得舍》(*Heimatbrief für die Kreise Plan-Weseritz und Tepl-Petschau*)，第18卷，第215期（1966年7月），第580页。

图25. "故乡在那里。" 选自《埃格人报》，第13卷，第16期（1962年8月），第223页。

引导听众进入缺失但可以被记忆的领域，或建设性的想象领域，给他与之前相同的指示性词语，使他看到和听到在那里能够看到和听到的东西……不是通过眼睛、耳朵，而是通过通常所说"心灵的"眼睛。

"在想象中被幻想的产物围绕引导的人，"他继续说道，

不能以目光追随叙述者的手臂所指，在那里找到什么东西；不能通过声音找到叙述者口中的这里……然而，这些和其他指示性词语给出了各种各样的有关缺失的客体的视觉记录。

上述两种类型反映了乡愁的双重焦点的运作模式，这是捷克斯洛伐克-西德边界沿线视觉经济的特点。"直观演示"用来展示现实中的所见——即"眺望故乡"；"想象引导"则用于传递多变的记忆中的"故乡的形象"。为了进一步强调眼中所见和心中所想之间的联系，让我们扼要重述被忽视的乡愁的视觉根源。

乡愁的视觉根源

乡愁源自三十年战争的浩劫，与非同寻常的强制和自愿的迁徙造成的恐惧捆绑在一起。为了解释这些焦虑造成的心理和生理影响，巴塞尔的医学专业学生约翰内斯·霍弗（Johannes Hofer）于1688年把"家"（Heim）和"痛苦"（Weh）两个词合在一起，在其论文《乡愁或对家的向往》（*Heimwehe oder Heimsehnsucht*）中创造了"乡愁"

（Heimwehe）这个复合词。在霍弗看来，正如其指向的对象一样，乡愁这个词的来源无疑是本地，也就是瑞士。正是"天才的赫尔维梯人（属塞尔特民族，公元前2世纪受日耳曼人的压迫，从德国南部迁徙至现在的瑞士北部，如今成为瑞士的象征），"他宣称，"将（乡愁）引入了本国语言。"这个初出茅庐的医生推测，对那些流离失所的人来说，对故土的依恋不足以平复内心的焦虑，无论他们是在欧洲大陆的其他角落，还是在隔壁村庄。重返故土才是最有效的解药。

然而几十年过去了，实际地点——霍弗痛苦的病因必不可少的要素——的重要性缓慢但切实地逐渐降低。虽然"乡愁"这一说法经受住了时间的考验，但其经过重新校订的含义在数个重要方面已经背离了霍弗的诊断。在过去的两个世纪里，学者们将渴望从空间坐标中解脱出来，并在时间上给其定位。他们把"乡愁"从个人病理变成了社会症状。曾经"可治愈的疾病"变成了"不治之症"。乡愁从一种与故乡绑定在一起的不安，演变成了一种与地理上的指称对象分离的精神状态，摆脱了其狭隘的起源。渴望剥离了回归（nostos）和痛苦（algia），已经有了"普遍性经验"的意义，成为一种"全球文化特征"。

与此同时，如本节所强调的，这个词语（Heimwehe）的延续性，成为证明其两个组成部分一直存在的最佳证据。冷战时期，只有故乡和痛苦这些乡愁中不可或缺的因素，才能在该地区分裂的现状下为波希米亚森林的过去定位。从前几章看，"家"的角色在这个过程中显得很清晰，"痛苦"则是乡愁造成的"发自内心的情绪"，这是自霍弗的时代以来重要的感官武器。视觉比喻在这位医生的描述中随处可见，"家"和"痛苦"在他笔下被彻底融合。随着光学和生理学的迅猛发展，文本之中充斥着各种图像。这一进程存在重大缺陷，在作者对它的描述中，渴望被视为对视觉秩序的干扰。

在霍弗的叙述中，乡愁永远聚焦于"故土"图像。但是在他看来，随之而来的"想象中的故乡"没有丝毫诗意。它们只是眼中所见。为了说明这一点，霍弗展示了乡愁是如何与强加的视觉冗余一起在脑海中"不断重现"的。对他来说，乡愁开始于一个迫切需要被"纠正"的"痛苦的想象"。霍弗注意到，过度拘泥于一种想法，即"对故乡的回忆能够创造出最强烈的印象"，会让疲惫不安的头脑产生视觉混乱，"各种形象萦绕其间"。受到影响的主要是大脑中"将（实际）物体的图像以确定的动物神经活动（如神经冲动）加以重现"的那部分。特别活跃的是"中脑里的那些神经纤维，那里依然保留着压抑的故土思想的踪迹"。霍弗继而指出："对故乡频繁的思念以及故乡的景象使这些踪迹更加活跃，动物神经以同样的冲动不断自此延续，从而使人们日益有意识地思考故乡的形象。"在霍夫的笔下，大脑成了一个停不下来的紊乱的印刷机。

然而，正如伊丽莎白·布朗芬（Elisabeth Bronfen）在介绍卡尔·贾斯珀斯（Karl Jaspers）的法医学研究《乡愁和犯罪》（*Nostalgia and Crime*, 1909）时指出的，"病态的心理图像"的产生和扩散并不是唯一将它们与实际视觉联系起来的东西。虽然不可磨灭地蚀刻于宿主的身体和头脑中，但与具体的地点相关的零星回忆并不只限于人体内部。"Sehnsucht"作为霍弗的"Heimweh"的同义词，很快变形为"Sehsucht"，意为沉迷于观看，这既是精神层面的，也是身体的切实动作。这一转化过程使乡愁更添一分真实感。他们的结合是苏台德德意志双重焦点的基石。

乡愁建起瞭望塔

按照苏台德德意志人的说法，在边疆地区，视觉冲动牢牢掌控着被驱逐者的思想。如果我们相信一份写于1964年的游记，是乡愁"驱使"和"推动"被驱逐者来到铁幕。在这些记录中，乡愁支配的词汇是强制性的而非自愿的，将苏台德德意志人塑造为顺从的群体。每当被驱逐者以"渴求"和贪得无厌描绘自己的时候，这种印象就会获得更大的动力。用他们自己的话说，他们在边境用眼睛"痛饮"、饱餐美景，以"抚慰视觉上的饥饿"。乡愁被证明是不可抗拒的。

少数目光敏锐的人选用更温和的方式来表达这种紧迫感。例如在施罗贝克的解读中，乡愁没有唤醒原始本能，而是将忠诚聚焦于既有的宗教仪式，并在相当程度上掌控着参与者的行动。"波希米亚森林的蓝色山川，"他坚持认为，首先演变成为"怀旧之情的朝圣地"。因此，正如一位朝圣者所证实的那样，它本身就是一种虔敬对象。诗人赫伯特·韦塞利（Hebert Wessely）也附和道，乡愁把故乡从脑海中的形象变成了封藏在"玻璃神坛"里的圣物。

然而这些温和派发现自己只是少数。大多数被驱逐者赋予了乡愁不同寻常的力量，使其掌控的范围超出了人们的内心。在他们看来，乡愁也掌控着建筑对冷战景象的影响。虽然没有说明祈祷墙巩固的原因，但渴望使这个过程看起来毋庸置疑且不可避免。渴望成为诗人，并长期致力于民族主义的巴伐利亚医生海因兹·舒韦克（Heinz Schauwecker）在1962年的作品成为这种观点的缩影。他的诗歌回归简单质朴，赞扬"建起瞭望塔的乡愁"。一位匿名的被驱逐者报纸投稿人证实，只有乡愁在冷战的边疆地区"实现了"民用建设的"想法"。

　　舒韦克想象自己是在一个非常具体的地点——"新阿尔本罗伊特的故乡之塔"发出他的呼唤，自1961年6月3、4日建成开放后，他每年都会去那里。他提出，在这个祈祷墙沿线最新的站点，西德人可以与他们自埃格兰被驱逐出来的同胞"手牵手"享受波希米亚森林的景色。早在三年前，舒韦克已经用《边界》和《在边界》等简单的标题谴责这条分界线。他把死亡地带比作"胸前涟涟的泪水"，把分界线描述为"对所有创造的嘲弄"。他提出，虽然有些限制是神赐的，以便帮助人类"规范财产和秩序"，但欧洲大陆的冷战分界线绝非如此。新阿尔本罗伊特的高塔是祈祷墙沿线建起的第一座民用瞭望塔，在它建成之后仅仅两个月，1961年8月13日，柏林墙开始建筑。这为他提供了一个合适的平台，可以表达最响亮的反对意见：

> 然而，边界的铁丝网
> 割裂了大地，伤害了
> 故乡的土壤，使人蒙羞。
> 因为它令人心碎，破坏了和平——
> 这条伪边界是恶魔的边界。

　　自20世纪50年代初，相距大约7英里的新阿尔本罗伊特和梅灵在捷克斯洛伐克-西德边界沿线开创先例，在某种程度上将虔敬和乡愁视觉结合了起来。按照施罗贝克的构想，"眺望故乡"在那里"完美地融入了礼拜程序"。尽管这两个地方自20世纪40年代末以来都很受欢迎，但只有在20世纪60年代，它们才成为兼具多种功能的建筑实体，配有小礼拜堂和瞭望塔，以满足旅客的愿望。此外，舒韦克自1962年的诗歌就证明，这两个地方都迅速演变为勘察边界视觉经济的前哨阵地。同时，它们也成为诸如巴伐利亚诗人等的灵感来源，他们通过特定的文学和绘画形式传达他们的边境印象。在故乡刊物中以指定标题定期发布的赞助商名单详细记录了建设进度，缓慢但稳步增长的瞭望塔作为诗歌的主题，也与舒韦克的诗歌极为匹配。接下来，我们将考察这两个地点的早期岁月，然后在下一节中，通过伴随它们出现的抒情作品来对它们加以研究。

它们自一开始便获得热烈的支持，原因有几个方面。最重要的是，它没有制造什么麻烦。与第二章所述的朝圣场所不同，新阿尔本罗伊特和梅灵都不需要一个奇迹作为基础。当地人和被驱逐者对它们的态度罕见地一致，使它们不必纠结于相互矛盾的谣言。就像毗邻的被称为欧洲中心的蒂伦，它们提供的视角被认为是非凡的。此外，这些地方与城市废墟间恰如其分的距离让游客惊叹。一位1950年访问新阿尔本罗伊特的游客承认，战争刚结束的那几年，被乡愁压倒的被驱逐者纷纷逃离他们曾经安家的诸如纽伦堡这样的城市废墟。相比之下，在这里，苏台德德意志人与他们的故乡的距离大大缩短了。"哦，你标志着早期的黄金时代，"业余诗人贝蒂·库恩（Betty Künl）在其以梅灵为主题作品中呼喊，"你令人羡慕又出乎意料的那么近/而我们的故乡非常非常远。"此外，1945年之前，瞭望塔对前苏台德地区的旅游至关重要。弗里茨·休默-克赫纳（Fritz Huemer-Kreiner）在1955年的故乡问卷调查中问道："巴伐利亚森林里的哪个山脉有瞭望塔？"他的同胞们立刻给出了答案。冷战时代的被驱逐者刊物经常详细叙述此类地标的兴盛和衰落，例如格律恩堡/绿山镇（Grünberg/Zelená）的俾斯麦塔（Bismarck Tower，1890～1909），马里施肖恩堡/顺佩尔克（MährischSchönberg/Šumperk）附近的卡帕伦堡（Kapellenberg）的瞭望塔（1931）和阿尔特维特/普拉杰德峰（Altvater/Praděd）上的阿尔特维特塔（1897～1934）。

在新阿尔本罗伊特和梅灵，被驱逐者们终于可以将关注的重点由衰败转向建设。他们试图使新的工程面向未来，即便它们建成后向他们展示的将是过去的故乡。实际上，这两个地方，过去和将来都是共存的。一方面，在瞭望塔建筑工地的照片中，可以看到废墟里都是充满活力的老年志愿者，与面向未来的战后重建的形象十分吻合。另一方面，一家报纸宣称，由于被驱逐者和本地人的"共同努力"，"使人们可以眺望心中渴望的地方"——过去。被驱逐者的记录最终把乡愁描绘为不可抗拒却温和的力量，借由这种软实力，即使不能和睦共处，也要取得些许的平衡。首选的"宝贵武器"是双筒望远镜，而非枪支。

尽管最初只是被驱逐者专属的恢复故乡的项目，但祈祷墙很快就融入到了更广泛的西方冷战议程中。正如一位演说者在新阿尔本罗伊特瞭望塔的落成典礼上指出的，在"克里姆林宫士兵的瞭望塔"在分界线东侧大量涌现的时代，分界线西侧的瞭望塔作为与之对应的设施大受欢迎。"非常醒目，难以忽视"，他们被毋庸置疑地宣传为和平的。苏台德德意志人明确指出，与在东方大量涌现的军事堡垒相反，他们的建筑"严格地"用于眺望，而非监视。他们把相机的取景框和敌人的瞄准镜进行了明确区分。"虽然另一侧的看门狗武装到了牙齿,"新阿尔本罗伊特的一位被驱逐者游客报道说,"但在西方,游客们只是和平地拍拍照。""两种世界观的对立已经达到顶点,"这位游客以那个时代的二元性语言继续说,西方"和睦友好",东方却只有"军事监管下的奴役般的痛苦"。另一位游客在1964年注意到,为了让和平的语言永存,苏台德德意志人经过多年的筹款和建设,有了"怀着安静的渴望,以亲切的态度眺望(边界)另一侧"的机会。另一名被驱逐者评论员在新阿尔本罗伊特瞭望塔建成十五周年的纪念庆典上指出,这座塔直观地彰显了"西方的自由和东方的不自由"。诗人约翰·安德烈亚斯·布拉哈甚至向画在邻近礼拜堂里的圣母玛丽亚祈求,请她帮助被驱逐者"祈祷那堵墙倒掉"。如第三章所述,关于新瞭望塔的讨论意在将和平作为冷战边疆地区的西方想象中不可分割的部分。

这些努力并不总能与被驱逐者们激进得多的最终重返家园的宣言相契合。因此,为了使这些新建的瞭望塔更具可信度,苏台德德意志作家试图将修正主义的主张推入绝境,务必确保这些新的建筑成为铁幕东侧沿线军事设施令人感到愉悦的对应之物。在他们看来,乡愁有助于铸剑成犁,把东方的武装瞭望塔变为西方的非武装瞭望塔。苏台德德意志联盟地区主席罗兰·奎德尔(Roland Questel)说:"命运使边疆的瞭望塔与柏林墙在同一年开建。如果说柏林墙是源于恐惧和仇恨,边疆瞭望塔则是出自爱和渴望。"

即使不能完全替代冷战屏障之后的实际地点,在瞭望塔上远观的景物也是得到认可的。"吸引我们来到这里的首先是对故乡的渴望,"一位没有透露姓名的专栏作家在题为《这里有我的故园》

（*Here Stands My Heimat's House*）的文章中证实了这一点，这篇文章
有助于被驱逐者周刊的读者及时了解新阿尔本罗伊特瞭望塔的建设
进度。"眺望边界对面的渴望是不可遏制的，"这位作者继续说道，
"之前离开时，我们没有时间跟熟悉的老地方说再见。在这里，我们
可以同时庆祝告别和重聚，即便只能遥祝。"在这位作者看来，这是
一个明显的优势，因为与所有其他被驱逐者相比，苏台德德意志人
总有机会遥望故乡。一位女游客在20世纪70年代末感激地承认，并
不是每个人都可以"在被沙沙作响的桦树围绕的边界瞭望塔上遥望
（故乡）"。在描述这种视觉体验的诸多词汇中，"眺望故乡"有着经
久不衰的积极的推动力。

穿过铁幕

　　首先使这种活力见诸报端的，是被驱逐者在梅灵自发的聚会或
一年一度的大型聚会。各种消息来源——我们将谈到这一点——在
"眺望故乡"对最初的参与者意味着什么这个问题上众口一词，并证
实了它是如何推动了边疆地区的民间建设的。像往常一样，这个故
事始于一座山丘。"以前可能是一个……不起眼的高地，几乎无人涉
足，"一直致力于此的边境访客弗朗茨·雷坡奇回忆道，如今"成为
朝圣的目的地，一个可以看到故乡的'窗口'"。他进而指出，这个
隐喻的窗口吸引了上述所有了解这个地区的人，他们涌向这段边界，
"踏足脑海里的古老道路"。他们面前的是"邻近边境的森林"，"在
其之后，山丘与河谷、森林和田野……梦幻般地显现身形"。雷坡奇
并没有把这种开阔的视野视为理所当然。"愿这清晰的视野，"他呼

喊道，"可以慰藉"从15公里外的蒂申罗伊特市火车站赶来的"可怜游客"。"愿他感到，"这位作者以礼拜仪式般的庄严声音宣布，

> 就像一个口渴的人，经过长时间的旅行，来到一口井边——这就是走出森林时的感受……并看到边界森林之后的梅灵，以及更远处的"成为禁区的国家"……在脑海中，他又一次走在熟悉的道路上，看到（之前）没有注意到的东西，因为他以前从来没有想过，他将不得不在巴伐利亚边境问候远方魂牵梦萦的心爱故乡。

"（被驱逐者）在新的朝圣场所获得了在德国继续生活下去的动力"，雷坡奇自命为这里的神父，以及这里未来发展的策划者。"当我站在边界眺望另一侧，"他诱人地提出，"在风中，在田野的气息中，我确信感觉到了我们此时此地怀念的东西。故乡在这里清晰可辨，同样的风吹向东方数百米远处的森林和山谷，那里曾是我们的家园。"他想知道，"在森林的另一侧，是否有一座纪念礼拜堂，从森林中露出它的小尖塔"？"在与不敬神的国家接壤的边境，一座代表和平的礼拜堂"，将最终赋予雷坡奇隐喻的窗口以实体。

不论想象中的还是现实中的，这个窗口决定了捷克－巴伐利亚边疆地区民间冷战建筑的特征，并在那里构筑了乡愁的双重焦点。在被驱逐者中，这个主题很快出现在意在将"眺望故乡"的动力传递给远方读者的最初的草图中。1953年，梅灵粉丝的喉舌——面向波希米亚普兰（Bohemian Plan）周边的维斯里茨/贝兹德鲁日采（Bezdružice）、特普/特普拉（Tepl /Teplá）、彼得舍/贝科夫（Petschau/

Becov）的被驱逐者的周刊——准确描绘了这种"穿过边界眺望故乡"。（图26）根据著名的苏台德德意志作曲家、音乐家和普兰的前合唱团指挥阿道夫·胡斯卡（Adolf Huska）的草图，以及雷坡奇力荐的新礼拜堂的多个版本的导游手册，这幅平面图被不对称地划分为东方和西方。后者突出了吸引艺术家关注的少数几处地点。除了两侧各有一棵树的梅灵小礼拜堂，以及附近被认定为乌伯布尔（Überbühl，字面意思是"在山上"）的高地，西方几乎没有能唤醒乡愁的东西。相比之下，东方的画面空间更为开阔，有着地标和地名。用雷坡奇的话说，它是一个"明确的"、可识别的地方。

礼拜堂下面有一个圆形标记，黑色的圆心在白色的背景下颇为醒目，乍看之下像是一个标靶，似乎读者的注意力会被吸引到这里。然而事实情况恰恰相反。它指示的不是目的地，而是起点。它就像有着黑色瞳孔的眼睛，三条代表目光的直线穿过了边界。这个圆形标记划定了一个有利位置，使读者想象自己置身其间。这种乡愁之眼是符号性的，划定了建筑的基础，并且预示了祈祷墙的出现。

但是，它不是当代人类视觉理论中熟知的那种眼睛——它不是一个接收信号、光线或映像的感觉器官。它并非接收器官，而是一个源点，一个能够穿过边界的发射源。它发出的射线穿透了分界线，同时把边界压缩成了一条细细的虚线。乡愁视觉不仅掀开了铁幕的一角，重新唤醒了游客的印象，胡斯卡的草图中还创造出了一个可以看穿这个屏障的窗口。几乎没有什么词语能比"看穿"（looking through）更简明地总结艺术史学家欧文·潘诺夫斯基（Erwin Panofsky）所说的"现代空间感"——阿尔布里切·杜里尔（Albrecht Dürer）的线性透视（linear perspective）的同义词。后者意指框起来

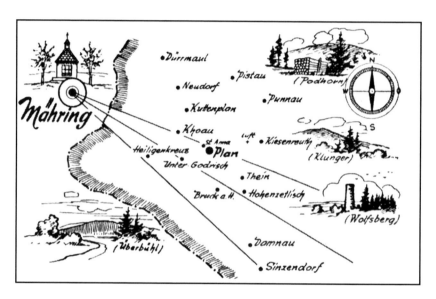

图26.随阿道夫·胡斯卡穿过边界眺望故乡。选自《故乡通信计划：维斯里茨和特普－彼得舍》，第5卷，第58期（1953年6月），第417页。

的、划定界限的视野，以及观察者静止、固定的位置。1435年，莱昂·巴蒂斯塔·阿尔伯蒂（Leon Battista Alberti）请他同时代的人通过想象面前有个窗口来勾勒视野的边界，自那时起，这就是人们把握和理解空间的主要方式。自文艺复兴以来，"单一框架中的单一形象"几乎是每一个视觉记录或媒介的主题，从绘画到电影屏幕，再到电脑显示器，都是如此。自胡斯卡的草图开始，被驱逐者采纳了这些原则来描述边疆地区可视化的物质文化。好像是为了反驳"墙壁和门是我们建造起来阻挡视线的"这种言论，胡斯卡的画作自信地让铁幕为视线打开了一扇窗。他的行为——在随后讨论新阿尔本罗伊特时将详加阐述——很快就会成为一个自我实现的预言。

然而，胡斯卡笔下的眼睛远非无所不能。正如他的草图展示的，窗口展现的只是一个场景，而非包罗万象的全景。这是一个局部，而非唾手可得的整体。事实上，在那里很难看到全景，一位经常去那里的游客在1966年之前的十年间只有一次这样的经历。这可能是因为茂密的森林，也可能是因为天气。只有在这种少之又少的情况下，苏台德德意志人才不会指责捷克斯洛伐克当局砍伐波希米亚森林，而是抱怨"故乡茂密的森林"遮挡了视线。还有人半开玩笑地祈祷，"天气之神"最终会"揭开"故乡的面纱，而不是用雨雾把它遮盖起来。"在这样的天气状况下，有可能看到埃格吗？"一位失望的访客犹疑地揣测。胡斯卡重绘的草图并没有表现故乡的全貌，视线以倾斜的角度分割了画面，只给普兰以南地区留出很小的空间——在那里，梅灵，雷坡奇及其追随者正着手重建圣安娜教堂。由此营造出的"远景"以及附加的说明进一步展示了画面的深度而非广度。说明文字简短地总结道，只有层层递进，才能形成"完整的景象"：

在普法芬布尔（Pfaffenbühl，梅灵附近的小山），可以看到令人愉悦的远景。穿过森林，可以看到普兰及其周边地区。在不断变化的阳光照耀下，城镇的地标次第显现，又逐个消失：火车站、教堂、中学大楼和医院……奥伯高德里希（Obergodrisch）的一些房子和恩特高德里希（Untergodrisch）的全貌尽收眼底。海利金克鲁兹（Heiligenkreuz）则隐于树梢之后。

置身梅灵的游客们也将他们"眺望故乡"的经历描述为类似的渐进的过程，偶尔被"不幸"成长的森林遮挡。其中一名游客在礼拜堂开始建造的前夕报告说："首先映入眼帘的是工厂"，"一览无余"。但他继续说，当然，视线很快被树梢遮挡了，所以

不可能发现它是否在运转。在它之后，可以发现捷克人可能出于战略原因竖起的木质哨塔。继续向左边，是威尔法尔特（Willfahrt）的房子；然而，我无法切实找到村子的边缘——一切都被树木挡住了。

另一名游客在一份直白地命名为《我们看到的》的报告中，列举了在梅灵的"圣"山——圣安娜礼拜堂的新址——上可以看到的地标。据报道，在第一次"边境朝圣"的时候，这座小型建筑（它的占地面积只有3.5×5.5米）于1953年7月25~26日获得奉献。

从早到晚，成群的，甚至整列的人不辞辛苦来到新的圣安娜礼拜堂，就像他们以前去（原先的普兰附近的）圣安娜山一

样……得益于晴朗的天气，眺望故乡的视野开阔。无数双筒望远镜从一只手传递到另一只手。在我们面前，就是普兰。每个人都在寻找和他的故乡相似的地方。

在普兰/维斯里茨被驱逐者协会未来的负责人威利·容克（Willi Junker）看来，他的同胞们的午夜短途旅行为这里的成功投出了一票。事实上，在该地区的被驱逐者通讯散发朝圣登记表，并承诺在梅灵和10英里外的蒂申罗伊特火车站之间安排往返巴士之后，超过4000人用脚投了票。约一个月后，那家被驱逐者通讯公布了即将举行的"边境朝圣"活动方案（同时是本地和该地区苏台德德意志人的团聚），其他边境地区的被驱逐者很快也采纳了这种形式。典型的议程包括商业会议、小型集会、民间音乐会、乡村教区教堂礼拜活动和前往新的圣安娜礼拜堂的游行（图27），高潮是在当地酿酒厂举行数小时的欢宴。

然而，虽然邻近故乡，但在边境却很难高兴起来。第三章提及的记录表明，许多参与者会用更多的时间注视分界线的另一侧，而非开怀畅饮。那家被驱逐者通讯在1953年报道说："山顶的朝圣活动会持续整个星期天，有些人可能已经去过三四次了。""那些来到普法芬布尔山顶的人，"容克气喘吁吁地说，

只有对故乡的眺望没有停止，人们用各种望远镜搜寻一切熟悉的地方，即便在午夜，我们的同胞还在山上徘徊，寻找普兰的灯光——这当然证明了……纵然只有（对故乡的）一瞥，也会使他们感到幸福。

图27.瞭望塔旁的圣安娜教堂如今的外观，梅灵。作者摄。

到1967年，游客们装备了更好的望远镜，以便"穿过铁幕"放大"祖先的故乡"。因此，这个礼拜堂在1965～1967年间发展成为一座相当豪华的教堂，随后又在1973年加盖了一座瞭望塔。用贝蒂·库恩（Betty Künl）的话来说，礼拜堂的钟声强调了乡愁。她在一首赞美梅灵的诗中写道："自从你的小钟首次召唤我们／又一次，所有的力量／我们对故乡的渴望／沉睡在内心的东西再次醒来。"

无尽的乡愁

在这种强烈渴望驱使下的视野中，边境堡垒处于怎样的位置？这个问题与冷战边疆地区"看"与"看到"的关系有关。边境游客和艾玛·施蒂弗特并不确定二者是否等同。当然，"看"仍然是"看到"必不可少的第一步。然而，人们所看到的东西——尤其是以满是乡愁的眼睛看的时候——往往会超出实际的视觉范畴。

因此，关于铁幕的重要性出现了意见分歧。一些来到新阿尔本罗伊特和梅灵的苏台德德意志德国游客不愿意记录这些变化。他们笔下的边境印象——不管是散文还是诗歌中——常与第三章描述的那种边界意识相抵触。那些追随胡斯卡脚步的人更愿意将铁幕描绘成可渗透的，甚至是部分缺失的。在某些情况下，被驱逐者相信，自然的力量可以部分瓦解这条屏障。一些人想象，边境将会屈服于清风的吹拂，即使"反坦克障碍或由军人把守的瞭望塔也难以抵挡来自风的温柔、温馨的问候"。特别是生机盎然的春天，是一种超越边界的力量（见第三章讨论的雷坡奇的报告）。"现在是五月，到处一片绿色／几乎看不到铁丝网，／在（分界线）两侧的草地上／蒲公英抛洒它们的金币/太阳/无私地照耀大地。"这是另一名业余诗人于1967年写下的《在边界》(*At the Border*)中的一节。

其他淡化分界线的例子把它归为人类的机构及其建设项目。瞭望塔是巩固乡愁的双重焦点的特别显著的因素，意味着穿透铁幕的一览无余的视线。在这些新的人工建筑上，可以对分界线加以视觉上的操控。1979年的一名访客宣称，在新阿尔本罗伊特瞭望塔上望去，"人为划定的边界在我们的眼睛和脑海中根本不存在"。戈茨－柯尔默(Götz-Kollmer)充满诗意的《在边界》(*At the Border*, 1986)写道："一个关卡/挡住了你的去路，"但是"你的灵魂，飞了起来/随风轻舞/呢喃着拂过树梢/朝向边界，越过边界"。直到1988年，还有旅行者尝试艾玛·施蒂弗特的双重焦点："边防围墙、瞭望塔和荒凉的风景并不能阻止人们想象曾经存在于那里的村庄。"这种"看"的方式使得边界的存在变得虚幻。

承认分界线确实存在的人则专注于周边环境与这个屏障新的外观之间的反差。在他们看来，这条分界线是不断变化的，相比之下，大自然则是亘古不变的。在安东·施莱伊格(Anton Schreiegg)的《故乡在边界》(*Heimat At the Border*, 1965)的前两节，大自然——山脉、森林、月亮和泉水——呼吸着"上帝的和平"。只有在接下来的诗节中，他才将暂时的安宁与"一个被撕裂的边界/不想让("我")远远眺望"加以对比。然而，眺望的目的并不明确，因为人们穿过边界所能看到的只是漫无边际的荒地，长满了蓟的农场和大片的荒草。类似的反差也是朱利叶斯·埃尔特尔(Julius Ertel)的《在边界》(*At the Border*, 1966)表达的主题，这首诗以典型的"站"和"看"并列的方式开头："在边界，我站了会儿/看着故乡。"一方面，"我"观察到有些东西没有发生变化。森林"再次发出早已熟悉的声音"，而且"山脉坚定地耸立/在生机勃勃的绿色中"。另一方面，边境的房屋和田野被人遗弃，草地上没有花朵，"铁丝网倨傲地/划出一道道灰线"，割裂了沉默的绿野。似乎这本已令人沮丧的景象还不够，在捷克斯洛伐克的一座瞭望塔上，一名边防警卫"双手放在机枪上"，他"没有放松警惕，/即使周围只是一片废墟"。

玛拉加里塔·普绍（Maragareta Pschorn）自16岁起就已经是一名诗人，她的笔下描绘了波希米亚边境的嫩枝新绿，它们"根本不知道死亡为何物"。尽管此后的人们对此非常了解，但是普绍还是不愿透露细节。斯卡利茨基有一首诗应和了普绍的观点，其标题有意起得很含糊——Über die Grenze，翻译过来就是《穿越边界》或《关于边界》。他把读者从阴郁的"武装瞭望塔和铁丝网/守卫着的荒凉的死亡地带"引开，将他们的注意力转向大自然四季的交替："看！在那边，我们的老谷仓仍在梦乡，/梨子马上又要成熟了。"直到1984年，业余的抒情诗人特劳特尔·伊尔冈（Trautl Irgang）仍坚持，有些事情永远不会改变。尽管边境已经发生了明白无误的转变，但显然，蒂伦还是一如既往：

> 我站在
> 边境
> 向野外眺望——
> 越过旷地我看到
> 围墙、瞭望塔，
> 新的林中道路，

> *破旧的房屋，*
>
> *失修的铁轨，*
>
> *蒂伦耸立在那里*
>
> *触手可及，*
>
> *庄严——*
>
> *它永远是这样。*

阿洛伊斯·万卡（Alois Wanka）的《捷克斯洛伐克社会主义共和国边境的夜晚》（*Evening at the Border to CSSR*，1989）是这个时期最后的以边境为主题的诗歌之一，它描写的也是大自然与边境的反差。万卡没有遵循常规，以成对出现的极具个人色彩的"我站在"/"我看到"引领全诗，而是试图模拟边境全景化的感官体验，特别是寂静的黄昏和柔和的色彩。通过弱化"我"，万卡诗意地勾勒出了所有人的边界体验，尽管他笔下的地貌和对当地的了解还是苏台德德意志人独有的。随着万卡的笔触转而聚焦细节——从月亮和星辰转向树叶和溪流——越来越强烈的感情使读者超越了语言，转而依赖感官，尤其是听觉和视觉感知这一切。我们清楚地听到夜晚随着"远方的钟声"悄悄降临，我们看到月亮吸引着星星，一缕薄雾从山谷间升起。

诗句继续在听觉和视觉之间交替转换。如同前述的劳伦兹，万卡以否定的方式界定了大多数这类体验，最终将各种感官一个个关闭："不再能看到灯光/不再有声音打破安宁，/只有睡着了的树叶发出的沙沙声/和水的潺潺声。"然而，诗句中舒缓催眠的效果并没有持续到第二节。万卡发现，在一片寂静之中，独有一种东西是醒着的。尽管第三节的开头在结构上与这首诗的引子（"在那遥远的地方，钟声回荡"）有些相似，却宣告了令人不安的发现。它将主题从大自然转到边境："从蒂伦峰边界的东侧/东方力量突然出现。/警卫静立于岗位上，/巡逻队保护着边界。"尘埃没能遮蔽东方闪烁的灯光，因而削弱了先前"不再能看到灯光"的印象。同时，它们指明了东方的"突然出现"和西方的"眺望"之间的对应关系。在万卡的叙述中，边境非只第四节的结论中提到的"政治权力实现梦想"的场所，也是两大集团谈判博弈的所在。被驱逐者的乡愁的双重焦点是其中的一部分。

结语：渴望的窗口

新阿尔本罗伊特的"故乡之塔"，简称"边疆塔"，于1961年6月开放，比两德边界沿线的类似建筑早了大约两年。因此，它是西方最早的以建筑的形式体现东西方对抗的新型民间建筑之一。然而，与梅灵的历史相比，阿尔本罗伊特的记录勾勒出的历史欠缺持续稳定的高潮。在梅灵，圣母玛丽亚的虔诚信徒首先将礼拜堂神圣化，使那里成为圣地，然后才到塔顶满足他们视觉上的渴望，新阿尔本罗伊特的策划者们恰恰忽略了这种前奏。事实上，在新阿尔本罗伊特建造更大更复杂的综合设施——《埃格人报》的编辑们笔下的"边疆塔乐园"——颠倒了在梅灵采取的那些步骤的先后顺序，将整个项目的期限缩短到了只有三年。

因此，尽管宗教从未远离，但这里建筑生命的第一个篇章是世俗的。瞭望塔确凿无疑地表明，"看"才是当务之急，是每次旅行的目标。虔诚只是其次。附近（而非毗邻）的圣玛丽和平礼拜堂两年后才会建好并装饰起来。期间需要与弗朗茨·格拉布（Franz Gruß）进行长时间的谈判。格拉布是一位专业艺术家，他在埃格的圣克莱尔女修道院教堂内绘制的以第一次世界大战为主题的壁画非常有名。到1963年底，新阿尔本罗伊特以首先在捷克斯洛伐克－西德边界沿线建起新的瞭望塔而自豪，这是与"欧洲的中心"蒂伦峰最直接的接触，步行即可到达，而且一位受过专业训练的著名画家还要率先（也是最后）在如此接近铁幕的地方创作一套湿壁画。"不是每个教堂都能吹嘘……有真正的格拉布作品。"巴伐利亚议会议员弗里德里希·阿诺德（Friedrich Arnold）在一封写给乡村教士的信中说。他进而指出，这座塔是新阿尔本罗伊特为巴伐利亚奉献的一个具有里程碑意义的地标，一个"独特的事物"。它的意义不仅仅是"被看"，最重要的，是"看"。

在真正矗立在欧洲大陆的冷战核心区域之前，这些瞭望塔已经存在于人们长久以来的幻想中。这些高耸的瞭望塔赋予了人们诗意的想象，不论年龄和性别，我们此前介绍过的舒韦克绝不是唯一的游吟诗人。莱妮·温德里奇（Leni Wunderlich）的父亲是一位出生于埃格的园艺企业家，她是数份被驱逐者报纸的撰稿人，也是瞭望塔建设最早和最热情的倡导者之一。1959年，她在一首五节长诗中满怀热情地提出了这座建筑可能会带来的影响。在编辑们看来，她的诗和本章提到的其他作品一样，似乎都不需要特定的标题。与照片类似，这些诗总是出现在其他特辑或专栏中，显得格格不入，例如温德里奇的作品便与一篇关于南蒂罗尔（South Tyrol）自治问题的文章安排在一起。

　　与其之前的惯例不同——偶尔，诗歌也被用来庆祝纪念碑或地标的公开揭幕，如西奥多·方檀（Theodore Fontane）的《科隆大教堂庆典》（*On the Cologne Cathedral Festivities*，1880）——温德里奇最初的作品表达的是对于即将发生的事件的期待。它们也以其他方式离经叛道。最重要的是，诗人简单的韵脚——其中最明显的是"土地"（land）和"埃格兰"（Egerland）——表明抒情技巧并非其作品最吸引人之处。为了弥补美学上的不足，温德里奇笔下营造出一种亲近感，即被驱逐者将会与铁幕西侧涌现的民用瞭望塔联系起来——这些建筑的纵向层级似乎有违这种亲近感。由此看来，这首诗表面上充满理性的标题——《关于建设瞭望塔的思考》（*Thoughts on the Construction of the Lookout Tower*）——是具有欺骗性的。

　　温德里奇的诗里并没有把回忆与对未来的预测对立起来。她的回忆如此鲜活，第一节即以一个回顾性的问题开头，直接随性的口吻与标题的超然忧思并不相干。"你还记得吗，""我"向臆想中的读者问道，"满是传奇的高山／如警卫般矗立在边境？"在温德里奇的诗句中，正是这里，有潜力重新向她的同胞们展示自他们来到西德后便无缘一见的风景。"看，"她继续宣称，"穿过曾经繁茂的大地——／去到波希米亚，去到巴伐利亚，去到埃格兰。／多少次，这种景象愉悦了我们的双眼／让我们沉思的心灵感到欢乐！"这首诗意在斩断视觉与过去忧郁的联系，确认"看"是现在和未来的当务之急。温德里奇先发制人，暗示瞭望塔可以以实景替代想象。它甚至可能把"故乡的景象"与"眺望故乡"区分开来，从而消除乡愁的双重焦点的结构。虽然这些猜测被证明是错误的，但它们使作者的目光不只停留在过去。在这首诗中，温德里奇笔下的蒂伦被委婉地说成"有故事的山",会成为将被驱逐者的所失转化为所得的地方。就像劳伦兹诗中的奥瑟尔一样,在诗的最后,蒂伦再次出现,使全诗首尾相连。

这首诗在描写未来时犹豫不决,事实证明前瞻性处置比最初想象得更难实现。进入第二节,感情丰富的"我"依旧徘徊不前。她特别强调了当"贪婪可恨的(捷克人)把(他们的)故乡夺走",被驱逐者不得不将他们的目光移开。在离开战后的苏台德的前夕,"我"声称,臆想中的与"我"对话的苏台德德意志人更在意钱财之外的东西。他们可能更急于"最后一次/看看故乡",而不是收拾财物。事实上,什么也没有这个理想化的象征性的仪式重要,因为她声称,即便不是毫无可能,在西德的土地上也很难再看到故乡了。

与艾玛·施蒂弗特相反,温德里奇诗中的"我"发现,自己在西德的新家一点也看不到故乡。她急忙补充说,这不是因为不够努力:"我经常站在山顶和屋脊上;/乡愁驱使我去看故乡。"然而温德里奇在第三节抱怨说,不管她如何竭力张望,都无法在心里找回故乡的景象,也看不到它的实际轮廓:"在哪里能找到它,美丽的土地?/我看不到它,它太远了。"为了解决这个折磨人的问题,"在边界的山上,那里充满了传说/一座瞭望塔应该尽快为我们矗立"。这位叙述者断定,在这个"时代的标志"上,每一位被驱逐者,无论老幼,必须"至少看一次故乡"。

事实上,瞭望塔的主要目的是在冷战边疆地区安置愿景,并将其与塔上所见,不管是真实的还是记忆中的投影,联系起来。(图28)新的"埃格兰人及其朋友的麦加"最初被规划为包括瞭望塔在内的综合型建筑,一楼是餐厅,另有一座礼拜堂及一座高山小屋

258

图28.现今的故乡塔外观，新阿尔本罗伊特。作者摄。

（最终未能建成），成本估计约为23,000德国马克，大大小小的捐助者历经多年捐赠才凑足了这个数。许多个人捐赠者的捐款不超过5德国马克，30～100德国马克的较大捐款来自埃格兰人地区协会和恩斯特·巴特尔的埃格兰出版社等媒体机构。建筑用地由新阿尔本罗伊特行政当局捐赠，"怀有故乡意识的人"——当地人和被驱逐者都有——出借设备并参加劳动。新阿尔本罗伊特历史学家梅因哈德·考斯特勒（Meinhard Köstler）回忆说，建筑工作"需要勇敢的人、辛勤的劳动者和无数个人捐助者"。一位热情的支持者在1959年宣告，"这个项目以如此热情启动，我们的同胞随时准备牺牲奉献，这座塔终将矗立于边境"！

这个倡议最积极的支持者是"埃格兰人协会"前主席克里斯托夫·雷因（Christof Reinl）和首席边防警官兼上普法尔茨行政区森林联盟"大公无私的主席"约瑟夫·特里贝尔（Josef Trißl），他们强化了被驱逐者的激进主义和西德民间环保主义之间的联系。此外，有人预言，新的建筑将是复兴本地旅游业的一个机会。20世纪60年代中期铺设的沥青路面将使旅客"免受灰尘、石头和坑洼"之苦，使他们兴致高昂，衣服也不会被弄脏。因此，瞭望塔被人以广告语言加以描述，重点是其新奇性及所谓的简洁设计。"崭新且细长"，最早的记录者之一预言，"东巴伐利亚新的旅游热点"将矗立于"我们波西米亚森林西麓，历来著名的蒂伦"。据巴特尔说，只要还没返程，苏台德德意志人每天都会来这座瞭望塔。他声称，即便回到家之后，每隔一段时间，他们还是会回到那里，欣赏美景，再来一杯啤酒。考虑到这种情况，这里在20世纪80年代初期成为吸引游客的热点就没有什么奇怪的了，报纸上的旅游广告语是"在蒂伦堡，欧洲的中心"。

到1964年，登上这座建筑的游客——来自"荷兰、法国、奥地利、英国、西班牙、美国、瑞士、希腊、意大利、芬兰、瑞典、玻利维亚和非洲"——留下的签名写满了三本留言簿。大约20年后，"来自远方"的苏台德德意志人回到这里，仍然"泪眼蒙眬，满怀渴望"。1988年，尽管持续大雨，能见度很差，仍有高达15,972人登临瞭望塔，比上一年增加4000多人。1989年，由埃格和玛丽亚温泉市被驱逐者协会成员、新阿尔本罗伊特居民、上普尔法茨行政区森林联盟和苏台德德意志同乡会组成的边疆塔工作组热烈讨论了把瞭望塔餐厅改为正规旅馆的可能性。考斯特勒作为工作组组长，四处游说，以求"在物质上和观念上"对瞭望塔加以扩建和保护。

出于保护的目的，这座塔不仅被设计在景观之中，而且本身也是景观的一部分，即使这绝对不是第一印象。乍一看，这座建筑令人不适的黑暗外观使人联想起中世纪的地牢，其大小和明显人造的外表似乎与周围环境格格不入。这种违和感没有逃过《埃格兰》月刊编辑们的法眼，他们刊登了一幅照片，称其特别"奇怪"。（图29）照片说明称，在前景中，"新阿尔本罗伊特的一位农民用马耕着田"。在中间，"一辆接一辆的轿车载着他满怀乡愁的同胞，鱼贯驶向附近的蒂伦瞭望塔"。最后，地平线为瞭望塔独占。在旁边空地上矮小树丛的映衬下，高塔于自然和文化景观中都显得突兀。这座建筑以如此"稳固持久的方式"矗立在那里，与"鲜花盛开的草地、点缀着蓝绿色山峰的开阔田野、映衬着天空的静谧池塘"，以及其他一切"让人想起天父特别慈爱地伸出双手，把无数美丽播撒到这一小块土地上的景色"似乎并不匹配。

图29. "一幅奇怪的景象。一位新阿尔本罗伊特的农民正以他的马耕地，身后一辆接一辆的轿车载着他满怀乡愁的同胞，鱼贯驶向附近的蒂伦瞭望塔。"选自《埃格兰》，第16卷，第5期（1965年5月）。

　　然而，来到那里的被驱逐者观察员想看到的是 72 英尺高的塔身、83 级台阶和毫无重量般悬在空中的八角平台。他们不遗余力地使这座建筑融入自然，最初的建筑材料在这方面很有帮助。1967 年，进行了大规模的修葺，为了防止朽烂，以铜包裹整个外墙，在此之前，这座塔既是以当地木材建成的，又被想象成是从森林绿色的华盖下冒出来的。这座塔最初的照片多取仰角，暗示脚手架是自然的延伸。冷杉木构筑起外部框架，传统的封顶仪式上还在最高处留下了绿色的树枝。（图 30）仿佛为了回报这样的努力，一位访客在 1962 年注意到，这座塔"在建筑上与周围景观融为一体，好像一直就在那里"。

　　温德里奇另外两首诗强调的重点，正是这座建筑的环境根源。第一首记录了瞭望塔的建设，第二首则是纪念它的奉献。前者期盼道：

　　　　一座塔很快便会崛起，在森林的绿色中脱颖而出，
　　　　自由翱翔的目光，能够飘向亲爱的故乡！
　　　　先人曾建起高塔，那是时刻警惕的象征。
　　　　今天，新时代呼唤信仰、宗教战争和奋斗。

　　在温德里奇看来，如果这座瞭望塔是自然的一部分，那么边疆地区关于信仰的冷战也是如此。她将这种类比扩展到视觉，因为在她的诗中，这座瞭望塔将为此前限制其同胞视线的人为限制和障碍画上句号。温德里奇把这座塔想象成冷战十字军的前哨据点，挑衅似的得出结论，"那些此前不让我们看到的东西，将会一览无余，/森林、田野和绿色草地——让人想起从前"。当眼前所见与想象结合

图30."塔顶留有树枝的瞭望塔。"选自《埃格人报》，第11卷，第20期
（1960年10月），第283页。

起来，温德里奇早先对故乡绝望的搜寻在诗中有了结果。同时，也断言了乡愁的双重焦点的弹性，这与她最初的猜测相矛盾。

这样的突然转变之后，第二首诗进一步扩展了自然的意象。它在开头描绘了一个青翠的岛屿，山丘和阳光如同蚕茧一样保护着它："放眼望去，山丘点缀着绿色的田野/沐浴在金色的阳光下。"温德里奇难掩狂热。她宣布，瞭望塔就在这个避风港的中心，独一无二，只为和平的目的——眺望。与她先前诗作中十字军的意象不同，这里回避了军事性的比喻或影射。瞭望塔周围的环境是"和平的"，据说也是繁荣的——"镀上一层阳光"。毕竟，已经建成的项目没有太多堡垒的意味，和她以前想让读者相信的说法不一样：

> 中间有一座塔，全由木材建成，
> 既非用来进攻，也不用作防守，
> 只用来眺望远方的故土，
> 故乡，亲爱的，我们自那里被放逐。

她补充道，通过使"（眺望的）愿望成真"，这座塔再次调和了眼前的视野和脑中的意象。如果相信温德里奇的说法，乡愁的双重焦点如今已不仅仅是代代传承的习惯，它与新阿尔本罗伊特瞭望塔这样的建筑融为一体，成为边疆地区视觉经济的基本特征。在瞭望塔的平台上，眺望和梦想不再相互排斥：

> 这样的欢乐时光我们期待已久，
> 从现在开始可以轻松享受。

我们能够再一次看到故乡，

并在心中踏上熟悉的道路。

然而，那些离开温德里奇的诗歌世界，进到塔中的人几乎找不到与自然的联系，因为在高耸的楼梯井中只能对外面间或一瞥。与温德里奇笔下无拘无束的视野形成最大反差的是大型八角形平台本身。游客在狭小的空间里行动不便，身体上和视觉上都是如此，人们每次只能从一个窗口中向外眺望。一位旅行者在1963年回忆说："平台上的每个窗口前都挤满了人，每个人都想多看一眼'那里'，借助望远镜，埃格兰更近了。"一名苏台德德意志同乡会驻新阿尔本罗伊特办公室组织的夏季集会的参与者注意到，"平台上人满为患，望远镜前一直围满了游客；'越过边界眺望'的兴趣没有丝毫减少的迹象"。被驱逐者摩肩接踵的照片也证实了那里极为拥挤的情况。

尽管环境并不特别贴心，但它对视觉的处理却是另一回事。与绘画中的"眺望故乡"不同（其中一幅把整个山谷置于一个苏台德德意志旅行者的脚下），新阿尔本罗伊特瞭望塔的设计者帮助游客们编辑他们的视线。（图31）游客们几乎没有机会独揽全景。与早先的画作相比，塔上的游客不必手搭凉棚，视线就能越过捷克斯洛伐克的瞭望塔，或者急切地搜寻那里的地标。这是平台上的窗口的功劳。玻璃窗既提供通透的视野，也起到保护作用；他们的作用既有连接也有分隔。站在玻璃窗前，苏台德德意志旅行者能够避开捷克斯洛伐克的监视和不怀好意的目光。正如我们稍后将看到的那样，这些窗口使得阿道夫·胡斯卡绘制的草图的前提

图31.约瑟夫·苏舍尔（*Josef Rauscher*），《凝视故乡》，选自《故乡通信计划：维斯里茨和特普－彼得舍》，第18卷，第215期（1966年7月），第577页。

成为现实。

在新阿尔本罗伊特瞭望塔中，随着位置的变换，人们可以从不同的窗口看到"不受拘束、不可重复、转瞬即逝"的景象，获得非同寻常的体验。在平台的八面墙上，各有三个窗口，其后的望远镜对准故乡。瞭望塔的策划人开列出一份清单，准确标明了他们想要展示的区域，包括"费希特尔山脉、埃格兰、奥尔山脉（Oro Mountains）和斯坦因瓦尔德（Steinwald）"。这里的布置最初暗示，将会提供360度的全景景观，然而加装了顶棚和围墙的平台改变、组织并促成了来访者的乡愁体验。通过这些窗口，苏台德德意志人不必再像曾经在边境某个临时站点时那样，茫然"盯着他们的故土"。在这里，玻璃窗不仅仅是取景框，它们引导视线的具体方向，并设定其范围。这里并不鼓励随意浏览：每组窗口上都有一个铜牌，标识故乡的某一个具体地点，从而把视线引向一个明确的设定好的方向。（图32）窗口实际上过滤了被驱逐者看到的东西。它们远非无辜视线的延伸，而是在冷战边疆地区建立、操纵和推行了新的视觉规则，此前这种规则只通过文章和照片来传递。它们的目标不仅仅是限定看的内容，它们甚至为如何"看"设定了更为严格的标准。在每个铭牌上，地名打着引号——"埃格"——似乎暗示人们看到的不是真实的城镇或乡村，而是其替代品。简而言之，在新阿尔本罗伊特，思乡的眺望被设定为一幅画面。对视觉与想象间区别的省略使乡愁的双重焦点得以进一步发展。

然后毫不奇怪的是，有些旅行者把由此产生的景象描绘成永恒的绘画，而不是受季节和天气条件影响的实际场景。莱昂·巴蒂斯塔·阿尔伯蒂在其研究西方视觉史的专著《论绘画》（*On Painting*）

图32."埃格"，新阿尔本罗伊特瞭望塔窗户上的铭牌。作者摄。

中主张把画面限定和想象为一个窗口，主题既受其限制又因其统一。他教导其文艺复兴时期的读者说："我划定一个直角四边形，多大都可以，它被设想为一个敞开的窗户，通过它，我可以看到我想画的东西。"而且正如安妮·弗里德伯格（Anne Friedberg）所指出的："阿尔贝蒂在文艺复兴时期关于窗户的隐喻影响了此后几个世纪关于人文主义透视的思考，一直是绘画、建筑和运动图像媒介理论的概念界定。"然而，新阿尔本罗伊特之所以重要，不只因为其依赖并采纳了现代性的视觉理论，以使乡愁视觉穿越铁幕。最值得注意的是，瞭望塔模糊了视觉和绘画之间的界线——与温德里奇最初的希望相反，现实中的"眺望故乡"与渴望的、受阻挠的或艺术性创作的"故乡景象"日益趋近。根据透明度的众多定义之一，如果其标示的是"同时感知不同的空间位置"，在新阿尔本罗伊特，它也包含了不同的时间。

眼前的视野和脑中的意象在瞭望塔的融合，容忍甚至导致了过去与现在的重叠。实际上，新阿尔本罗伊特瞭望塔非但没有纠正艾玛·施蒂弗特式的眺望，反而对其推波助澜。正如安妮·弗里德伯格所说，塔上的窗口能够制造出越来越多的虚拟现实。没有借助任何技术（除非将望远镜也算在内），这些窗口本身成为了"技术"或设备，发展出独特的眺望"风格"。在诸多原型和先决条件的限定下，"眺望故乡"和乡愁的双重焦点很少如此新颖。然而，其仪式化的群众活动，以及它们在冷战背景下（监视仍然是描述这一时期视觉活动的常用语）的呈现，当然被认为是新的。乡愁的双重焦点不仅仅是一个以书面形式讨论和描述的理论体系，它在现实生活中也根深蒂固。通过使眼前的视野和脑中的意象进行重叠，新阿尔本罗伊特的窗口巩固了乡愁的视觉机制，使其融入了冷战边疆地区更广泛的视觉经济，并为其提供了现实基础。早期的铁幕游客很少共享相同的视觉体验，这座塔有助于使他们的印象标准化。艾玛·施蒂弗特住在海德尔芬，她房间的窗户不会取得更好的效果。

尾　声

悲惨的画面

戏剧化

　　1953年5月到9月，杜塞尔多夫高级检察官办公室收到了多个有关西德日报《午报》（*Der Mittag*）的投诉，这家报纸是波恩坚定的保守派和反共产主义组织"和平与自由人民联盟"（Volksbund für Frieden und Freiheit）的喉舌。这些投诉直指4月25日发表在该报特刊上的报道"对现有记录严重扭曲和戏剧化"。这份报道涉及一起边境事件，其太过典型，以至于可能是虚构出来的，尤其是巴伐利亚边防警察显然根本没有注意到这一事件。在西德小镇克鲁纳赫（Kronach），两名年轻的巴伐利亚边防警察逮捕并释放了一个名叫穆尔纳（Müllner）的西德越境者。后来发现，穆尔纳掌管着一个大型东西方走私系统。其中一名参与逮捕穆尔纳的边防警察韦尔纳·韦格纳（Werner Wegner）——其父母住在东德——不久即因试图拦截一批穆尔纳的非法物资遭到枪杀。

　　问题不在于《午报》报道了一个可能未经证实的消息，而在于其报道的方式。检视高级检察官的信件可以发现，与他通信的主要是巴伐利亚边防警察的各级官员，他们关心的都是这份报道的出现，而非其涉及的内容。他们坚持认为，这份报道存在严重的夸张：参与者善恶分明，并以黑帮电影的叙事手法描述事件。标题更是危言耸听——《边境警报：冷战中的热战》。穆尔纳在文中是不可否认的恶棍——走私者，而且毫无疑问是共产主义者。韦格纳则是无辜、善良和忠诚的，即便对东德父母的极为孝顺，也是忠诚坚定的。甚至有一段标志性的闪回：韦格纳曾在父母所在的村庄见过穆尔纳与东德人民警察干部勾肩搭背，因而认出了这名走私犯。简而言之，投诉者声称，这家报纸没有报道"记录在案的事件"，而是编造了一个"戏剧化"的东西；它用程式化的情节取代了事实叙述。

　　本书注意到了这类情节编织的技巧，文本的和图形的都有。显然，这种讲故事的方法不仅仅被用于两德边界的事件叙述。虽然这种手段可以用来（并已经被用来）解释任何"阈限空间"，但在解释它们为什么在冷战背景下一直存在，甚至有所扩展时，还有其他若干重要的原因。

　　正如第一章和第三章所示，冷战是一场难以驱动的冲突，特别是在铁幕西侧。这场对抗"绝对不是传统意义上的"，它被描述为"超级大国之间极端紧张的状态，没有全面战争，但以相互敌对、秘密战争及代理人间的战争为特征"。"热战"通常在一个或数个关系密切的行动中展开，冷战则是"在欧洲前线或偏远的动荡地区发生的一系列彼此孤立的事件"。有些学者甚至认为，它根本不是政治对抗，而是分散却"无所不包的经验和期望的总和"，那些没有发生的比已经发生的更能定义它。冷战的地位一直非常不确定，它本已结束25年了，然而对于是否真的存在冷战还有争议。美国被认为是胜利者，但是这场战争是20世纪唯一一场美国国防部没有正式颁发过勋章的重要冲突。有人在思考2014年俄罗斯与美国的紧张局势时重申了这种不确定性。

考虑到这些突发事件，戏剧化推动了许多冷战故事就没有什么好奇怪的了，这些故事当时和现在都会被提起，其中包含无数关于铁幕的桥段。然而冷战可疑的"事件频发"并非人们对于这个时代的印象愈发浓重的唯一原因。有些那个时代的人强调，即便最形象、最著名的轶事——首先是那些在柏林墙建成的第一年与其有关的故事——也没能在受众心中留下多少痕迹。逃出铁幕的故事也没有想象得那么深入人心，这让他们哀叹不已。西方宣传的策划者们指出，冷战发生在欠缺同情心且难民遍地的时代。自由欧洲电台的上级组织"自由欧洲委员会"（Free Europe Committee）的官员们在一份关于向拉丁美洲、亚洲和非洲宣传柏林墙的机密备忘录中指出："近年来长期的侵略和压迫，以及难民的困境在许多地区被过多地戏剧化描述，削弱了今天的受害者本应得到的同情，这令人遗憾。"在他们看来，只有最能"激发情感的素材"才有机会弥合这一差距。

这样的忧虑说明了为什么自那时起，悲剧的介入使得这条分界线一跃成为了欧洲的冷战前线，冷战则成为了无限期推迟的战争的演习（所有人都应感到幸运）。一直以来，冷战时代的人们和当今的学者们都以人类的损失、反抗和忍耐——所有舞台上悲剧的标志——来叙述冷战，与欧洲大陆表面上的风平浪静格格不入。同室操戈、父辈的牺牲、夫妻不忠、铁丝网上的尸体——简言之，欧洲冷战时代悲怆的公式——已经被吸收同化为边境词汇的一部分。他们突出这些符号，促成了"符幕"的兴起，年复一年，将其塑造成祈祷墙。正如韦尔纳·韦格纳死后不久杜塞尔多夫高级检察官收到的众多信件一样，本书阐释的苏台德德意志人的资料显示，冷战前线的人们不仅发展出了应对冲突的策略，还叙述冷战的细节。其中，"悲剧性"的话语占据了优势。不仅如此：由于欧洲人试图在已有的"热战"意象中叙述冷战，悲剧性叙事变得势在必行。

　　本书正是在这种悲剧性叙事的压力下，以苏台德德意志人的这些资料作为研究支柱完成的，将铁幕作为冷战的主要热点，展现该地区的紧张局势，而这，并不总是那么显而易见的。这种压力在柏林没有那么明显，在那里，记者和新闻界认可的摄影师在几个小时之内就可以让与那堵墙有关的符号举世皆知——例如东德边防军人康德拉·舒曼（Conrad Schumann），他在1961年8月15日被拍到跳过了铁丝网；或18岁的泥瓦匠彼得·费克特（Peter Fechter），1962年8月17日，他在无人区流血至死，无人救援。上述压力在两德边界可能不太关键，类似事件因为前所未闻且残酷野蛮，才频频出现在新闻中。然而，那些想把注意力吸引到捷克斯洛伐克-西德边界的人肯定注意到了这些问题。一方面，茂密的森林提供了一个席勒或坡柯克风格的"邪恶世界"。另一方面，它又使这种期望落了空，因为森林遮蔽而非暴露了关于人类失败和混乱的"死亡地带幻想"。对森林而言，悲剧性叙事是一种挑战，而非理所当然。

　　为了应对这一挑战，关于苦难的表述并非源自现实生活中的事件，而是经过二次加工的。正如序言中提到的，这种版本的苦难是属于现实主义者的，发生在"紧邻世界"的地方，不仅仅是真实的，而且反映了边境地区不可避免的人员伤亡和不幸。更确切地说，是悲剧现实主义者。约翰·奥尔（John Orr）扩展了埃里奇·奥尔巴哈（Errich Auerbach）的概念，把悲剧现实主义解释为试图适应巨变并赋予其某种结构的叙事，在摸索新的社会秩序的同时标识之前秩序的解体。正是这些悲剧现实主义者的冲动加剧了同化的分裂——这正是祈祷墙的核心。这些冲动借由废墟照片（第一章）和受难的耶稣像（第二章）最为生动地展现出来——它们是前一个时代的主题，现在却被用来强化"符幕"并调节其实际景观。

本书各章节涉及的内容均服务于悲剧现实主义，它们都从属于一种结构，这种结构不仅包含这些内容，而且对其加以塑造。因此，我们看到，冷战废墟被塑造成了战争瓦砾（第一章），普通的宗教偶像被塑造成了非凡的神器（第二章），关于过去的误导性的回忆被塑造成了叙事的题外话（第三章），视觉被塑造成了图片（第四章）。作为共同的结构性的要素，这种表达有助于及早形成对于这场冲突及其欧洲前线的认识。其运用能让本地文本和图像的创造者拥有对其作品及其作品所描绘事物的控制感，无论这种控制感有多么虚幻。通过赋予这条分界线实际的样貌，通过在已有的代表性的规则范围内描述其经验和故事，通过使这道裂痕成为熟悉的仪式和惯例的一部分，那些与这条冷战分界线有关的人试图使它在现实中、感知上、情感上和理智上都是可及的，因而是可以战胜的。如果冷战冲突的前线可以写进诗歌或画进画里，如果它可以被拍摄进照片里，那么它就不是一个难以理解的"怪物"。

前线的传播者

　　这样的结论表明，不管什么样的冷战边界分析，如果不考虑到人工制品及其流通，都不可避免地是不完整的。这同样适用于已有20余年历史的为了把握20和21世纪被驱逐者在德国生存状况的复杂性而做出的努力——更确切地说，这种复杂性常常得不到承认。虽然政治是理解被驱逐者文化（有很多种）不可或缺的——众所周知的"游说"只触及了故事的表面。首先，被驱逐者的游说就像铁幕一样，是另一个被误解的庞然大物。被驱逐者组织不仅背景各异，每一个组织，与任何社会的任何一个层面一样，都有多样化的利益和情感，有时甚至是相互冲突的。换句话说，领导苏台德德意志同乡会的职业政客并不一定与艾玛·施蒂弗特、赛普·斯卡利茨基或故乡刊物的普通投稿人有多少共通之处。第二，如前所述，游说的动力限于几个关键词——"故乡""修正主义"和"无法面对过去"——它们虽然重要，但是近年来以德意志人作为受害者进行的跨学科研究对此已有了充分的探索。参与这些讨论的学者——其中许多是文学学者——已经在他们的领域内列出了精心筛选的读物和影片。总的来说，这份名单涵盖了已为德国现行的标准接纳的作家和电影人的作品。在这份名单上，那些记录德意志人自欧洲东部逃离或被驱逐的作品享有某种特权，其代价就是牺牲了那些将目光投向动荡之后的作品。不用说，也忽略了自诩为被驱逐者的那些人的作品。乡愁或修正主义的"被驱逐者文学"与关键的"驱逐文学"之间一直存在区别，使人们对前者的兴趣欠奉有了借口，并为前述限制性方法提供了支持。总的来说，"其他被驱逐者"——著名德意志作家如霍斯特·比涅克（Horst Bienek）、彼得·哈特林（Peter Härtling）、齐格弗里德·兰茨（Siegfired Lenz）或冈特尔·格拉斯（Günter Grass）——的作品仍然是值得公众关注的被驱逐者叙事的标尺。

奇怪的是，这种"高""低"之分发展于几乎没有人敢于怀疑大众、街头或流行文化特点的时代，这意味着经过十多年的激烈辩论，我们对于那些自认为被驱逐者的读物或影片仍然所知无几。德姆沙克的历史研究主要使用的是西里西亚被驱逐者资料，在这方面是一个显著的突破。通过分析由汉斯·沃茨利克（Hans Watzlick）及其后辈游吟诗人共同拼凑起来的苏台德德意志网络，进而兼及他们的读者和追随者网络，本书试图对这种空白加以填补。本书着眼于出自苏台德德意志背景的人工制品，而非国家资助或教会推动的自上而下的被驱逐者生活的符号研究（同样地，最近才曝光于20世纪50年代的几项重要研究之中）。

历史学家长期以来一直认为，铁幕的降临与德意志被驱逐者的命运是密不可分的。本书关注冷战时期苏台德德意志人资料，使得这个研究超越了20世纪40年代中后期的时间限制，超越了政治因果关系的简单框架。撇开他们的战后命运不谈，我们可以把这些作品的创作者——那些早在1950年就为当地游行制作铁幕花车的人——列入主要的冷战符号的制作者之列。当然，毫无疑问，埃里奇·弗里德斯（Erich Frieds）、詹姆斯·罗森奎斯特（James Rosenquists）、本·沙恩斯（Ben Shahns）和其他原子时代的大人物们并不在其中。然而，从这个时代的文化历史的角度看，苏台德德意志人既不是战争年代的遗孤，也不仅仅是另一个压力集团。

　　为了将他们置于整个欧洲概莫能外的冷战问题面前，本书已经剥离了他们的"地方色彩"。事实上，早在历史学家们在索德·席德尔（Sodor Schieder）的领导下着手记录战后驱逐之前，专业民族志学家如卡拉塞克-兰格等就为这些德意志日常仪式、葬礼、服装、歌曲和传说故事所倾倒，由他们赋予的浓厚的民俗氛围自此以后一直笼罩着这些被驱逐者。直到今天，各个被驱逐者组织仍然以执着于描绘"田园诗般自给自足的乡村环境"而闻名。然而，他们的文化不能简化为"民族方式和习惯"，也不能简化为政治游说活动。冷战时期，一旦他们的成员陷入那个时代普遍存在的焦虑，就会从"被驱逐者区域协会的隔离区"溢出。因此，本书并未将这些新来者定位为内省的看门人，"文化上封闭，公众的共鸣可以忽略不计，仅限于官方活动"，却是西方冷战恐惧的煽动者，东西方关系纠缠不清的实例，以及冷战冲突前线的专业传播者。当考古学家和保护主义者询问什么是欧洲冷战遗留至今的现实遗产时，苏台德德意志地标、文本和图像将有助于更充分地回答这个问题。

致　谢

　　这本书始自与伊丽莎白·芬德尔（Elisabeth Fendl）的对话，在我最需要的时候，她慷慨地分享了自己关于捷克−德国边界的联系人和知识。康奈尔大学的莱斯利·A.阿德尔森（Leslie A. Adelson）和伊莎贝尔·V.霍尔（Isabel V. Hull）对最初的书稿提供了鼓励和不可或缺的评论，慕尼黑路德维希−马克西米利安大学（Ludwig-Maximilians-Universität）的马汀·舒尔茨·韦赛尔（Martin Schulze Wessel）自一开始就善意地为德国部分的研究提供支持。达特茅斯学院芬尼和阿兰·莱斯利人文科学中心（Fannie and Alan Leslie Center for the Humanities）的科伦·勃格斯（Colleen Boggs）支持了由伊莎贝尔·韦瑟登（Isabel Weatherdon）精心组织的手稿的校园评论。弗兰克·比斯（Frank Biess）、克里斯汀·考普（Kristin Kopp）、格德·格蒙登（Gerd Gemünden）、蒙那·多莫什（Mona Domosh）和西尔维亚·斯皮塔（Silvia Spitta）是我能想象得到的最好的读者。他们跨学科的视角和涉及各个领域的建议在本书的标题到整体结构方面都留下了印记。

提供非常宝贵的经济支持的有：马里奥·艾诺迪国际研究中心（Mario Einaudi Center for International Studies）和安德鲁·D.梅隆基金会（Andrew D. Mellon Foundation）/康奈尔大学人文学会；贾斯特－李比希大学（Justus-Liebig-Universität Gießen）的记忆文化合作研究中心（Sonderforschungsbereich Erinnerungskulturen）；德国学术交流处（DAAD）；还有达特茅斯学院约翰·斯隆·迪基国际理解中心（John Sloan Dickey Center for International Understanding）的旅行补助金、康斯坦斯·伯克研究启动奖金（Constance Burke Research Initiation Award）和初级教师基金。在艾德里安·兰道夫（Adrian Randolph）的帮助下，达特茅斯学院院长办公室的补助金解决了复印书中包含的30多幅图像的费用。

在德国，我要感谢许多敬业的档案工作者和地方的保管者，其中包括巴伐利亚州慕尼黑档案馆的雷奈特·赫尔吉特（Renate Herget）、英格里德·索尔（Ingrid Sauer）和迈克尔·普切塔（Michael Puchta）；巴伐利亚州安贝格档案馆的克里斯蒂娜·普利布拉特（Christian Pleßlat）；帕绍教区档案馆的赫伯特·韦斯特（Herbert Wurster）；斯塔特普法拉姆特·瓦尔德萨森天主教档案馆的教士托马斯·沃格尔（Thomas Vogl）和罗伯特·特里姆尔（Robert Treml）；雷根斯堡主教档案馆的保罗·迈伊（Paul Mai）及其同事。贾斯特－李比希大学苏台德德意志词典的工作人员，弗莱堡的约翰·库齐格东德民间传说研究所和慕尼黑的凯洛琳学院图书馆在苏台德德意志刊物方面提供了必要的帮助。新阿尔本罗伊特市长阿尔伯特·考斯特勒和地区办公室的冈特尔·鲍恩芬德（Günther Bauernfeind）慷慨地向我提供了几份难以找到的出版物。

在美国，伊利诺伊州立大学档案馆、厄巴纳－香槟分校的罗里·格里南（Rory Grennan）和斯坦福大学胡佛研究所的图书馆与档案馆工作人员耐心地提供了有关欧洲广播电台在铁幕时期的活动情况。

大量反馈和启发来自朋友和同事。安娜·帕金森（Anna Parkinson）一直是一个独一无二的学术精神伴侣和志趣相投者。感谢大卫·巴斯克（David Bathrick）在学术方面慷慨无私的帮助。他的2008年德国学术交流处教师夏季研讨会的众多参与者——卡伦·阿奇伯格（Karen Achberger）、蒂娜·格哈特（Tina Gerhardt）、艾米丽·戈比（Emily Godbey）、艾克·赫克纳（Elke Heckner）、埃里克·克莱曼（Eric Kligerman）、苏珊·卢曼（Susanne Luhmann）、丹尼尔·马吉洛（Daniel Magilow）、布莱恩·普卡（Brian Puaca）、苏珊·维斯－古拉尼（Susanne Vees-Gulani）——至今仍然是我的交流对象和偶尔的晚餐伴侣。我非常感谢斯文·埃里克·罗斯（Sven Erik Rose）对第一章的认真阅读和深刻建议。如果没有维罗尼克·普利什（Veronique Plesch）的友谊、热情教导和对基督教符号可怕一面的富有感染力的兴趣，我的生活和这本书都不会太完整。多年来，与阿斯特里德·埃克特（Astrid Eckert）、瓦伦蒂娜·格拉加（Valentina Glajar）和苏拉·韦尔登特尔（Lora Wildenthal）的交流使我精神焕发。凯利·阿诺德（Kelly Arnold）、亚历山大·巴登诺希（Alexander Badenoch）、约书亚·迪特里希（Joshua Dittrich）、约翰·纳姆朱恩·金（John Namjun Kim）、托尔本·洛赫穆勒（Torben Lohmüller）、劳丽·马赛利斯（Laure Marcellesi）、斯坦卡·拉多维奇（Stanka

Radovic)、多里安·斯图伯(Dorian Stuber)、玛丽安·提托鲍姆(Marianne Tettlebaum)、维多利亚·索莫夫(Victoria Somoff)、安娜·特斯蒙尼茨基(Anna Tesmenitsky)和阿德尔海伊德·沃斯库尔(Adelheid Voskuhl)一直是我急需的幽默和同情的源泉。我于2004年在吉本(Gießen)展开为期月余的旅行时,奥穆特·哈默(Allmuth Hammer)、安德里亚·兰格诺尔(Andreas Langenohl)和所罗门·萨尔兹本(Salomon Salzborn)给予了热情的帮助。

在达特茅斯学院德国研究系,我拥有优秀、专注和有见解的同事,这样的幸运无法用语言形容。没有布鲁斯·邓肯(Bruce Duncan)、维罗尼卡·弗切纳(Veronika Fuechtner)、格德·格蒙登(Gerd Gemünden)、伊莲娜·卡肯德斯(Irene Kacandes)、克劳斯·姆拉德克(Klaus Mladek)和艾利斯·舒克曼(Ellis Shookman)的指导和实际帮助,完成这本书是不可能的。康拉德·肯克尔(Konrad Kenkel)、乔斯林·考尔布(Jocelyne Kolb)和乌尔里克·莱纳(Ulrike Rainer)会在我情绪低落的时候看望我。最近,佩特拉·麦克吉伦(Petra McGillen)的机智、热情和勇气一直给予我灵感。达特茅斯学院贝克–贝丽图书馆的彼得·C.阿伦(Peter C. Allen)帮助选择并扫描地图,而卡尔德·布拉格登·方(Calder Bragdon Fong)的数字技术相当不错,把地图处理得很生动,使原本的村庄名字清晰可辨。

我特别感谢芝加哥大学出版社的阿比·科利尔(Abby Collier)和玛丽·劳尔(Mary Laur),他们对这个项目很有兴趣,而且以多种方式给予了专业指导。这家出版社的两位匿名读者的反馈意见,还有密歇根大学出版社的利安·菲尔德斯(LeAnn Fields)所分享的读者评论，都成为了很多新的观点，并证明了仍有许多尚待研究的地方。露丝·斯坦伯格（Ruth Steinberg）的编辑使本书的叙述更为优雅清晰。出版社的专业团队——特别是尼古拉斯·利莱（Nicholas Lilly）、马克·罗切克（Mark Reschke）和洛根·史密斯（Logan Smith）——使我一切顺利。

本书的部分内容已在2005年大学艺术协会会议、德国研究协会会议（2006）和美国比较协会会议（2008）上发表。《新德国批评》38：112（2011）刊登了第一章的简略版。

最后也是很重要的一点，我要感谢我的父母尼娜·考姆斯卡（Nina Komska）和格里高利·考姆斯基（Grigori Komski），他们提供了无条件的支持和合理的怀疑，拜伦·布雷斯（Byron Breese）帮助照料家务和孩子。我期待与利夫（Lev）和阿达（Ada）分享我所有的一切，（希望）冷战将永远停留在遥远的20世纪。

山东省版权局著作权合同登记章图字 15-2016-51 号

图书在版编目（CIP）数据

冷战的静谧边界 /（美）尤利娅·科姆斯卡著; 宋世锋,
怀志霄译. — 济南: 山东画报出版社, 2018.5
　ISBN 978-7-5474-1801-7

Ⅰ.①冷… Ⅱ.①尤… ②宋… ③怀… Ⅲ.①冷战 – 国际
关系史–研究 Ⅳ.①D819

中国版本图书馆CIP数据核字(2018)第041083号

THE ICON CURTAIN The Cold War's Quiet Border
Licensed by The University of Chicago Press,
Chicago, IUinois, U.S.A.
© 2015 by The University of Chicago. All rights reserved.

出 版 人　李文波
责任编辑　怀志霄
装帧设计　李海峰
主管部门　山东出版传媒股份有限公司
出版发行　山东画报出版社
　　　　社　　址 济南市胜利大街39号　邮编 250001
　　　　电　　话 总编室（0531）82098470
　　　　　　　　市场部（0531）82098479　82098476(传真)
　　　　网　　址 http://www.hbcbs.com.cn
　　　　电子信箱 hbcb@sdpress.com.cn
印　　刷　山东临沂新华印刷物流集团有限责任公司
规　　格　148毫米×210毫米
　　　　　9.25印张　32幅图　223千字
版　　次　2018年5月第1版
印　　次　2018年5月第1次印刷
定　　价　68.00元

如有印装质量问题，请与出版社总编室联系调换。
建议图书分类: 世界历史　国际关系